密集储分智慧物流系统的
稳定性模型及变形监测技术研究

赵永谦　于先智 / 著

电子科技大学出版社

University of Electronic Science and Technology of China Press

·成都·

图书在版编目（CIP）数据

密集储分智慧物流系统的稳定性模型及变形监测技术
研究 / 赵永谦 , 于先智著 . —— 成都 : 电子科技大学出
版社 , 2023.9
ISBN 978-7-5770-0457-0

Ⅰ . ①密… Ⅱ . ①赵… ②于… Ⅲ . ①智能技术—应
用—物流管理—研究 Ⅳ . ① F252.1-39

中国国家版本馆 CIP 数据核字（2023）第 149399 号

内容简介

密集储分智慧物流系统（DASLS）集成了新型穿梭车技术与密集货架，是高效智慧的仓储分拣一体化系统，在电商物流领域广泛应用。DASLS 货架结构稳定性已成为业界关注的问题。本书在 DASLS 货架系统的稳定性模型及瞬间变形监测技术方面做了有益的探索和创新性的研究工作：以 DASLS 作为研究对象进行理论分析并探讨了货架系统稳定性模型；应用 Matlab 及 ANSYS 建立了基于力学特性的有限元仿真模型；应用 DCRP 技术对多穿梭车、多工况情形下的瞬时动态变形监测技术进行了研究。本书可供智慧物流仓储业相关从业人员学习和参考。

密集储分智慧物流系统的稳定性模型及变形监测技术研究
MIJI CHUFEN ZHIHUI WULIU XITONG DE WENDINGXING MOXING JI BIANXING JIANCE JISHU YANJIU
赵永谦　于先智　著

策划编辑　刘　愚　李述娜　杜　倩
责任编辑　刘　愚

出版发行　电子科技大学出版社
　　　　　成都市一环路东一段 159 号电子信息产业大厦九楼　邮编　610051
主　　页　www.uestcp.com.cn
服务电话　028-83203399
邮购电话　028-83201495

印　　刷　北京亚吉飞数码科技有限公司
成品尺寸　170 mm × 240 mm
印　　张　17.25
字　　数　273 千字
版　　次　2024 年 3 月第 1 版
印　　次　2024 年 3 月第 1 次印刷
书　　号　ISBN 978-7-5770-0457-0
定　　价　96.00 元

本研究得到：

山东省数字城市及智能建筑工程技术研究中心横向科研开发项目
（密集储分应急物流系统开发及应用研究，H21009Z）
山东省科技发展计划项目（2010GZX20125）
山东省科技发展计划项目（2012RKB01024）
山东省高校优秀青年骨干教师国内访问学者（北京大学，61001011）
山东省住房与城乡建设厅科技计划项目（2017K2001）
山东建筑大学博士科研基金项目（XNBS1635）

等机构及项目的基金资助。

1 前言 PREFACE

　　电商物流在动态性、作业规模及数据规模等方面均显著超越了传统物流。物流量大幅增加、仓储成本不断上涨及电商物流订单急剧增长等情形纷呈,使得物流仓储环节面临严峻考验。密集储分智慧物流系统(DASLS)是集成了新型穿梭车技术与密集货架的高效智能化仓储与分拣一体化系统,是目前电商物流领域广泛应用的智慧仓储物流系统。它提升了物流效率,推动了物流业的发展。正常工况下,货架承载货物时所受外力与内力保持平衡,具有较强的稳定性,但在自身结构或构件有缺陷、货物摆放布局不合理或者遭受到偶然冲击时,货架将会出现屈曲变形并局部失稳、整体失稳或局部与整体相关失稳,甚至几何形状发生剧变以至突然崩溃等情况,完全丧失工作能力并最终导致灾难性的仓储事故。因此,DASLS 货架结构稳定性问题成为业界关注的问题。

　　本书将当前广泛应用的 DASLS 货架系统作为研究对象,对其构件及其整体结构的稳定性模型进行了理论分析和探讨。分别应用 Matlab 及 ANSYS 对货架系统进行有限元仿真模型构建,探索了货架系统基于力学特性的稳定性模型;应用 DCRP 技术对货架系统在多穿梭车同时运行的情况下的瞬时动态变形做了监测研究,对系统结构的稳定性进行了校验并量测货架系统变形量。

　　本书在 DASLS 货架系统的稳定性模型及其瞬间变形监测技术方面做了有益的探索和创新性的研究工作。本书内容源自于作者十多年以来所参与科研项目的研究成果,部分内容来源于作者的博士论文,主要内容分为 6 章。第 1 章为国内外密集储分一体化技术、系统稳定性模型以及瞬时变形监测技术研究现状综述。第 2 章基于密集储分一体化技术、密集货架技术及 DASLS 系统，研究货架立柱整体及局部稳定性和畸变屈曲特征，探讨弯曲屈曲、扭转屈曲和畸变屈曲等屈曲荷载计算方法；研究局部屈曲有效宽度及货架立柱畸变屈曲荷载计算方法；探究货架横梁整体稳定性及弯扭屈曲临界荷载计算方法；研究货架各类支撑及边排立柱稳定性。还通过货架立柱弹性变形监测实验，研究货架系统及立柱弹性变形特性；第 3 章研究货架系统整体稳定性模型；基于静力分析分别对货架对称屈曲、反对称屈曲及弹性屈曲进行研究；基于货架基本自振周期，对货架穿梭车进行动力学分析；基于货架穿梭车运行的 DASLS 货架屈曲荷载计算方法进行探究；最后，基于货架系统震动变形破坏实验，探讨钢结构货架弹性屈曲变形到弹塑性直至塑性变形屈曲的机理及监测方法，提出预防货架整体屈曲变形措施。第 4 章对有限元分析的原理及过程进行研究；基于 Matlab 对货架进行有限元编程，通过对货架立柱及横梁剪力、弯矩及轴力按单元节点进行有限元分析，研究货架系统构件的力学特性；基于 ANSYS 建立货架三维立体有限元分析模型，并在多种荷载工况下对货架系统的变形情况进行分析；最后将 Matlab 运行结果与 ANSYS 分析结果进行对比，从中发现货架构件及系统的薄弱区域及部位，提出增强货架稳定性建议。第 5 章介绍了系统变形、变形分析及变形监测相关理论知识；对三种常用变形分析预测方法：多元回归分析模型、灰色系统模型及卡尔曼滤波模型进行了研究应用；研究了动态变形监测技术及普通数码相机的校正方法，推导了平面时间基线视差模型与空间时间基线视差模型的解算过程及基本公式；最后，应用 DCRP 技术对正常作业状态下的 DASLS 货架系统进行瞬时动态变形监测，实时摄影并运用计算机软件绘出货架的荷载 - 变形曲线图。通过监测货架的整体变形情况及测量变形量对货架系统的稳定性进行校验，并预警货架的异常变形部位。第 6 章总结研究的不足，为日后的进一步研究提供思路。其中前言及第 1、2、3、4、5、6 章由赵永谦完成，附录中的图表修订及程序编辑由于先智完成。

本书通过对 DASLS 货架系统稳定性模型理论研究、仿真分析及实验验证，探索应用 DCRP 技术对系统进行瞬时动态变形监测，不仅可以保障仓储物流业的安全，而且填补了货架系统瞬时动态变形监测技术的理论空白,还可以为极端工况下的动态变形监测提供理论指导,具有重要的理论意义和实际参考价值。

衷心感谢所有关心和支持本研究的领导、导师、同事、家人及朋友们,祝大家能够在各自的岗位上取得更大进步!

作　者

2023 年 5 月

符号与缩略词注释表

1. 符号注释表

符号	含义
A	构件截面积
$a_i, b_i, c_i (i = 1, 2, 3)$	外方位元素角元素之函数
$a_{ij}(i, j = 1, 2 \dots, 6)$	系数项
B	双力矩
B_{k+1}	$t_k + 1$ 时刻的观测矩阵
b	截面宽度
b_e	有效宽度
E	弹性模量
E_t	切线模量
f	钢材的强度设计值
f_p	比例极限
f_y	屈服强度
G	剪切变形模量
h	截面高度
I	截面惯性矩
I_x, I_y	绕 x, y 轴的截面惯性矩
i	回转半径
K	扭转刚度系数

续表

符号	含义
K_1	线性刚度
L_k	t_k 时刻的观测向量
l	构件实际几何长度
l_0	构件等效长度
M_x, M_y	绕 x, y 轴的弯矩
P	荷载,轴心压力
P_{cr}	欧拉屈曲荷载,屈曲荷载
P_d	截面的畸变屈曲荷载
P_u	极限荷载
$\Delta P_x, \Delta P_z$	变形视差值
Q_x	与 x 轴平行的开口薄壁构件截面的剪力
S_e	剩余平方和
S_R	回归平方和
S_T	总偏差平方和
t_k	第 k 个时刻
V	外力势能;剪力
W_ω	毛截面扇形模量
X, Y, Z	地面坐标值
X_k	t_k 时刻的状态向量
X_s, Y_s, Z_s	摄影站的地面坐标
x, z	像点坐标观测值
x_0, z_0	用待求值的近似值计算的像点坐标值
$\Delta x, \Delta z$	像点系统误差改正值

续表

符号	含义
$\Phi_{k+1,k}$	t_k 时刻至 t_k+1 时刻的状态转移矩阵
Ω_k	t_k 时刻的系统动态噪声
Δ_k	t_k 时刻的观测噪声
λ	构件长细比,摄影比例尺分母
λ_ω	弯扭屈曲的换算长细比
μ	等效长度系数
σ_{cr}	屈曲应力
β_{mx}	等效弯矩系数
ϕ_x,ϕ_y	轴心受压构件对 x,y 轴的稳定系数

2. 缩略词注释表

缩略词	全称	含义
AGO	Accumulated Generating Operator	累加生成处理
ANSI	American National Standards Institute	美国国家标准研究院
AS/RS	Automated Storage and Retrieval System	自动化立体仓库
CEN	COMITE EUROPEEN de NORMALISATION	欧洲标准化委员会
CSA	Canadian Standards Association	加拿大标准联合会
DASLS	Dense Accessing-sorting Smart Logistics System	密集储分智慧物流系统
DCRP	Digital Close-Range Photogrammetric	数字近景摄影测量
ERF	The European Racking Federation	欧洲货架联盟
FEM	The Federation Europeenne de la Manutention	欧洲起重运输机械联合会
FEMA	The Federal Emergency Management Agency	美国联邦应急管理署
G2P	Goods to Person	货到人

续表

缩略词	全称	含义
NEHRP	The National Earthquake Hazards Reduction Program	美国国家防震减灾计划署
NR&SRLF	Northern and Southern Regional Library Facilities	北区与南区图书设备
RMI	The Rack Manufacturers Institute	货架制造协会
SEMA	Storage Equipment Manufacturers' Association	英国仓储设备制造联合会
SKU	Stock Keeping Unit	最小存储单元
SLAP	Storage Location Assignment Problem	储位分配问题
STMP	Spatial Temporal Motion Parallax Model	空间时间基线视差模型
UBC	Uniform Building Code	统一建筑标准

目录 contents

第 1 章

绪 论

　　本章从研究背景出发,对国内外密集储分一体化技术、系统稳定性模型以及瞬时变形监测技术研究现状展开综述,并对本书研究内容及创新点展开了讨论。

1.1 研究背景

当前国际国内电子商务业务呈现迅猛增长的态势,异军突起的电商物流在动态性、作业规模及数据规模等方面均超越传统物流。面对物流量大幅度增加、市场竞争日益加剧、人力成本不断提升、土地利用率不断提高、仓储成本不断上涨的变化,以及电商物流订单的多品种、小批量、多批次、短周期、高时效及商品规格差异大等现实状况,物流仓储及分拣等环节面临了严峻的考验,传统的人工或者叉车式仓库以及自动化立体仓库的仓储面积与作业效率已不能满足日益增加的社会需求。仓储作为物流中心的核心业务与整体业务流程的重要组成部分,其布局及流程设计关系到物流中心的整体作业效率,进而影响到整个物流系统。为满足消费者碎片化的个性需求,达到供给商品多样化及规模化存取作业,众多电商物流企业纷纷在仓储物流业跑马圈地,投资兴建密集存储仓库或者改造现有仓库,力求增大仓储容量。这使得全库位、高密度、立体化、自动化和智能化的密集仓储技术得到了广泛应用,拉动了密集仓储货架需求量的快速增长,提升了物流效率,促进了物流业的快速发展。

常见的货架是由立柱片、横梁及斜撑等构件组成的立体储存物品的重要仓储设施,其构件主要是由冷弯薄壁型钢型材制作而成,因其构件尺寸小、空间利用率高、制作方便及安装周期短而成为众多物流设备生产厂家的首选。伴随机械电子、信息及物联网等技术的发展,货架系统从单纯提供货物存储功能的简单机械结构转变为高层化、全自动化和管理信息化的复杂系统;货架种类从最初的品种单一化状态转变为基于不同物料尺寸、重量及存取方式的品种多元化状态;货架行业也由最初单纯的钢铁加工业转变为集力学仿真、仓储运行自动化技术及仓储管理信息化于一体的多学科多专业的应用领域。

货架系统属于格构式超静定结构,具有立柱截面异型单对称且轮廓尺寸小、开孔开口且质轻纤薄、梁柱节点半刚接且抗侧刚度有限以及杆件形高而细长等特点,在世界范围内被广泛应用于仓库货物的存储,成为物流行业的主流设备设施。国外对钢结构货架的设计研究较早,并且也形成了规范标准的设计方法,通过试验确定钢结构货架构件的精确特性,在此基础上进行整体结构的分析设计。货架在正常状态下具有较强的稳定性,即承载货物时所受到的外力与内力会保持平衡。但是当其处于极限平衡状态时,外界轻微的扰动就会使货架的构件或者其整体结构产生变形,如果技术上处理不当,将会使货架出现局部失稳、整体失稳或局部与整体的相关失稳,导致货架构件或结构的内部抗力突然崩溃,货架的几何形状发生剧变,最终使得货架结构完全丧失工作能力。这种钢结构货架的屈曲,或者构件的状态属于弹塑性阶段,或者属于弹性工作阶段,它们的破坏特性基本一致。那就是失稳破坏不期而至时,结构崩溃带来的破坏程度远大于强度的破坏性。因此,货架结构的稳定性问题受到了高度关注。

目前国内有多部关于货架稳定性设计的规范及标准,大多数企业能够保障货架的承载安全,货架的品种、数量、性能、质量、安装及维护等均达到了一定水平,但部分企业由于缺乏对技术研究及设计分析的投入,生产的货架构件存在局部缺陷,或者整体结构的强度、刚度及稳定性存在问题,致使货架失稳倒塌事故时有发生。2004 年 5 月,郑州某冷库 30 号库的货架突然发生失稳坍塌造成 15 人死亡,该事故主要原因是货架存在整体稳定性差、承载能力不足等严重的设计与制造质量问题,并且安装不规范。2009 年 8 月,重庆某电器厂仓库内的 30 多排货架,由于货架局部的立柱失稳导致从最后一排到第一排呈多米诺骨牌式倒塌。2013 年 8 月,浙江某针纺染整公司布匹仓库的大型阁楼式钢结构货架,由于承重结构及横梁的失稳导致了第二层坍塌。2014 年 8 月,广西某家纺有限公司的铝合金货物仓库,由于货架的承载力不够并且较为陈旧,导致左侧变形幅度过大,突然发生倾斜后倒塌(图 1-1)。此外,在 1993 年美国加利福尼亚州大地震中,刚刚开业几天的 Santa Clarita Store 的多个货物存储区域发生了立柱屈曲所导致的货架坍塌事故(图 1-2)。这些事故说明稳定问题是货架安全的突出问题。

　　集成了货架穿梭车技术与密集货架的密集储分智慧物流系统（Dense-Storage and Separation Logistics System, DASLS）是一种高效的仓储与分拣一体化系统,该系统简化了作业流程并提升了空间利用率,在许多领域已经得到了应用,成为电商物流企业广泛应用的仓储系统。目前在国内还没有 DASLS 货架系统的统一执行标准及规范,尤其是对于其稳定性方面的研究还比较少。为此,本书根据 DASLS 货架系统的结构特点及受力情况,运用系统工程学、力学、运动学及应用数学等相关知识对货架系统构件及其整体结构的稳定性模型进行理论分析;通过基于 Matlab 的有限元分析模型,研究了货架系统的轴力、弯矩及剪力分布状况,从力学角度分析其稳定性;通过基于 ANSYS 的货架系统有限元法分析模型,研究了在多种荷载状态下货架系统的稳定性;最后,结合多台货架穿梭车同时运行的实时动态过程,综合应用力学、信息技术及 DCRP 技术对 DASLS 货架系统进行动态变形监测研究,运用计算机程序处理变形监测数据,现场形成货架瞬时动态变形的荷载 –挠度曲线,及时发现货架系统或构件变形的异常部位,对货架系统结构的稳定性模型加以校验并及时进行预警。这项研究不仅可以保障仓储物流业的安全,而且可以填补 DASLS 货架瞬时动态变形监测技术的理论空白,为极端条件下的动态变形监测提供理论依据,具有重要的理论意义和实际参考价值。

图 1–1　某公司的仓库货架倒塌

图 1-2　美国 Santa Clarita store 的货架倒塌

1.2　密集储分技术国内外研究现状

1.2.1 货架的类型及功能

　　货架从最初的架子、书架、鞋架、药柜等发展为现代物流仓储系统中的重要设备,经历了一个漫长的过程。从古老的中药店里"横七竖八纵三斗"的"百眼"抽屉式药柜,到文物店的博古式货架,到书店、图书馆里排满书籍报刊的平台式货架,到水果店的箱式货架,到服装店的吊杆式货架,到超市、商场和店铺里摆满琳琅满目商品的各种展示型货架,再到现代物流大型仓储的高层货架,尽管材质各异,其共同的特点就是科学的规划和合理地使用空间,优化了人们的生活环境,节省了空间资源,提高了物流效率与管理水平。

　　目前物流用语中大多用 rack 表示可移动的货架,用 shelf 表示相对固定的货架。部分文献也将货架翻译成 goods shelf。ERF 相关文件指出，racking 主要用于储存体积大且较重的单元荷载，通常需要用诸如前移式叉车、窄巷道电动堆高车或者塔式起重机等机械搬运设备进行操作；而 shelving 储存的货物一般需要人工操作，这类货架系统通常是单层无地板或者是高达十多米甚至几十米的多层货架系统。货架作为仓储的主要设施之一，是现代工业仓库、物流中心及配送中心等必不可少的组成部分。物流仓储货架按照不同的分类方式大致可分为 14 种类型，具体分类情况见表 1-1 所例。

现代物流仓储货架通常是体积庞大、三维立体、具有排列与层的格构式钢框架结构系统，其主要功能是盛放物品并兼作堆垛机导轨的支承。每两排货架共有一条巷道视为一组，每排货架沿纵向分为数十列甚至上百列，沿竖直方向有若干层，从而形成大量可以存取托盘或者料箱的货格。尽管货架型号各异并由许多构件组成，每一个单独的构件不论简单还是复杂均承担了不同的任务。尽管货架的每一个构件相对微弱，由这些构件构成的货架整体却是一个可以承受较大重量的坚固结构。

表 1-1　物流仓储货架的类型

序号	分类依据	货架类型
1	货架系统在地面的固定型式	固定型和移动型货架
2	货架系统构件间的连接形式	焊接式和组装式货架
3	货架系统与仓库建筑结构的连接形式	库架合一式与库架分离式货架
4	货架系统装载单元荷载量	轻型、中型和重型货架，它们的每层承重分别为小于 150 kg、150~500 kg 及 500 kg 以上
5	货架系统的高度	低层（高度 ≤ 51 m）、中层（高度 5~15 m）和高层货架（高度 ≥ 15 m）
6	货架系统的发展	传统式和新型货架。前者包括层架、层格式、抽屉式、橱柜式、U 形架、悬臂架、栅架、鞍架、气罐钢筒架和轮胎专用货架等。后者包括旋转式、移动式、装配式、调节式进车式、阁楼式、重力式、屏挂式、压入式、悬挂式、横梁式、托盘货架、高层货架和流利货架等
7	货架系统的适用性	通用货架和专用货架

续表

序号	分类依据	货架类型
8	货架系统的制造材料	钢货架、钢筋混凝土货架、钢与钢筋混凝土混合式货架、木制货架和钢木合制货架等
9	货架系统的封闭程度	敞开式、半封闭式和封闭式货架
10	货架系统的结构特点	层架、层格架、橱架、抽屉架、悬臂架、三角架和栅型架等
11	货架系统的可动性	固定式、移动式、旋转式、可调式、组合货架和流动储存货架等
12	货架系统的载货方式	悬臂式、橱柜式、棚板式和通廊式货架
13	货架系统的构造	组合可拆卸式货架和固定式货架。其中后者又分为单元式、般式、流动式和贯通式货架
14	货架系统的规模	重型托盘、中型、轻型、阁楼式和特殊货架。其中特殊货架包括模具架、油桶架、流利货架、网架、登高车和网隔间架等

货架的功能及作用可以从以下九个方面进行阐述。

（1）空间利用的科学性。货架的多层框架式独立结构体,可以科学地规划、划分和充分利用仓库的空间,提高库容利用率,扩大仓库的储存能力。

（2）货物功能的完整性。存入货架的货物互不挤压,可以保证物资本身功能的完整性,降低货物存储环节的损耗。

（3）存取货物的流畅性。货物存取方便,可做到先进先出,提高拣选效率,能够保障库存周转流畅。

（4）货物质量的稳定性。通过对货架上存储的货物采取防潮、防尘、防盗、防破坏等措施,提高物资存储质量。

（5）仓储管理的集中性。货架的合理应用,能够满足大批量货物、品种繁多的货物的存储与集中管理需要。

（6）存储货物的秩序性。仓库货架上所摆放的货物一目了然,易于完成清点、划分和计量等重要的管理工作,并可配合机械搬运工具,做到存储与搬运工作秩序井然。

（7）物流管理的高效性。科学合理布置和安装货架,可以满足现代物流企业低成本、低损耗及高效率物流供应链管理的需要。

（8）新式货架的创新性。货架厂家创新性地制造了多样化的新型货架,承重力大、不易变形、连接可靠并且拆装容易,有利于仓库的机械化及自动化管理。

（9）仓储管理的智能化。随着智能化库房的建设,安装 RFID 或其他类型芯片的智能货架系统将会极大地提高仓储系统的管理水平。

1.2.2 货架技术规范与标准研究现状

国外对钢结构货架的设计研究历经数十年,形成了较为明确的设计规范、规定及标准。

货架制造协会 RMI 分别出版了《工业仓储钢货架的最低工程标准：1964》及《工业仓储钢货架的设计、测试和使用暂行规范：1972》,并在此基础上诞生了第一部美国钢结构货架标准《ANSI MH 16.1：1974》,后修正为 ANSI MH 16.1：2008,沿用至今。

美国联邦应急管理署 FEMA 出版的《FEMA 460：面向公共开发区域的钢结构货架抗震考量》及 Beattie G J 和 Deam B L 发表的《面向公众的高层仓储钢结构货架系统抗震设计的建议》,填补了高层货架抗震设计的空白。

1982—1998 年,日本分别制定了：《JIS Z0621-1982 贯通式货架》《JIS Z0110-1998 工业用货架用语》《JIS Z0620-1998 工业用货架》及《JIS B8942-1998 自动化仓库设计通则》等货架标准。

2000 年,欧洲起重运输机械联合会 FEM 出版了一系列货架设计行业规范 FEM10.2.02—10.2.06 及 FEM10.3.01。2002 年,由欧洲标准化委员会 CEN 牵头出版发行了系列欧洲标准 "EN-Standards"："CEN TC344—Steel Static Storage Systems：EN 15512、EN 15620、EN 15629、EN 15635 and pr EN 15878"。上述行业规范及 EN- 标准的面世,促进了设计和使用货架复杂结构的安全性。

澳大利亚标准协会于 1993 年颁布了澳大利亚钢结构货架标准 "AS4084：Steel storage racking"。加拿大于 2005 年颁布了两项货架标准 CAS：A344.1 与 CAS：A344.2。

我国自 20 世纪 70 年代以来,相继在自动化立体仓库及图书馆建设中采用了钢货架结构。国内许多学者对钢结构货架进行了设计、计算及构造方法等多个方面的研究。1985 年,王凤林编译的《货架的抗震性》

一文,总结了 10 余年的货架抗震实验及设计研究资料,为之后的钢结构货架抗震性能设计提供了重要的参考依据。

为了适应我国仓储自动化及立体化的需要,并为钢结构货架的设计提供依据,1990 年,中国工程标准化协会批准颁布了由全国薄壁型钢结构标准技术委员会编制的《钢货架结构设计规范》(CECS 23：90)。之后的二十多年里,我国的货架行业飞速发展,货架行业规范及标准的制定及修订工作受到了国家标准化管理委员会、中国物流学会及其他相关行业的高度重视,国家有关部门陆续制定、修订并颁布实施了三十余部货架设计、制造及安装规范及标准(表 1-2),取得了可喜的进步,初步形成了相对完善的中国货架行业规范及标准。

表 1-2　1989—2016 年我国货架行业规范及标准一览表

序号	代码	中文名称	备注
1	CECS23：90	钢结构货架设计规范	
2	ZBJ 83015—1989	高层货架仓库设计规范	已废止
3	JB/T 5319.1—1991	有轨巷道堆垛起重机安全规范	
4	JB/T 5323—1991	立体仓库焊接式钢结构货架技术条件	
5	JB/T 7016—1993	有轨巷道堆垛起重机技术条件	
6	JB/T 9018—1999	有轨巷道式高层货架仓库设计规范	已废止
7	JB/T 9018—2011	自动化立体仓库设计规范	
8	JB/T 11270—2011	立体仓库组合式钢结构货架技术条件	
9	GBJ 7—1989	建筑地基基础设计规范	已废止
10	GB 50007—2011	建筑地基基础设计规范	
11	GBJ 9—1987	建筑结构荷载规范	已废止
12	GB 50009—2001	建筑结构荷载规范	已废止
13	GB 50009—2012	建筑结构荷载规范	
14	GBJ 11—1989	建筑抗震设计规范	已废止
15	GB 50011—2001	建筑抗震设计规范	已废止
16	GB 50011—2010	建筑抗震设计规范	
17	GBJ 17—1988	钢结构设计规范	已废止

序号	代码	中文名称	备注
18	GB 50017—2003	钢结构设计规范	即将废止
19	GB 50017—2014	钢结构设计规范	
20	GB 50205—1995	钢结构工程施工验收规范	已废止
21	GB 50221—1995	钢结构工程质量检评定规范	已废止
22	GB 50205—2001	钢结构工程施工质量验收规范	
23	GBJ 18—1987	冷弯薄壁型钢结构技术规范	已废止
24	GB 50018—2002	冷弯薄壁型钢结构技术规范	
25	SB/T 101 66—1993	金属轻型组合货架	
26	SB/T 10843—2012	金属组合货架	
27	SB/T 10846—2012	物流仓库货架储位编码	
28	GB/T1 8354—2006	物流术语	
29	GB/T 27924—2011	工业货架规格尺寸与额定荷载	
30	GB/T 28576—2012	工业货架设计计算	
31	WB/T 1042—2012	货架术语	
32	WB/T 1043—2012	货架分类及代号	
33	WB/T 1044—2012	托盘式货架	
34	WB/T 1045—2012	驶入式货架	

1.2.3 密集仓储技术研究现状

《诗经·小雅》中的语句"乃求千斯仓",见证了仓库建筑的源远流长。仓储通过仓库对商品与物品进行储存与保管,其发展可分为人工仓储、机械化仓储、自动化仓储、集成自动化仓储及智能自动化仓储等五个阶段。1950年前后,美国出现的AS/RS开启了自动化仓储物流新阶段,截至20世纪80年代,AS/RS在世界各国得到了迅速发展,应用领域涉及几乎所有行业。为提高企业竞争力,增加仓库存储空间,在自动化仓储阶段向智能化仓储阶段发展的过程中形成了新型仓储技术——"密集仓储",该技术可以在相同的仓库面积上若干倍的增加容量,提高存储密度。

欧洲许多国家因城市布局紧凑和人工成本高昂,较早研究并使用了密集仓储技术。1980 年,美国加州大学图书馆率先建造了 NR&SRLF 高密度仓储藏书库,截至 2007 年,北美已有 68 个高密度藏书库,美国、日本、挪威、英国、加拿大和中国香港等也纷纷建造了密集图书储存货柜。

早期的密集仓储系统主要采用驶入式货架、移动式货架、流利货架、压入式货架、动力式货架以及 AS/RS 等,这些货架系统由于作业通道少,导致存取作业效率低,难以实现先进先出的目标,因此更多地应用在烟草、化工、食品饮料等大批量小品规行业。

随着社会科学技术的发展,不断涌现的新型自动化密集仓储技术被推广应用到工业及电商物流等领域,如斯隆的易拉罐存取采用了遥感穿梭车有轨货架密集库,在节省了空间的同时,大大的提高了出入库效率。

2011 年,何泽华提出了中国烟草行业的“密集仓储”概念。之后又在国家烟草物流现场会上提出“储分一体化”理念,通过整合仓储和分拣环节使其达到无缝衔接,优化作业流程并缩短物流动线,有效提高了仓储容量与效率。云南省大理白族自治州烟草公司卷烟立库储分一体化新技术示范推广项目的完成,使其成为该行业技术应用的先行者。

李明等研究了被动式密集仓储技术与主动式密集仓储技术,并以达克斯系统验证了主动式密集仓储技术是一种既满足高密度存储、又达到高吞吐效率的新型绿色仓储技术。

李敬彬结合密集存取技术,完善了卷烟行业密集储分一体化的设计方案和工作流程。

在烟草行业之外,密集储分一体化技术已经推广应用到医药、轮胎、服装、化工、机械及电商物流等领域。

德马泰克公司推出的后推式 PUSH BACK 先进先出动态仓储系统,占地少、易安放且存取方便。

世仓物流设备有限公司对密集仓储货架技术进行了多方面的研究,包括货架结构的设计标准、生产精度、工程安装及仓库地坪处理等。

丛兰强等研究了密集式自动化仓储技术的新进展,详细阐述了托盘重力式仓储系统、穿梭板货架仓储系统、蜂巢式自动仓储系统、轮胎重力式仓储系统和组合式密集仓储系统的结构组成、工作原理、主要特点及应用场合。

　　孙婕设计了适合电商物流中心的密集仓储解决方案,并提出改进建议。

　　沈长鹏、陈晨、吴耀华等根据轮胎物流存储系统的特点研发建造了轮胎储分一体库,将动态密集存储立库和自动拣选出库相结合,解决了分拣出库的瓶颈问题,提高了轮胎存储物流的自动化程度。

　　杨国敏将储分一体化概念应用于电商物流配送中心,通过对托盘存储区、料箱分拣区和大件商品采取不同的存放方式,将"托盘+巷道堆垛机"方式与"料箱+多层穿梭车+快速提升机"方式组合应用,对仓储和分拣进行了有机融合。

　　王文蕊以料箱式自动化仓储系统为基础,提出适用于电商需求的直输型料箱式储分一体化系统,仿真并验证改进性设计的效果,提升了订单处理效率。

　　1993年,瑞典EAB公司率先发明了第一台穿梭车。之后的20多年时间里,穿梭车已经成为现代物流系统中重要的智能型搬运设备。与DASLS系统配套使用的货架穿梭车技术的研究,目前主要集中在穿梭车的机械结构、控制系统及优化调度等方面。

　　聂峰研究了自动化立体库穿梭车系统的控制方法及优化调度问题,给出了让穿梭车平稳运行的调速方案及运行单位计算流程。

　　王俊研究了穿梭车控制系统的系统结构、控制要求和技术参数,对其承载对象和运行特性进行分析,采用S曲线的加减速算法使系统达到启动平稳、快速运行和准确定位的控制要求,促进了穿梭车货架系统的推广及应用。

　　王康康研究了密集仓储系统中往复式穿梭车的作业模式及参数要求,完成了穿梭车整体机械结构与控制系统的设计,并提出基于RFID的辅助定位及精确盘点设计技术。

1.3 货架系统稳定性研究现状

1.3.1 冷弯薄壁型钢的性能

钢材是具有高强度、自重轻、延性好、抗震性能强、构件截面小、结构净空及跨度大、施工周期短以及投资效益高等优点的一种建筑材料。由工字钢、槽钢、角钢等型钢和钢板等钢材组成的承重构件或承重结构的统称为钢结构。钢结构通常分为由热轧工字钢、钢板或其他型钢制成的热轧钢结构和由薄钢板冷弯成型后制成的冷弯薄壁型钢结构。

冷弯薄壁型钢是一种经济的截面轻型薄壁钢材,是用薄钢板或带钢在常温下辊轧或冲压弯曲成型的各种断面形式的轻型高效型材。它通过改变型钢截面形状而不改变截面面积的途径,实现用相对较少的材料承受较大的荷载。由于在冷加工过程中截面转角部分材料经冷加工塑性变形后出现冷弯效应,从而使得冷弯薄壁型钢的屈服点及强度显著提高,构件力学性能更为良好,并且节省了钢材。有关实验资料显示,冷弯薄壁型钢回转半径比同样截面积的热轧型钢增大 50% 以上,惯性矩可增加 50%~180%。冷弯薄壁型钢构件还具有较高的强度自重比、灵活多样的截面形式、功能多、易于加工成型和适合工业化生产等优点。

钢质货架是物流仓储业最常见的钢结构,其主要构件如立柱、横梁及斜撑等均是由冷弯薄壁型钢制成的。

1.3.2 稳定性模型

1.3.2.1 稳定与失稳

结构的平衡有三种状态:稳定平衡、随遇平衡和不稳平衡。稳定平衡状态是指一个平衡的系统,在受到微小扰动后偏离初始平衡状态,当撤去扰动后,仍能回复到初始平衡状态。稳定问题是研究结构的平衡状

态是否稳定的问题,分析过程中应当找出外部荷载与结构内部抵抗力间
的不稳定平衡状态,即变形开始急剧增长的状态,从而尽量设法防止结
构进入该状态,所以稳定问题是一个变形问题。一般从三个方面进行研
究:第一,结构体内的几何稳定;第二,结构受到外部约束后的稳定;第
三,结构外部约束充分的情况下的弹性及弹塑性稳定。

在稳定分析中失稳又称屈曲(buckling),是指在极限承载力范围内
结构或构件失去了整体或局部稳定性的状态,相应的荷载称为屈曲荷载
或临界荷载。尽管失稳和屈曲是相同的概念,但是二者在应用中又有细
微的差别:失稳是由于系统或构件受到微小的干扰而从一个平衡状态
转移到另一个平衡状态;屈曲一般则指微小的干扰下杆件发生的变形。
失稳破坏是一种突然性的破坏,人们没有办法及时发觉并采取补救措
施,所以产生的后果往往比较严重。在实际工程中不允许结构发生失稳
破坏,因此,对结构设计过程中进行稳定性分析非常重视。

与稳定问题不同,强度是结构抵抗破坏的能力,是指稳定平衡状态
下结构对荷载产生的最大应力或内力是否超过材料极限强度,因此强度
问题也是应力问题。刚度是指结构抵抗变形的能力。失稳是结构不能
再承受更大的荷载和抵抗变形,达到了刚度为零的极限状态,因此稳定
问题也是刚度问题。

1.3.2.2 稳定性的类型

1. 平衡分岔失稳、极值点失稳和跃越失稳

(1)平衡分岔失稳,亦称分支点失稳或第一类失稳。当荷载小于某
一临界值时,结构保持平直,截面上只产生均匀的压应力;当荷载达到
某一临界值时原有平衡状态受到破坏,出现与原有平衡状态具有本质区
别的新平衡状态,结构形变产生了剧变,即在同一个荷载点出现分岔。
如图 1-3 所示平衡分岔失稳又分为稳定分岔失稳与不稳定分岔失稳。

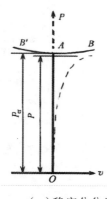
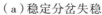
（a）稳定分岔失稳

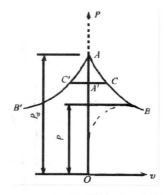
（b）不稳定分岔失稳

图1-3 平衡分岔失稳的荷载－挠度曲线

如图1-3（a）所示，当荷载小于屈曲荷载时，构件虽有微小的变形但是仍处于初始平衡状态，也是其唯一的稳定平衡状态。当荷载 $P=P_{cr}$ 时，轴心受压构件屈曲，荷载的增量与挠度的增量成正比，此时构件的荷载-挠度曲线为 AB 或 AB'，平衡状态稳定但有分岔，称为稳定分岔失稳。

如图1-3（b）所示，如果结构屈曲后只能在远小于 P_{cr} 的情况下维持平衡状态，称为不稳定分岔失稳。

（2）极值点失稳，亦称第二类失稳。如图1-4所示，偏心受压构件在达到弯曲变形极值点以前，变形增量与荷载增量成正比，可以用曲线 OAB 表示，此时结构处于稳定平衡状态，A 点表示构件的中点截面边缘纤维开始屈服。荷载增加导致了构件的快速变形，形成曲线 BC，此时构件处于不稳定平衡状态。极值点 B 表示构件在弯矩平面内达到了极限状态，构件的抵抗力开始小于外荷载作用并开始损失整体稳定性，此时对应的荷载 P_u 为极限荷载。

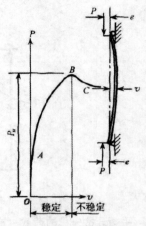

图 1-4　极值点失稳

（3）跃越失稳。如图 1-5 所示，两端铰接的平坦的拱结构在均匀荷载 q 的作用下产生挠度 w，其荷载 - 挠度曲线有稳定的上升段 OA，但是达到曲线的最高点 A 是会突然跳跃到一个非临近的具有很大变形的 C 点，拱结构突然下垂。下降段 AB 是不稳定的，BC 段虽然稳定上升，但由于结构已破坏而不能被利用。

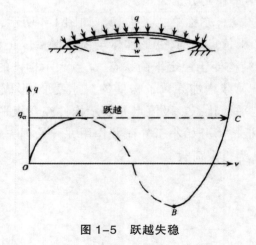

图 1-5　跃越失稳

2. 弹性失稳和弹塑性失稳

弹性失稳是指整体刚度较小或较柔的结构在荷载作用下具有明显

的变形,显示了较强的几何非线性及大位移特点,如单层网壳、拱支网壳及张弦梁等,由于它们整体失稳时其构件仍处于弹性变形阶段而未屈服,因此也常把这种失稳模式称为大位移弹性失稳。

弹塑性失稳是指整体刚度较大或较刚的结构在荷载作用下变形较小,不具有明显的几何非线性特征,如双层网壳、空间桁架及树状结构等,它们的整体失稳通常是由于部分构件屈服后结构内部的重力再分布,并产生较大变形或位移,因此也常把这种失稳模式称为大位移弹塑性失稳。

3. 整体失稳和局部失稳

整体失稳是指钢结构在荷载作用下几乎整个结构偏离初始平衡位置而发生明显几何变形的屈曲失稳现象。几何模态一般表现为结构的大面积凹陷或凸起,或者出现波浪状、条状的起伏。通常用于分析结构或构件的整体稳定性。

局部失稳是指钢结构在荷载作用下仅有部分构件或者局部区域发生失稳变形,而其他区域几乎未发生偏离初始平衡位置的几何变形现象。此时,结构的几何外形也未发生明显的变化。钢结构货架的局部失稳主要包括杆件和节点的局部失稳两种情况。

钢结构的整体稳定性与局部稳定性联系密切,但又互不相同。当整体失稳时,结构将会丧失承载力;而结构的局部失稳并不一定导致结构丧失承载力。发生局部失稳的结构是否能够继续承载或者具有屈曲后承载能力,与局部失稳的性质、发展及传播趋势有较大关系。

1.3.3 货架构件稳定性模型研究现状

货架系统是一个复杂的空间结构系统,具有立柱截面异型单对称且轮廓尺寸小、开孔开口且质轻纤薄、梁柱节点半刚接且抗侧刚度有限以及杆件形高而细长等结构特点,如图 1-6、图 1-7 所示,稳定性是该系统首先要解决的突出问题,稳定设计也成为钢结构货架系统设计的重要组成部分。由于货架立柱、横梁及支撑等构件截面的宽厚比通常为 10 倍左右,而长细比通常在 100 倍以上,因此可以按照杆件的特征进行稳定性分析。

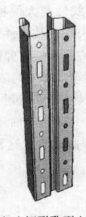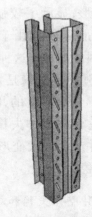

（a）马蹄形孔型立柱　　（b）矩形孔型立柱　　（c）斜槽形孔型立柱

图 1-6　立柱及孔型示意图

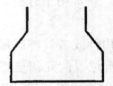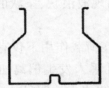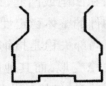

图 1-7　立柱常见截面形状示意图

1.3.3.1 货架立柱稳定性模型研究现状

货架立柱的稳定性研究主要集中在三个方面。

第一，对立柱按照其冷弯薄壁型钢构件的特征进行屈曲分析。通常包括整体屈曲、局部屈曲及畸变屈曲分析，整体屈曲又包括弯曲屈曲、扭转屈曲和弯扭屈曲，畸变屈曲又称为歪曲屈曲，如图 1-8 所示。

第二，对开孔立柱的屈曲性能及屈曲后性能进行研究。根据货架系统的装配要求，其腹板及翼缘上需要冲出一系列的孔洞，这些孔洞明显改变了板件的应力分布，进而影响了系统的极限承载力。

第三，由于立柱薄壁、截面异形且开口，使得截面在屈服之前容易发生屈曲。

18 世纪中叶，学者 Euler 在其关于柱子稳定性的研究论文中，将柱子的整体稳定性问题抽象为数学模型并做了系统研究。针对端部轴向受压、纵向不可压缩及横截面无变形的"完善压杆模型"的失稳问题，推导出衡量柱子失稳的临界荷载公式——Euler 荷载公式,并指出其临界状态下存在无穷多个平衡分岔点,其著名的小挠度变形理论为钢结构设计中柱子的稳定性分析奠定了理论基础。Euler 荷载公式解决了完善直杆轴心受压时在弹性范围内的临界荷载计算问题。但是当材料进入弹塑性状态以后,Euler 理论失去了作用。

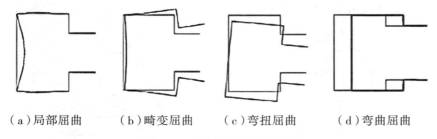

（a）局部屈曲　　　（b）畸变屈曲　　　（c）弯扭屈曲　　　（d）弯曲屈曲

图 1-8　货架立柱的屈曲模式

为此,针对弹塑性屈曲问题,国外许多学者提出了弥补该理论不足的相关理论。1889 年,Engesser F 提出切线模量理论;1891 年 Considere A 给出双模量的概念;根据这一概念,1895 年,Engesser F 提出双模量理论;1946 年,Shanley F R 建立了 Shanley 模型,给出了弹塑性屈曲荷载的上、下限。这些理论与大挠度理论基本一致,被广泛的用于解决稳定分岔失稳构件的非弹性屈曲问题。

1980 年,Atman 与 Rosenfeld 证明了可压缩立柱的屈曲特征值的有界性;Maddocks,Atanackovik,Glavardanov,Liu Y Z 及 Zu J W 等分别研究了非线性弹性立柱的屈曲失稳及立柱端部在扭转和压缩共同作用下杆的屈曲失稳问题;Ruta P 研究了立柱的动力稳定性;Zhang Y T,Xiong Chengan 及 Xie Yuxin 等用奇异性理论研究了可压缩立柱的屈曲失稳问题,指出立柱的长细比在小于某一个阈值时不会屈曲,并发现了超临界分岔及亚临界分岔现象。

当前,对于货架立柱的局部屈曲、整体屈曲以及它们相互作用的研究,已经较为成熟,在设计过程中也能够精确计算其极限承载力。对于立柱的畸变屈曲问题,由于多种条件的限制,可以通过改变其结构形式限制进一步畸变或者按照局部屈曲进行计算。随着货架钢材类型的增多及复杂截面形状的应用,国内外众多学者对货架立柱的畸变屈曲进行了多方面的研究。

1978 年,澳大利亚悉尼大学教授 Hancock 提出了畸变屈曲的概念,并在 1985 年应用有限条法研究了货架立柱的畸变屈曲性能,1987 年,给出了槽形受压构件和货架立柱的畸变屈曲荷载计算公式。在众多学者提出的各种弹性畸变屈曲计算模型中,Lau 和 Hancock 给出了较为经典的模型,如图 1-9 所示。该模型运用解析法得到的近似计算公式已经纳入澳洲规范 AS/NZS4600 中。

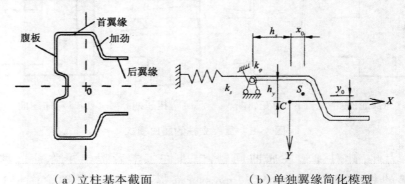

（a）立柱基本截面　　　　　　　　（b）单独翼缘简化模型

图 1-9　立柱截面畸变屈曲应力计算近似模型

由于上述模型对应的计算公式较为烦琐,学者们又对简便精确的数值模拟方法——有限元法、有限条法及广义梁理论进行了研究。

1968 年,Cheung Y K 教授创立了结构有限条法,并成功应用于实际工程计算中。Hancock 和 Schafer 在薄板结构计算中应用了有限条法,并开发了 Thin-wall 及 CUFSM 程序,用于计算冷弯薄壁型钢构件的屈曲应力。Andny 和 Schafer 进一步在 CUFSM 中应用约束有限条法计算了薄壁开口截面型构件的稳定问题。

1989 年,德国学者 Schardt 提出广义梁理论,以无分支开口截面杆件为研究对象,以截面中线节点的轴向位移——翘曲作为控制方程的基本未知量,建立了广义梁方程。成为薄壁 C 形和帽形截面构件侧向扭转和畸变屈曲分析的利器。英国学者 Davies 给出了一阶及二阶广义梁理论,并运用二阶广义梁理论分析研究了轴压柱的性能及畸变屈曲计算方法。

1992 年,Kwon 和 Hancock 以及 Schafer 和 Pekoz 等在对高强冷弯薄壁型钢构件进行轴心受压试验的过程中,发现畸变屈曲具有屈曲后强度,但其强度低于局部屈曲;即使构件发生了局部屈曲,但最终导致构件发生破坏的仍为畸变屈曲。因此,获得弹性畸变屈曲临界荷载后,在考虑构件的初始缺陷以及钢材材料差异等因素的基础上,求解结构或构件的承载力成为研究人员关心的热点问题。截至目前,根据畸变屈曲临界荷载求解承载力的方法主要有直接强度法和有效宽度法。

Hancock 经过试验研究确立了畸变屈曲与整体屈曲之间的相互作用,并运用直接强度法计算了畸变——整体的相关作用。Yang 和 Hancock,Kwon、Kim 和 Hancock 等均意识到畸变屈曲与局部屈曲间的强相关作用并给出了相应的计算公式。这种作用对构件的极限承载力极为不利,在设计中应予以考虑并进行避免。

国内方面,钢货架结构设计规范中详细规定了货架整体及构件的设计方法。并注意到货架结构难以从理论上进行精确分析,规定准许直接通过试验确定货架结构或某个构件的承载力。对于应用较为广泛的组装式钢结构货架,规范规定,受拉构件的受拉强度按净截面面积计算,受压强度及稳定性应按有效截面面积进行计算,变形及各种稳定系数可按毛截面面积计算,并规定了构件板件有效宽度的确定方法。

对于畸变屈曲性能方面的研究国内起步相对较晚。1997 年,苏明周和陈绍蕃分析了常用的卷边槽钢的截面尺寸,计算出卷边对翼缘充分加劲作用下相应的翼缘板件的长宽比限值。

2002 年,陈绍蕃把卷边槽钢截面的畸变屈曲作为局部屈曲进行处理,发现当卷边宽度充分大且翼缘屈曲系数为 3.0 时,畸变屈曲不起控制作用。2005 年,叶谦对压弯构件的畸变屈曲性能进行了有限元模拟。王春刚、张耀春和张壮南等通过对斜卷边槽钢受压构件的试验,发现短柱的破坏模式为局部——畸变相关屈曲,中长柱则表现为畸变——整体相关屈曲或局部——整体相关屈曲,部分试件甚至发生了局部、畸变和整体弯曲三者间的相关屈曲。

1.3.3.2 货架横梁稳定性模型研究现状

货架横梁一般为箱形、截面闭口、无孔洞的受弯构件,并且直接承受货物荷载。其分析设计类似于传统的冷弯薄壁型钢,所以相关研究较少。横梁两端一般通过梁端焊接的柱卡插入立柱孔,形成机械式半刚性连接节点,横梁的端部条件也因而比较特殊。因此,梁柱节点刚度的精确计算是研究梁柱节点的特性和精确设计横梁的前提条件。

我们研究的 DASLS 货架,由于货物存取频率较高,且货架穿梭车在横梁轨道上频繁启动、刹车和制动,对货架横梁产生较大冲击,容易引起货架钢构件的高周疲劳。此外,横梁与立柱之间的偏心距也会对货架的整体稳定性产生一定的影响,如图 1-10 所示。在设计中应予以充分考虑,目前货架规范缺少相应的设计规定。

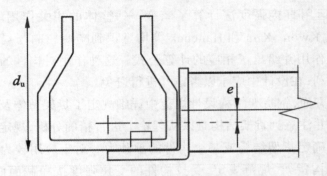

图 1-10　横梁立柱间的偏心距

1.3.3.3 货架节点的稳定性研究现状

钢结构货架节点主要包括三类:①梁 - 柱节点;②横撑和斜撑与立柱的节点;③柱脚节点。当无支撑结构或支撑提供的侧向刚度较小时,梁柱节点和柱脚节点的特性将会成为影响货架的整体稳定性能的主要因素。

如图 1-11 所示,货架横梁与立柱间插拔销栓式的梁柱节点,既允许横梁具有微小的转动特性,又可以将横梁载荷对立柱的力矩进行部分传递。一般情况下,通过研究节点弯矩 - 转角关系并描绘其曲线,可以看出节点的弯曲行为。梁柱节点的性能主要取决于梁端节点转动弯矩的加大,当弯矩达到最大值以后,由挂齿切入立柱或挂齿的破坏通常会导致整个节点的破坏,所以常常根据弯矩 - 转角曲线确定其刚度与承载力。由于此类节点的机械式互锁装置的复杂性,目前尚无确定的分析计算方法对其进行定量计算。一般是通过悬臂试验或门架试验来描述其弯矩 - 转角曲线。

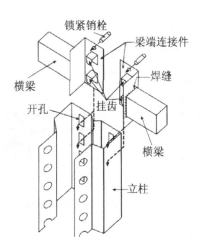

图 1-11　销栓式的梁柱节点

　　横撑和斜撑与立柱的节点,一般采用螺栓连接的方式,可以按照铰接或栓接固定方式进行处理。

　　柱脚节点的主要类型有焊接节点和组装节点。焊接节点是指立柱底端的焊接底板通过锚栓固定于地面上;组装节点是用螺栓将立柱固定于连接件,再将连接件焊接于底板。这两类半刚性节点的弯矩 - 转角曲线均为非线性关系。

　　由于货架在平行于横梁方向的整体侧向刚度,将会受到梁柱节点和柱脚节点绕其立柱截面对称轴抗弯刚度的制约,所以货架的结构设计中需要考虑柱脚节点的抗弯性能。美国和澳大利亚的钢结构货架设计规范给出了柱脚抗弯刚度计算公式,中国钢结构货架设计规范一般是通过门式刚架试验获得柱脚底板转动刚度;欧洲规范 EN15512 在柱脚节点试验中分析了立柱轴力与柱脚抗弯刚度的关系。

　　Baldassino 和 Zandonini,Diaz、Nieto 和 Biempica,Gilbert 和 Rasmussen 采用试验的方式研究了货架柱脚节点的性能,并结合有限元法进行数值分析。刘贤豪、Beale 和 Godley 研究了柱脚节点的性能与柔性框架结构的整体稳定性能的关系。

　　Gilbert 和 Rasmussen 发现有支撑货架的柱脚底节点的抗拔刚度对货架整体性能影响显著。如图 1-12 所示,当立柱所受拉力作用而柱脚拔起时,支撑体系发生刚体转动而侧向刚度明显降低,货架的 $P\text{-}\Delta$ 效应增大。侧向位移的增加及柱脚的拔起对货架的正常使用影响较大,

在设计中应予以考虑。目前的货架规范针对这一点尚无相应的规定与
标准。

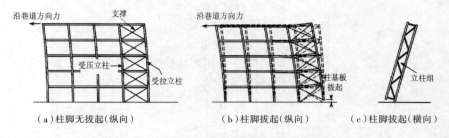

图 1-12　柱脚节点抗拔刚度对货架的影响

1.3.4 货架结构整体稳定性模型研究现状

自 1972 年起,日本产业机械工业会及其联盟公司对货架进行了足
尺寸、大规模与多课题研究,分别进行了人工加振自由振动实验和牵绳
加振自由振动实验、足尺正弦波振动实验以及极限强度下的破坏性实
验,得到了货架的固有周期频率、加速度响应放大率、应力以及屈曲变
形直至完全损坏时的最大拉力和挠度值等数据。

Chen C K 详细统计了动态荷载作用下货架的反应状态。Carlos
Aguirre 通过静载和周期荷载试验,研究了库架合一式货架的结构抗震
性能。Abdel-Jaber, Beale 和 Godley 应用多线性模型对货架半刚性节
点进行了悬臂试验,很好地预测了货架的变形和弯矩。Freitas A M S,
Freitas M S R 和 Souza 对 4 种不同截面的货架立柱进行了破坏性试验
和数值分析,验证了有限元法分析开孔立柱承载力的可行性。

20 世纪 70 年代以来,我国在自动化立体仓库及图书馆等建筑中采
用了库架合一式或库架分离式钢货架结构。1980 年,第一座由计算机
控制的 AS/RS 投入运行。20 世纪 80 年代末,各货架厂家开始研制生
产组装式钢结构货架。国内关于货架结构性能的研究纷纷展开。

胡虹通过研究横梁式焊接货架的技术参数、结构特点及应力分析,
得出该货架结构的若干优点。智少玲研究了货架立柱的稳定性计算方
法,并提出由堆垛机引起的货架上部水平荷载的计算方法。王占军和周
美英采用有限元法对立体仓储货架变形及应力进行了计算。谭颖和王

转探讨了 AS/RS 双伸货架立柱构件的稳定性理论和校核方法,并进行了验证。

梅宝兴等针对组合式货架横梁的实际使用情况和受力特点,提出了简单实用的横梁承载力计算模型和方法。余华、汪浩按照钢货架设计规范要求及可调式货架的具体特点,研究了货架片整体稳定性的设计方法。贾争现、孙军艳在考虑长期静载荷和短期交变动载荷情况下,建立了驶入式货架的力学模型,并计算了立柱的强度与刚度。

郭云霞通过对立体仓库货架进行参数化有限元建模,对立体仓库货架结构进行了强度、刚度、稳定性和模态分析计算。郝永江研究了多层货架的强度和稳定性,通过试验证实了多层货架总的临界载荷小于单层货架的临界载荷,随货架层数的增加总的临界载荷越来越小。邹宝霞建立了货架钢结构的有限元模型,确定了结构的强度、刚度、固有频率、振型、临界载荷及结构在地震载荷作用下的应力和位移分布规律。谢云舫、李颖从静力学角度出发对货架进行三维有限元分析,获得了货架变形特征及应力分布情况。

李志鹏等分析了在地震荷载作用下柱轴力及主轴弯矩沿高度的变化,和柱顶位移及柱底轴力在方案内及方案间的变化,得出了振型分解反应谱法更适用于高层货架抗震计算和不设置钢架的结构方案更有利于抗震的结论。

武振宇和成博通过初始位移法对驶入式钢结构货架进行自由振动试验,测出了货架的自由振动衰减曲线。研究了货架自振频率和阻尼比的若干影响因素,提出计算无竖向支撑货架基本频率的有限元简化模型。

李辉、董军和彭洋通过分析驶入式货架的稳定机理,应用非线性屈曲分析方法建立了货架有限元计算模型,研究了背部垂直支撑和顶部水平支撑的布置形式、柱脚和梁柱节点的转动刚度等关键参数对货架承载力的影响。

1.4　货架系统变形监测技术研究现状

货架系统的稳定问题实际上就是变形问题,主要表现在外力作用下货架结构内部的抵抗使得货架出现不稳定平衡状态,变形开始急剧增加,并达到极限状态。在日常工作中,为了保证货架结构的安全性,应当避免这种状态的发生。为此,对货架系统进行实时动态变形监测,研究其变形规律,准确把握货架局部的变形量,了解其薄弱部位及区域并及时进行预警,是一项非常重要的工作。

在 DASLS 货架系统中,货架穿梭车运行于密集货架存储区,在指定货位存取货物,并将所需货物按照系统要求顺序输送到拣选站台。尤其在电商物流仓库的密集货架存储区,每一个巷道的每一层货架均分配有一台货架穿梭车,高峰期货架穿梭车的存取作业循环次数高达数千次,当这些穿梭车在货架轨道上运行时,启动、加速、减速及刹车等运动将会不停地对货架横梁及立柱产生冲击作用。这种冲击力是否会对货架构件及货架整体的稳定性能产生影响,以及是否会使货架的关键部件产生疲劳,至今未见相关的研究文献。

于承新等自 2000 起开始应用数字近景摄影测量方法研究钢结构、建筑物及构筑物的变形监测问题,通过偏心加压实验测定了钢结构瞬时精确的挠度变形情况,并描绘了结构的荷载 - 挠度曲线。之后,考虑到数码相机的内外方位元素的稳定性、外界环境条件、分辨率及焦距等影响因素,采用直接线性变换法与三维时间基线视差法等方法进行校正,取得了监测精度达到 2‰的效果。同时,还对数字摄影观测钢结构中心轴线变形情况进行了应用性探索。

于承新、赵永谦等对灰色系统理论、灰色预测、GPS 技术及数学拟合理论在变形分析中的应用进行了研究,建立了检验控制模型,解决了应用少量数据进行变形预测的精确性问题。

李妍、于承新等进行了基于数字摄影的钢结构变形监测系统研究,探讨分析了系统建立的办法及整个系统流程。

刘苏进行了数字近景摄影测量技术在砌体结构地震动变形监测中的应用研究,并将该方法推广到桥梁、钢结构等结构体或者建筑物的变形监测。

丁新华、陈明志、于承新、赵永谦、刘苏及陈绪慧等应用数字近景摄影测量方法,采用直接线性变换法与三维时间基线视差法,分别对物流钢结构货架变形情况进行了实验监测研究,并运用计算机系统描绘了货架钢结构系统的变形曲线,为货架的安全稳定性及抗震性能的评估提供了依据。

1.5 本书研究内容及创新点

1.5.1 本书研究内容

本书根据 DASLS 货架系统的结构特点及受力情况,对货架系统构件及其整体结构的稳定性进行了理论分析;通过编制基于 Matlab 的有限元程序,并建立基于 ANSYS 的货架系统三维立体有限元仿真模型,研究货架系统的力学特性及稳定性;结合多台货架穿梭车同时运行的动态过程,应用 DCRP 技术对货架系统进行了动态变形监测研究,现场形成了货架瞬时动态变形的荷载-挠度曲线,对系统结构的稳定性进行了校验。本书的主要内容及章节安排如下。

第1章 绪论。本章阐述了课题的研究背景、目的及意义,对国内外关于密集储分一体化技术、货架系统及其构件的稳定性、货架瞬时变形监测研究的现状进行了综述,最后介绍了本书的研究内容、章节安排和主要创新点。

第2章 DASLS 货架系统构件的稳定性模型研究。本章简要介绍了密集储分一体化技术、密集货架技术及 DASLS 货架系统。之后,研究了货架立柱的整体稳定性、局部稳定性及畸变屈曲的特征,探讨了弯曲屈曲、扭转屈曲和畸变屈曲等的屈曲荷载计算方法;探讨了局部屈曲的有效宽度计算方法;研究了货架立柱畸变屈曲荷载的计算方法。探究了货架横梁的整体稳定性及弯扭屈曲临界荷载的计算方法,研究了货架各类支撑及边排立柱的稳定性。最后,通过货架立柱的弹性变形监测实验,研究了货架系统及立柱的弹性变形特性。

第 3 章 DASLS 货架系统的整体稳定性模型研究。本章先分析了货架系统的整体稳定性及失稳形式;然后基于静力分析分别对货架的对称屈曲、反对称屈曲及弹性屈曲进行了研究;之后研究了货架的基本自振周期,并对货架穿梭车进行动力学分析,在此基础上探究了基于货架穿梭车运行的 DASLS 货架屈曲荷载计算方法;最后通过货架系统的震动变形破坏实验,探讨了钢结构货架弹性屈曲变形到弹塑性直至塑性变形屈曲的机理及监测方法,提出了预防货架整体屈曲变形的措施。

第 4 章 DASLS 货架系统稳定性的有限元分析模型。本章对有限元分析的原理及过程进行了研究;基于 Matlab 构建货架有限元分析模型,通过对货架立柱及横梁的剪力、弯矩及轴力按单元节点进行有限元分析,研究了货架系统构件的力学特性;基于 ANSYS 建立货架的三维立体有限元分析模型,并在多种荷载工况下对货架系统的变形情况进行分析;最后将 Matlab 运行结果与 ANSYS 的分析结果进行对比,从中发现货架构件及系统的薄弱区域及部位,并提出了增强货架稳定性的建议。

第 5 章 DASLS 货架系统瞬时变形监测技术研究。本章介绍了系统变形、变形分析及变形监测的相关理论及知识;对三种常用的变形分析预测模型:多元回归分析模型、灰色系统模型及卡尔曼滤波模型进行了研究及应用;研究了动态变形监测技术及普通数码相机的校正方法,推导了平面时间基线视差模型与空间时间基线视差模型的解算过程及基本公式;最后,应用 DCRP 技术对正常作业状态下的 DASLS 货架系统进行瞬时动态变形监测,实时摄影并运用计算机软件绘出货架的荷载 - 变形曲线图。通过监测货架的整体变形情况及量测变形量对货架系统的稳定性进行校验,并预警货架的异常变形区域及部位。

第 6 章 结论与展望。总结了论文的研究内容,指出研究中存在的不足,并为日后的进一步研究提供了思路。

1.5.2 创新点

本书主要创新工作主要有如下几个方面。

（1）通过建立 DASLS 货架系统结构模型，对其构件及系统整体结构的稳定性进行了理论分析和研究；推导验算了货架的弯曲屈曲、扭转屈曲、弯扭屈曲及畸变屈曲的屈曲荷载计算方法，并通过货架立柱弹性变形监测实验和货架系统的震动变形破坏性试验，验证了货架系统的屈曲变形特征。

（2）通过构建基于 Matlab 的单排货架有限元分析模型，分析了货架立柱及横梁的剪力、弯矩及轴力的分布特征，探索了货架系统构件的刚度及强度薄弱部位；通过建立基于 ANSYS 的货架三维立体有限元仿真模型，在多种荷载工况下对系统的变形情况进行仿真分析，探索了货架结构及其构件的屈曲稳定特性；最后将 Matlab 运行结果与 ANSYS 的仿真分析结果进行对比，从中发现货架系统的薄弱区域及部位，并提出了提高货架稳定性的建议。

（3）应用基于空间时间基线视差模型的 DCRP 技术，分别进行了人工震动作用下货架系统的弹性变形、荷载冲击破坏变形及正常负载作业状态下的瞬时动态变形监测实验，探索了货架的钢结构特性及形变规律，量测了货架变形点的瞬时动态变形量并绘制了相应的荷载 - 变形曲线图。为货架系统的稳定性校验及安全预警提供了参考依据。

第 2 章

DASLS 货架系统构件稳定性模型

本章研究了 DASLS 货架系统立柱的整体稳定性、局部稳定性及畸变屈曲的主要特征,探讨了多种屈曲荷载以及局部屈曲有效宽度的计算方法;探究了货架横梁的整体稳定性及弯扭屈曲临界荷载的计算方法;并且通过货架立柱的弹性变形监测实验研究了其弹性变形特性。

2.1　DASLS 货架系统

2.1.1 密集仓储货架

高效的仓储系统可以有效提高物料的流动速度,减少储存与运输成本,同时实现对各类生产资源的合理控制和管理,提高物流仓储企业的生产效率。密集仓储货架的发展是伴随着仓储技术的发展而逐渐发展起来的。仓储技术的发展经历了人工仓储阶段、机械化仓储阶段、自动化仓储阶段、集成化仓储阶段及智能自动化仓储阶段等五个阶段,具体的可以分为如表 2-1 所列的多种形式。

表 2-1　仓储技术的类型

序号	分类依据	仓储的各种形式
1	仓储归属	企业自备仓储、第三方营业仓储和社会公共仓储
2	仓储职能	生产型仓储、流通型仓储和战略储备型仓储
3	仓库结构	平库式、楼式、罐式、分离式和库架合一式仓储
4	仓储技术	平面仓储、阁楼式仓储、多层货架仓储和自动化立体仓储
5	货架种类	平库式、楼式、罐式、分离式和库架合一式仓储
6	仓储环境	平面仓储、阁楼式仓储、多层货架仓储和自动化立体仓储
7	特殊性能	保税仓储、危险品仓储、药品仓储、食品仓储和卷烟仓储

随着社会经济快速发展与物流仓储需求的激增,出现了密集仓储的概念。目前密集仓储技术的主要研究领域集中在三个方面:人工叉车式密集仓储、穿梭车技术 +RF+ 轨道式货架仓储及主动式储分一体化仓储。随着关键技术及设备的改进与发展,新型密集仓储技术将朝着自动化、信息化及智能化方向发展。

密集仓储货架技术按照货物的运动方式分为被动式与主动式两种类型。

一、被动式密集仓储货架

被动式密集仓储货架技术是指货物静止于货架上,利用叉车或堆垛设备深入密集货架通道内进行存取作业,出入库效率较低。常见类型有以下四种。

1. 移动式货架

在每排货架底部装有驱动装置,货架可沿垂直巷道方向移动,通道个数大大减少,空间利用率高且存储密度大,可以任意顺序存取货物。其技术难点或缺陷在于,移动式货架建造及维护成本高,且存取效率低而且耗能较大,适合存储出入库频率低的货物。

2. 驶入式货架

驶入式货架又称贯通式货架,是叉车驶入驶出货架内、以托盘单元货品进行存储作业的组装式货架。其存储密度较大,空间有效利用率可达90%,场地面积利用率可达60%以上。适于大批量、少品种或作业通道内货品流向同一客户的货品存储,如饮料、烟草、化工及制衣等行业。其技术难点或缺陷在于,因横梁构件的缺乏导致结构稳定性减弱,此类货架的高度一般不超过10 m,否则成本将大幅度上升,同时安全稳定性降低。

3. 窄巷道货架

货架底部地面上加装三向堆垛叉车行动导轨,堆垛通道宽度仅有1.4~1.7 m,稍大于托盘货物的宽度,可节省近40%的过道空间,库房场地利用率、存储效率及存储密度都比较高。所有存放物料均有100%的可选性,叉车可随时存储任一托盘货物。技术难点在于,所用物料搬运设备为专用的三向堆垛叉车,其造价昂贵。

4. 多深位货架

多深拉货架是由重型横梁式货架衍生而成,将货架设计成双排并列结构,比普通横梁式货架增加一倍或多倍的储存量。只能遵循先入后出的原则,对后排货位货物存取时需要先取出前排挡住的货物。广泛应用于烟草、食品饮料、包装、造纸及塑料制品等行业。技术难点或缺陷在于,该类型货架对制造精度、工艺及系统集成能力要求很高,导致制造成本也很高,所以国内应用较少。

二、主动式密集仓储货架

主动式密集仓储货架技术中的设备不动而货物运动,即通过在货架的深货格内安装动力装置,使货物自发运动到达指定位置,既满足高密度存储又能保证高吞吐效率。根据安装动力装置的情况主要有以下三种类型。

1. 重力式货架

在货架深度方向设置了具有一定倾斜角的无动力重力辊道。可实现先进先出功能。货物紧密排列,空间利用率高;采用无动力形式,节能环保噪音低。技术难点及缺陷在于,系统对辊子的同心度和托盘质量要求较高;且需安装阻尼缓冲及出货分离装置,导致后期维护成本较高。

2. 动力贯通式货架

货架深度方向上安装可以按两种方向旋转的动力辊道,货物在货架上可以进行前后两种方向的运动。存货时,通过搬运设备将货物放在货架端口,依靠辊道动力将货物存入目标货位;取货时,辊道将货物运送至货架端口,通过搬运设备将货物取走。由于货物运动的双向性,系统可实现先进先出或先进后出,并且可同时对所有货物进行存取,作业效率高。但是这种货架所需安装的大量动力辊道导致系统成本较高。

3 穿梭板式货架

在货架深度方向安装导轨,穿梭板小车前后运动并与升降台或堆垛机等搬运设备配合实现货物的存取。货格深度较深且空间利用率高;可以先进先出和先进后出。但是这种货架对货架的导轨精度及地坪的要求高,系统投资成本与后续维护成本较大。

三、密集仓储系统

截至目前,世界上的密集仓储系统均应用了密集货架技术。其中主流应用的密集仓储系统大致有五种。

1. 自动货柜系统

由货架、环形导轨、料斗和拣选端等组成,分为垂直升降式货柜、垂直循环货柜及水平循环货柜等类型。实现了自动化操作,能够先进先出,提高了地面空间利用率,最高可达 20 m 以上。主要用于存放工具、工业零备件、电子元器件、烟机备件、烟草原料与辅料、医疗药品及器具以及重要文档资料、光盘与磁介质等,可广泛用于航空航天、烟草、机械、石化、医药、电子、档案、码头、铁路及汽车等行业。适用于存取量及流量较小的商品类型,不能满足电商物流作业量大且时限要求高的需求。

2. Autostore 系统

由三维立体铝制货格货架、提升机器人、料箱及高速拣选站台等标准部件组成,是安装方便、易于扩展且节能环保的自动化系统。存储密度高,每个巷道的吞吐量可达 300 箱 / 时。其运营和维护成本低,应用 G2P 拣选技术节省了找货与搬送时间,所有入库、补货和拆装工作可在同一站台一次性完成。适于存储数量多而动销 SKU 较少且流量适中的商品类型,主要用于配送计算机及电子产品等,也适用于汽车零配件、办公用品、服装、医药及图书档案存储等以静态存储为主的行业。

3. Miniload 系统

由轻型高层货架、轻型巷道堆垛机、料箱及拣选工作站组成,存储密度高,每个巷道吞吐量可达 230 箱 / 时。适于存储数量多而动销 SKU 较少且流量相对较低的商品类型,适用领域为存取量适中而流量较小的 C、D 类品牌商品,该系统适用于存储性和流通性均衡的品类。

4. Shuttle 系统

由货架、料箱、穿梭车、提升机、前端输送线及拣选工作站组成。可以先进先出,存储密度高,每个巷道的吞吐量可达 500 箱 / 时。适用领域为动销 SKU 较多、存储量适中且流量较大的 B、C 类品牌商品类型,常用于商品的动态暂存或订单的排序、缓存等。

5. 仓储物流机器人系统

该系统的研发及应用为 G2P 拣选技术的应用提供了助力，Amazon 收购 Kiva System 并将其更名为 Amazon Robotics，在全美仓库内部署 1.5 万台机器人，将仓库工作分解成两部分：所有员工在固定位置进行盘点或配货，而 Kiva 机器人负责将货物连同货架一块搬到员工面前。不需另设人行通道，提高了地面空间利用率，也节约了员工行走取货时间。

2.1.2 密集储分智慧物流系统

DASLS 货架系统是在 Shuttle 系统的基础上优化设计而成的。该系统集成了密集存储技术、货架穿梭车技术和 G2P 拣选技术的新型物流系统，与传统的 AS/RS 系统仓储与分拣流程独立设置情况相比，减少了堆垛机及巷道的数量，降低了投资成本，提高空间利用率尤其是平面利用率接近 20%~35%，而且缩短了货物的无效行走距离，提高了货物出入库效率，是当前应用较多的现代化密集仓储系统。其货架系统是库区的主要设施，集成了密集仓储技术和货架穿梭车技术，货架区一般可以覆盖整个库区面积的 60%~80%，而且系统的拣货出库和入库存放是通过货架穿梭车的往复运行、抓取和放回料箱以及巷道提升机相配合来实现的，巷道宽度由常规的 3 m 左右缩短为 1.5 m 左右，货物存储能力比传统的货架存储能力提高近 10 倍。系统以密集货架为存储载体，采用存储设备与人员不动而货物运动的 G2P 拣选技术，实现仓库的信息化与自动化管理，使系统高效、快捷和低成本化运作，实现了由传统仓储分拣人工模式向现代仓储分拣自动化模式的转变，体现了现代物流的发展方向。

某电商物流中心仓库的仓储区总面积 2438 m²，长 106 m，宽 23 m，可存储 105 万件服装，最大品规数达 5040 种，设计工作人员 45 人。根据这些情况所设计的 DASLS 系统如图 2-1 所示。其中入库作业区面积为 160 m²，采用人工通过输送线进行统一入库模式，设有 5 个入库站台，入库设备包括 3 套提升机、辊道输送线、3 套缓存货架和 5 套入库高速穿梭车，入库效率设计为 2100 件 / 时 / 工位。入库作业区每天入库量 12.6 万件，输送线效率 1800 箱 / 时，人员设置为 6 人 / 组。存储区面积为 1480 m²，采用 8 层密集货架统一存储，存储货位可存储 70 件 / 箱的服装 15120 箱。存储设备包括 10 排高 6 m 的 8 层密集货架、56 个无动力入库站台、7 个穿梭巷道和 56 个经济型巷道穿梭车。拣选集货区面积共 192 m²，采用 G2P 拣选模式。拣选区设计效率为 360 行 / 时 / 工位，每天拣选量可达 1080 行 / 时，集货输送线设计效率为 2000 箱 / 时，配备拣选和包装人员各 3 人。拣选设备包括拣选工作台、辊道输送线、3 套缓存设备和 8 套出库高速穿梭车。

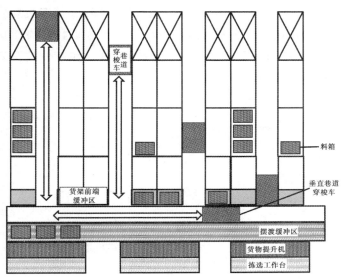

图 2-1　某电商物流 DASLS 平面布局示意图

　　DASLS 以周转料箱为载体进行的一系列作业，包括出库作业、入库作业和拣选作业。其工作流程如图 2-2 所示。入库流程主要包括入库换装并输送入提升位、提升至周转台、穿梭摆渡至货架前端周转台与穿梭入库等四个步骤。入库作业对象主要是待换装货物、空料箱和异常料箱。系统下达入库任务后，通过扫描周转箱对箱内物料信息进行核对或录入，再由输送机系统输送入库。货物至入库换装站台，换装至料箱以后经辊道输送线到达提升机取货缓存站台；提升机至取货站台夹取料箱或异常返库料箱并输送至相应层的摆渡缓冲区，由垂直巷道穿梭车取货后摆渡至相应的货架前端周转台；再由巷道穿梭车将料箱搬运到系统分配的货位存储。作为入库作业的逆过程，出库作业任务下达后，巷道穿梭车先将料箱搬运到所在层的货架前端周转台；再由垂直巷道穿梭车运送至摆渡缓冲区；由系统调度提升机上升到摆渡缓冲区取货，之后快速下降直接将料箱输送至拣选工作台的相应位置；在 RFID 读写器读取电子标签确认以后，拣选人员开始人工拣货。如果 RFID 读写器读取信息异常，则重新录入信息后再运行入库作业流程。

传统 AS/RS 的出入库作业均由巷道内的堆垛机通过水平和竖直运动分别完成该巷道中所有层货物的取出和存放。虽然目前堆垛机的最高运行速度可达 400 m/min，但在实际中并不能全速运行，堆垛机自身重量大且灵活性差，因此难以满足电商物流订单较大与取货操作频繁的要求。为此，DASLS 系统采用体积较小而灵活性强且自身重量较轻的货架穿梭车配合巷道提升机进行出入库操作，能够更加快捷高效的完成出入库任务。

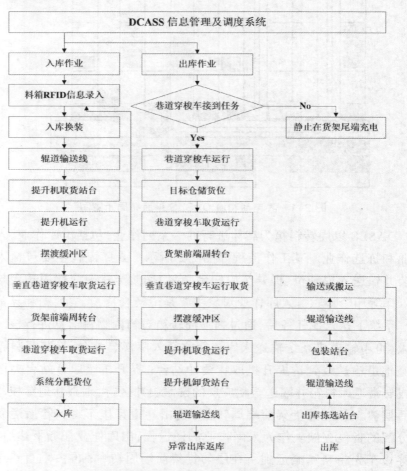

图 2-2　DASLS 工作流程图

2.1.3 DASLS 货架系统

2.1.3.1 DASLS 货架系统的设计

在荷载及荷载效应组合方面，DASLS 货架结构上的荷载可分为恒荷载、货架活荷载、竖向冲击荷载、水平荷载以及可能有的风载和地震作用等。其中，水平荷载主要包括货架结构构件的初弯曲、安装偏差、荷载偏心、货架穿梭车存取货物引起的轻微碰撞以及货架穿梭车启动、制动与急停所引起的水平力等。货架结构应按上列荷载效应的最不利组合设计。构件的基本设计规定，按承载能力极限状态设计货架结构时，应采用荷载设计值和强度设计值进行计算；按正常使用极限状态设计货架结构时，应采用荷载标准值和容许变形进行计算。

钢结构货架作为一种大规模定制产品，通常需要根据客户需求进行结构与构件的设计与分析，随着计算机技术的发展及有限元软件的开发，许多货架制造企业形成了相对固定软件模式下的钢结构货架设计流程。王承业等开发的 ASSRS 系统，可以根据相应货架参数建立直线型分层次流程设计模型，通过可视化界面给出准确的钢结构货架模型。王转提出"系统设计→结构设计→组件设计→构件设计"的货架层次化设计方法，从系统层、结构层、组件层和构件层等层面来建立货架结构的全参数化模型。

2.1.3.2 DASLS 货架系统

DASLS 货架系统主要由密集货架、穿梭车导轨、货架穿梭车及巷道提升机等组成，如图 2-3 所示。

密集货架的主要构件包括：①横梁，是连接立柱片并支撑货物的组件，有时巷道内侧的横梁也兼作货架穿梭车的导轨；②立柱片，又称立柱组，用于支撑货架的全部重量，由立柱、横撑、斜撑及底座等构成；③地角，用于连接货架与地面使货架更稳固；④护角，用于保护货架的立柱片不受叉车撞击。

密集货架的辅助选用配件包括：①纵梁，用于支撑货物；②木板 /钢板，用来平铺在横梁之间用以摆放货物；③隔撑，是连接货架与货架或者货架与墙壁的连接件；④隔档，是用于支撑货物的选配件。

　　立柱片是货架的主要受力支承部件,由两根立柱、横撑与斜撑等构成。货架立柱型号一般根据储物类型及重量进行选择,并且兼顾立柱壁厚度、表漆厚度及光滑度、卡口处理效果等。立柱正面均匀分布的许多长孔和圆孔,可以用来挂接横梁的挂钩或者安装安全销,称为挂钩孔。在满足横梁挂钩齿数要求的条件下,应该尽量缩小挂钩孔的尺寸和减少其数量,以提高货架的整体承载能力。

　　横梁是连接立柱并支承货物的主要受力部件,通过特定的梁柱节点构成框架结构。按照其截面孔型不同主要有矩管、P 型焊管、C 型管、抱扣管及 P 型抱扣管。在 DASLS 货架系统中,由于货架穿梭车等设备在横梁轨道上的连续运行,从稳定及安全的角度考虑,大多对横梁与立柱的连接采用栓接处理。

　　由于 DASLS 货架系统每个巷道内侧的两个横梁兼作货架穿梭车导轨,支撑货架穿梭车在其上往复运行,因此对安装导轨的两侧货架立柱及横梁的动态稳定性提出了更高要求。同时,货架区的密度加大,单位面积上货架承受的重量增加,在满载状态下,当多台货架穿梭车同向运行时会对货架整体及局部构件造成较大的冲击。因此,建议 DASLS 货架的选材使用 Q345 型号的钢材,以提高货架的强度、整体承载力以及抗冲击能力,增强货架的整体稳定性。

1—底座钢板;2—立柱;3—横撑;4—横梁;5—料箱;6—斜撑;7—货架穿梭车;
8—钢板(货架前端周转台);9—挂片;10—货架顶部水平支撑

图 2-3　DASLS 货架系统示意图

2.2 DASLS 货架立柱整体稳定性模型

DASLS 货架系统是由若干竖向立柱结构及若干层与立柱相连接的横梁等组成的,介于刚架和桁架两个结构力系模型之间的三维梁柱结构。虽然桁架模型具有一定的安全性,但其平行四边形结构桁架在理论上是不具备侧向承载能力的,于是单根立柱及其所构成的立柱片成为货架的主要支撑部件。而对其进行承载试验也是货架结构分析研究的重点,立柱的承载能力主要也是由其稳定性决定的。

货架立柱在轴向的受压情况较为明显,因此可以按照压弯杆件对其进行力学分析。如图 2-4 所示,立柱为单轴对称的开口截面压弯构件,其截面关于实轴 x 轴单对称,在荷载作用下将受到轴向压力和弯矩作用,除了发生绕虚轴 y 轴的弯曲屈曲外,还有可能在绕对称轴弯曲的同时绕纵轴扭转发生扭转屈曲。由于立柱截面经多次弯曲,只有在承受较大轴向压力时才会出现局部屈曲,所以货架立柱的整体屈曲及畸变屈曲的研究较多。

立柱的整体屈曲包括弯曲屈曲、扭转屈曲和弯扭屈曲。其整体屈曲的原因主要与立柱的受力情况、边界条件、截面开孔、几何缺陷等因素有关系,且整体屈曲后立柱的半波长最大,屈曲后强度无明显提高。

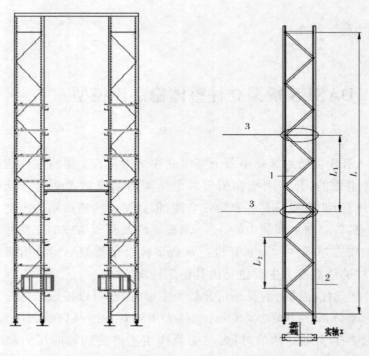

（a）边列柱双肢格构式　　（b）立柱片及立柱截面对称性

图 2-4　货架边列柱及立柱截面的对称性

2.2.1 货架立柱的弯曲屈曲

立柱的弯曲屈曲是指立柱发生弯曲变形,在其截面只绕一个主轴旋转的同时纵轴方向上由直线变成了曲线的屈曲模式。在轴向压力作用下,立柱的弯曲屈曲变形将会绕虚轴 y 轴或者绕对称轴方向进行,如图 2-5 所示。

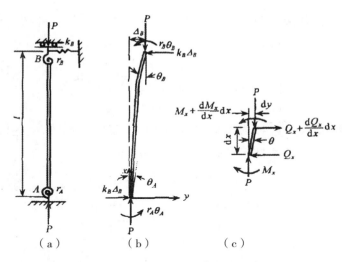

图 2-5　立柱及其单元体受力示意图

2.2.1.1 立柱的弹性弯曲屈曲模型

在单根杆件两端受到弹簧约束情况下,不妨取端部有约束的轴向受压杆件的单元体如图 2-5(c)所示,建立弯矩和与 x 轴相垂直的水平力平衡方程为

$$\begin{cases} Q_x - \left(Q_x + \dfrac{\mathrm{d}Q_x}{\mathrm{d}x}\mathrm{d}x \right) = 0, \\[2mm] M_x + P\mathrm{d}y + Q_x\mathrm{d}x - \left(M_x + \dfrac{\mathrm{d}M_x}{\mathrm{d}x}\mathrm{d}x \right) = 0, \\[2mm] M_x = -EI\dfrac{\mathrm{d}^2 y}{\mathrm{d}x^2}, \end{cases} \qquad (2\text{-}1)$$

解得:

$$\begin{cases} EIy^{(4)} + Py'' = 0, \\ Q_x = -EIy''' - Py', \end{cases} \qquad (2\text{-}2)$$

式(2-2)中的第一式为适合任何边界条件的轴向受压构件的四阶控制方程,若令 $k^2 = \dfrac{P}{EI}$,即得其通解为

$$y = C_1 + C_2 x + C_3 \cos kx + C_4 \sin kx, \qquad (2\text{-}3)$$

式(2-3)中的四个积分常数,可以根据杆件两端的几何边界条件和自然边界条件来确定,其表达式见表 2-2 所列。

根据杆件两端的四个独立的边界条件可以建立线性齐次方程组为

$$[A]C = \begin{pmatrix} a_{11} & a_{12} & a_{13} & a_{14} \\ a_{21} & a_{22} & a_{23} & a_{24} \\ a_{31} & a_{32} & a_{33} & a_{34} \\ a_{41} & a_{42} & a_{43} & a_{44} \end{pmatrix} \begin{pmatrix} C_1 \\ C_2 \\ C_3 \\ C_4 \end{pmatrix} = \begin{pmatrix} 0 \\ 0 \\ 0 \\ 0 \end{pmatrix} = \vec{0},$$ （2-4）

其中,元素 $a_{ij}(i,j=\overline{1,4})$ 为由构件边界条件所确定的系数,上述线性齐次方程组有非零解的条件是系数行列式为 0,即

$$\det A = \begin{vmatrix} a_{11} & a_{12} & a_{13} & a_{14} \\ a_{21} & a_{22} & a_{23} & a_{24} \\ a_{31} & a_{32} & a_{33} & a_{34} \\ a_{41} & a_{42} & a_{43} & a_{44} \end{vmatrix} = 0.$$ （2-5）

线性方程组（2-4）的解 $\begin{pmatrix} C_1 \\ C_2 \\ C_3 \\ C_4 \end{pmatrix}$ 中,只有三个独立的常数,只能是以其

中一个为自由变量来表示其他的三个变量。

表 2-2　四阶控制方程的通解常数表达式

序号	边界条件	边界条件表达式
1	铰接端	$y=0, M_x=0$ 或 $y''=0$
2	固定端	$y=0, y'=0$
3	自由端	$M_x=0$ 或 $y''=0, Q_x=0$ 或 $y'''+k^2y'=0$
4	上端只有平移的弹性约束	$y''(l)=0, Q(l)=-PC_3=-k_By(l)$
5	上端只有转动的弹性约束	$y(l)=0, M(l)=-EIy''(l)=r_By'(l)$
6	上端既有平移又有转动的弹性约束	$-PC_2=-k_By(l), -EIy''(l)=r_By'(l)$

根据货架立柱与横梁连接的半刚性特点,将立柱视为底端固定而顶

端有弹性支撑的半刚性轴向受压柱,并根据边界条件 $\begin{cases} y(0)=0, \\ y'(0)=0, \\ Q(l)=0, \end{cases}$ 得到

$$\begin{cases} C_1 + C_3 = 0, \\ C_2 = C_4 = 0. \end{cases} \tag{2-6}$$

由 $\begin{cases} \theta_B = y'(l) = -C_3 k \sin kl, \\ y''(l) = -C_3 k^2 \cos kl, \\ M(l) = -EIy''(l) = -r_B y'(l), \end{cases}$ 得到

$$C_3 \left(P \cos kl + k r_B \sin kl \right) = 0. \tag{2-7}$$

由式（2-6）、式（2-7）得立柱的屈曲条件为

$$\tan kl = -\frac{P}{k r_B} = -\frac{kEI}{r_B}. \tag{2-8}$$

（1）当 $r_B = 0$ 时，$\tan kl = -\infty, kl = \dfrac{\pi}{2}$，屈曲荷载方程为 $P_{cr} = \dfrac{\pi^2 EI}{(2l)^2}$，此时杆件的上端既能移动又可以自由转动。

（2）当 $r_B = \infty$ 时，$\tan kl = 0, kl = \pi$，屈曲荷载方程为 $P_{cr} = \dfrac{\pi^2 EI}{l^2}$，此时杆件的上端只能移动而不能转动。

为了设计上的方便，通常以欧拉荷载 $P_E = P_{cr} = \dfrac{\pi^2 EI}{l_0^2}$ 为基准，把其他约束条件下的屈曲荷载根据等效长度进行换算。并有欧拉荷载通式

$$P_{cr} = \frac{\pi^2 EI}{\mu^2 l^2}, \tag{2-9}$$

记 $i = \sqrt{\dfrac{I}{A}}$，$\lambda = \dfrac{i}{\mu l}$，则构件截面的屈曲应力为

$$\sigma_{cr} = \frac{P_{cr}}{A} = \frac{\pi^2 E}{\left(\dfrac{\mu l}{i} \right)^2} = \frac{\pi^2 E}{\lambda^2}, \tag{2-10}$$

式（2-10）说明了构件的屈曲应力 σ_{cr} 只与长细比 λ 有关。并且可以进一步得到立柱绕对称轴和主轴发生弯曲屈曲的弹性屈曲荷载分别为

$$\sigma_{crx} = \frac{\pi^2 E}{\lambda_x^2}, \quad \sigma_{cry} = \frac{\pi^2 E}{\lambda_y^2}. \tag{2-11}$$

2.2.1.2 初弯曲立柱的弹性弯曲屈曲模型

以上研究了理想的轴心受压立柱的弹性屈曲荷载问题。实际上，立柱一般都会存在不同程度的初始几何缺陷，截面的几何形状和尺寸都可

能存在较微小的偏差,荷载的作用点就会偏离构件的形心轴线,对构件的稳定性造成一定的影响。图 2-6 所示为有初弯曲的立柱的几种情况。

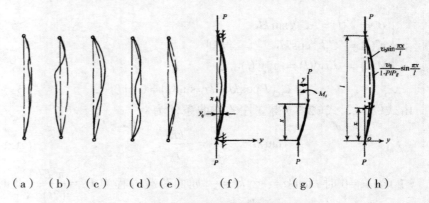

（a）（b）（c）（d）（e）　　（f）　　（g）　　（h）

图 2-6　有初弯曲的立柱

立柱的初弯曲形状多种多样,如图 2-6（a）~（e）所示,一般可以把它们理想化成正弦曲线的半波形状,然后结合傅里叶级数有关知识进行求解。不妨设轴心受压立柱在任意一点的初弯曲为 $y_0 = \sum\limits_{i=1}^{\infty} v_i \sin\dfrac{i\pi x}{l}$,根据图 2-6（f）~（h）可以列出平衡方程 $EIy'' + Py = EIy_0''$,进一步简化为

$$y'' + k^2 y = -\left(\frac{\pi}{l}\right)^2 \sum_{i=1}^{\infty} i^2 v_i \sin\frac{i\pi x}{l},\qquad (2\text{-}12)$$

容易求得其通解为

$$y = A\cos kx + B\sin kx - \frac{\pi^2}{l^2}\sum_{i=1}^{\infty}\frac{i^2 l^2 v_i}{k^2 l^2 - i^2\pi^2}\sin\frac{i\pi x}{l}.\qquad (2\text{-}13)$$

根据初值条件 $\begin{cases} y(0)=0 \\ y(l)=0 \\ \sin(kl)\neq 0 \\ k^2 = EI \\ P_E = \dfrac{\pi^2 EI}{l^2} \end{cases}$,由式（2-13）得:

$$y = \frac{v_0}{1 - P/P_E}\sin\frac{i\pi x}{l} = \kappa v_0 \sin\frac{i\pi x}{l},\qquad (2\text{-}14)$$

其中,v_0 为构件中点的初弯曲幅值;κ 为弯矩放大系数。

此种情况下的立柱属于极值点失稳,其极限荷载小于弹性状态下的欧拉屈曲荷载。

2.2.1.3 初偏心立柱的弹性弯曲屈曲模型

对于初偏心轴心受压立柱问题,可以分为不等偏心和等偏心两类情况,如图 2-7(a)~(b)所示。这里只对等偏心情况的立柱进行弹性分析。如图 2-7(c)~(d)所示,易得平衡方程为

$$y'' + k^2 y = -k^2 e, \qquad (2-15)$$

其通解为

$$y = A\cos kx + B\sin kx - e. \qquad (2-16)$$

根据初值条件 $\begin{cases} y(0) = 0 \\ y(l) = 0 \\ k^2 = EI \end{cases}$,由式(2-15)得

$$y = \left(\cos kx + \frac{1 - \cos kl}{\sin kl} \sin kx - 1 \right) e. \qquad (2-17)$$

立柱的最大弯矩为

$$M_{\max} = P\left[y\left(\frac{l}{2}\right) + e \right] = eP\sec\frac{kl}{2} = \frac{1 + 0.234 P/P_E}{1 - P/P_E} eP = \eta eP, \qquad (2-18)$$

其中,e 为初弯曲;η 为弯矩放大系数。

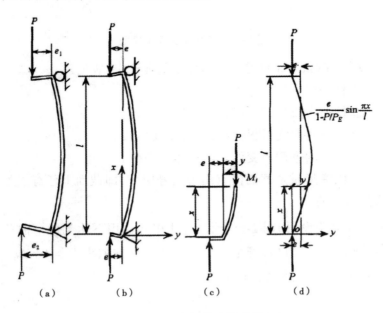

$$\frac{e}{1 - P/P_E} \sin\frac{\pi x}{l}$$

(a)　　　　(b)　　　　(c)　　　　(d)

图 2-7　有初偏心的立柱

2.2.1.4 立柱的非弹性屈曲模型

前述对于轴心受压的理想直杆弹性范围内建立的屈曲荷载公式,在立柱进入弹塑性屈曲状态以后将不再适用。下面在不考虑残余应力的情况下,研究轴心受压立柱的非弹性屈曲问题,主要有切线模量理论和双模量理论。图 2-8 所示的切线模量理论模型。

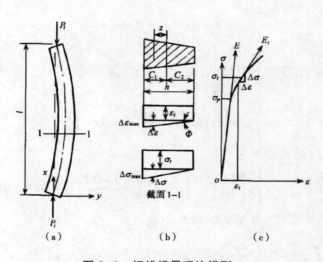

图 2-8　切线模量理论模型

1889 年, Engesser F 提出的切线模量理论中,假定:

(1)立柱是挺直的。

(2)立柱两端铰接,荷载沿立柱轴心作用。

(3)立柱的弯曲变形很微小,符合小变形假设。

(4)弯曲前的平截面变形以后仍然为平截面。

(5)弯曲变形时全截面没有出现反号应变,即截面上任意点处的压应力均是增加的。

根据以上假设,如图 2-8 所示,立柱在 P_t 作用下达到微弯曲位置时轴向荷载仍然可以增加,若全截面的切线模量均取为 $E_t = \Delta\sigma/\Delta\varepsilon$,且不计 P_t 的微小变化,得平衡方程为

$$E_t I y'' + P y = 0.$$

（2-19）

所以切线模量屈曲荷载为

$$P_t = \frac{\pi^2 E_t I}{l^2} = \frac{E_t}{E} P_E. \qquad (2\text{-}20)$$

1891 年，Considere A 提出的双模量理论，其假定内容与切线模量理论的前四条内容相同。图 2-9 所示为双模量理论模型。

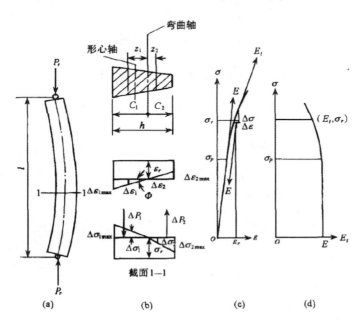

图 2-9　双模量理论模型

如图 2-9 所示，轴心受压立柱在 P_t 作用下达到微弯曲位置时两端的轴向荷载为常量，而弯曲凹面为正号应变即存在加载区，弯曲凸面为负号应变即存在卸载区。由于弯曲应力较轴向应力小得多，可以假设加载区的变形模量均为 E_t，卸载区的变形模量均为 E。由 $E_t < E$ 知，变形弯曲时截面 1-1 的弯曲中性轴与截面形心轴不再重合而向卸载区偏移。

在加载区距中性轴 z_1 处，由 $\begin{cases} \sigma_1 = \sigma_r + \Delta\sigma_1, \\ \sigma_1 = \dfrac{\sigma_{1\max} z_1}{C_1}, \\ \sigma_{1\max} = E_t \Delta\varepsilon_{1\max}, \\ \Delta\varepsilon_{1\max} = \Phi C_1, \end{cases}$ 得到 $\Delta\sigma_1 = E_t \Phi z_1$；弯曲截面的附加压力为 $\Delta P_1 = \displaystyle\int_{A_1} \Delta\sigma_1 \mathrm{d}A = \int_{A_1} E_t \Phi z_1 \mathrm{d}A$.

同理，$\Delta\sigma_2 = E\Phi z_2$；弯曲截面的附加拉力为

$$\Delta P_2 = \int_{A_2} \Delta\sigma_2 \mathrm{d}A = \int_{A_2} E\Phi z_2 \mathrm{d}A .$$

截面 1-1 的内力矩为

$$
\begin{aligned}
M_i &= \int_{A_1} \Delta\sigma_1 z_1 \mathrm{d}A_1 + \int_{A_2} \Delta\sigma_2 z_2 \mathrm{d}A_2 \\
&= \int_{A_1} E_t \Phi z_1^2 \mathrm{d}A_1 + \int_{A_2} E\Phi z_2^2 \mathrm{d}A_2 \\
&= \left(E_t \int_{A_1} z_1^2 \mathrm{d}A_1 + E\int_{A_2} z_2^2 \mathrm{d}A_2 \right)\Phi \\
&= \left(E_t \mathrm{I}_1 + EI_2 \right)\Phi \\
&= -\left(E_t \mathrm{I}_1 + EI_2 \right)y''
\end{aligned}
$$

从而得到立柱的平衡方程为

$$\left(E_t \mathrm{I}_1 + EI_2 \right)y'' + Py = 0, \tag{2-21}$$

其通解即双模量屈曲荷载为

$$P_r = \frac{\pi^2 \left(E_t I_1 + EI_2 \right)}{l^2} = \frac{E_t I_1 + EI_2}{I} \cdot \frac{1}{E} \cdot \frac{\pi^2 EI}{l^2} = \frac{E_r}{E} P_E, \tag{2-22}$$

其中，$E_r = \dfrac{E_t I_1 + EI_2}{I}$ 为折算模量。

2.2.2 货架立柱的扭转屈曲模型

扭转屈曲是指构件失稳时除支撑端外的其余截面均绕纵轴扭转的屈曲模式。根据立柱端部的约束条件和受力情况，扭转可以分为自由扭转和约束扭转两种情形。由于货架立柱具有薄壁型钢冷弯成卷边槽型的截面，其总的抗扭惯性矩可以取各个板件的抗扭惯性矩之和，计算式为

$$I_t = \sum_{i=1}^{n} I_{it} = \frac{1}{3} \sum_{i=1}^{n} b_i t_i^2 . \tag{2-23}$$

由于各个板件的截面厚度 t_i 非常小，而 t_i^2 将会更小，因此 I_t 也很小，说明货架立柱抵抗自由扭转的能力极差。

根据相关文献推导，货架立柱截面的翘曲惯性矩为

$$I_\omega = \int_A \omega_n^2 \mathrm{d}A = \int_0^{l_i} \frac{\left[l_i \omega_{ni} + (\omega_{ni+1} - \omega_{ni})s \right]}{l_i^2} t_i \mathrm{d}s = \frac{1}{3} \sum_{i=1}^{n} \left(\omega_{ni}^2 + \omega_{ni}\omega_{ni+1} + \omega_{ni+1}^2 \right) t_i l_i,$$

$$\tag{2-24}$$

与式（2-23）相比，可以看出，货架立柱的抵抗翘曲扭矩内力更强一些。由此，设计人员可以在货架的立柱片内适当加入横撑，在平行于横梁的方向适当增加背撑，这样均可以提高立柱的抵抗自由扭转的能力。

2.2.2.1 立柱的弹性扭转屈曲荷载

对双轴对称截面的简支轴心受压立柱，绕 z 轴扭转角 ϕ 以后的弹性扭转屈曲荷载为

$$P_\omega = \frac{1}{i_0^2}\left(\frac{\pi^2 EI_\omega}{l^2} + GI_t\right). \tag{2-25}$$

2.2.2.2 立柱的弹塑性扭转屈曲荷载

当扭转屈曲应力超过钢材的比例极限时，立柱可能发生弹塑性扭转屈曲。在不考虑残余应力的情形下，可以采用切线模量扭转屈曲荷载公式进行计算，计算式为

$$P_\omega = \frac{1}{i_0^2}\left(\frac{\pi^2 E_t I_\omega}{l^2} + G_t I_t\right) = \frac{1}{i_0^2}\left(\frac{\pi^2 EI_\omega}{l^2} + GI_t\right)\frac{E_t}{E}. \tag{2-26}$$

在考虑残余应力的情形下，可以采用理想弹塑性钢材立柱的屈曲荷载公式进行计算，计算式为

$$\begin{cases} P_\omega = \int_A \sigma_i \mathrm{d}A = \sum \sigma_i A_i, \\ \\ \sigma_i = \varepsilon_i E. \end{cases} \tag{2-27}$$

2.2.3 货架立柱的弯扭屈曲模型

弯扭屈曲是指单轴对称截面轴心受压构件绕对称轴弯曲变形的同时，也会发生绕纵轴扭转的屈曲模式。

2.2.3.1 立柱的弹性弯扭屈曲荷载

在忽略残余应力的情况下，对两端简支轴心受压扭转屈曲的立柱建立耦联高阶微分方程为

$$\begin{cases} EI_y u^{(4)} + Pu'' + Py_0\phi'' = 0, \\ \\ EI_\omega\phi^{(4)} + \left(Pi^2 - GI_t + \overline{R}\right)\phi'' + Py_0 u'' = 0, \end{cases} \tag{2-28}$$

式中,边界条件为 $\begin{cases} u = C_1 \sin \dfrac{n\pi z}{l} \\[2mm] \phi = C_2 \sin \dfrac{n\pi z}{l} \\[2mm] u(0) = u(l) = u''(0) = u''(l) = 0 \\[2mm] \phi(0) = \phi(l) = \phi''(0) = \phi''(l) = 0 \\[2mm] P_y = \dfrac{\pi^2 EI_y}{l^2} \\[2mm] P_\omega = \dfrac{1}{i_0^2}\left(\dfrac{\pi^2 EI_\omega}{l^2} + GI_t - \overline{R} \right) \end{cases}$,将其代入式(2-28)

得到

$$\begin{cases} \left(P_y - P\right)C_1 + Py_0 C_2 = 0, \\[2mm] -Py_0 C_1 + \left(P_\omega - P\right)i_0^2 C_2 = 0. \end{cases} \qquad (2\text{-}29)$$

即

$$\begin{vmatrix} P_y - P & Py_0 \\ -Py_0 & \left(P_\omega - P\right)i_0^2 \end{vmatrix} = \left(P_y - P\right)\left(P_\omega - P\right)i_0^2 - y_0^2 P^2 = 0, \qquad (2\text{-}30)$$

解得立柱的弹性弯扭屈曲荷载为

$$P_{y\omega} = \frac{\left(P_y + P_\omega\right) - \sqrt{\left(P_y + P_\omega\right)^2 - 4P_y P_\omega [1 - (y_0 / i_0)^2]}}{2[1 - (y_0 / i_0)^2]}. \qquad (2\text{-}31)$$

将 $P_y = \dfrac{\pi^2 EA}{\lambda_y^2}$, $P_\omega = \dfrac{\pi^2 EA}{\lambda_\omega^2}$, $P_{y\omega} = \dfrac{\pi^2 EA}{\lambda_{y\omega}^2}$ 代入式(2-30)得

$$\lambda_{y\omega} = \sqrt{\frac{1}{2}\left[\lambda_y^2 + \lambda_\omega^2 + \sqrt{(\lambda_y^2 + \lambda_\omega^2)^2 - 4\lambda_y^2 \lambda_\omega^2 (1 - y_0^2 / i_0^2)} \right]}. \qquad (2\text{-}32)$$

2.2.3.2 立柱的弹塑性弯扭屈曲荷载

当轴心受压立柱的弹性弯扭屈曲应力超过钢材的比例极限时,将进入弹塑性弯扭屈曲模式。

在不计残余应力的情形下,钢材的变形模量采用切线模量 E_t,而剪切变形模量 G 不变,切线模量弹塑性弯扭屈曲荷载为

$$P_\omega = \frac{1}{i_0^2}\left(\frac{\pi^2 E_t I_\omega}{l_\omega^2} + GI_t\right), \qquad (2\text{-}33)$$

式中,切线模量 E_t 可以应用 Ylinen A 建议的公式 $E_t = \dfrac{\sigma_y - \sigma}{\sigma_y - 0.96\sigma}E$,也可

以应用 Bleich F 建议的公式 $E_t = \dfrac{(\sigma_y - \sigma)\sigma}{(\sigma_y - \sigma_p)\sigma_p}E$。

2.3 立柱的局部屈曲及畸变屈曲

2.3.1 板件局部屈曲的相关作用

局部屈曲是指构件发生的屈曲变形仅包含板件的弯曲,而相邻板件的交线横向无变形的屈曲模式。

货架立柱由较薄的薄壁型钢钢板冷弯而成,可以看作是由若干块板件构成的相互之间有制约机制的一个整体,由于板件的宽厚比较大,受压时容易发生局部屈曲。当其中一块板件发生凸曲,将会牵动相邻板件的屈曲,也就是说,相邻的强板会对弱板起支援作用并延缓其屈曲,而弱板将会加快强板屈曲。直到荷载达到临界值,实现各板件同时屈曲并具有相同的临界应力和屈曲半波长度,相邻板件间的夹角不变并保持棱线挺直。在各个板件屈曲以后,整个截面具有屈曲后强度,直到各板件相交的转角处应力达到屈服点为止,这就是板件局部屈曲的相关作用。

根据板的受力特点及其在立柱中的作用,对板件的设计主要是对板的宽厚比进行规定。设计主要是基于两种设计思路:第一,可以保证板的屈曲荷载不低于立柱的极限荷载,即立柱在整体屈曲失稳之前不会发生局部屈曲;第二,适当的利用板件屈曲后强度,可以利用较宽的截面尺寸提高立柱的抗弯刚度,补偿板件屈曲后立柱极限荷载的降低。在各国立柱设计的相关规范中,常常运用有效宽度法计算其承载力。

2.3.2 有效宽度法

1932 年 von Kármán T,Sechler E E 和 Donnell L H 提出了有效宽

度法的概念,并且根据板的屈曲应力

$$\sigma_{crx} = \frac{4\pi^2 E}{12(1-\nu^2)}\left(\frac{t}{b_e}\right)^2 = 3.165E\left(\frac{t}{b_e}\right)^2 = f_y$$

得到有效宽厚比的计算公式

$$\frac{b_e}{t} = 1.9\sqrt{\frac{E}{f_y}},$$ （2-34）

以及有效宽度和板宽度的计算公式

$$\frac{b_e}{b} = \sqrt{\frac{\sigma_{crx}}{f_y}}.$$ （2-35）

在此基础上,很多学者针对冷弯薄壁开孔立柱的承载力计算方法进行的研究表明,在货架立柱及横梁上开孔将导致构件承载力的降低,且有

$$\Delta P_{cr} = f\left(style, d_{ij}, \sigma_A, \Psi_A,\right)$$ （2-36）

式中,ΔP_{cr} 承载力减幅;$style$ 为孔型;d_{ij} 为孔间距;σ_A 为截面应力;Ψ_A 抗弯刚度。

尽管方型孔对构件屈曲荷载的影响大于圆型孔,但是当方型孔的边长 l 等于圆型孔的半径 r 时,它们对构件的屈曲后强度的影响基本相等。

美国规范 AISI 所采用的开圆孔加劲板件的有效宽度计算公式为

$$\begin{cases} b_e = \begin{cases} b-d, & \frac{b}{t} \leqslant \left(\frac{b}{t}\right)_{\lim}, \\ 0.95t\sqrt{\frac{kE}{f_y}}\left(1-0.208\frac{t}{b}\sqrt{\frac{kE}{f_y}}-\frac{0.8d}{b}\right), & \frac{b}{t} > \left(\frac{b}{t}\right)_{\lim}, \end{cases} \\ \left(\frac{b}{t}\right)_{\lim} = 0.644\sqrt{\frac{kE}{f_y}}, \\ \frac{b}{t} \leqslant 70, \\ \frac{d}{b} \leqslant 0.5. \end{cases}$$ （2-37）

加拿大规范 S316-1994 给出了应用范围较广的开孔板件的有效宽度计算公式为

$$
\begin{cases}
b_e = 0.95t\sqrt{\dfrac{kE}{f_y}}\left(1 - 0.208\dfrac{t}{b}\sqrt{\dfrac{kE}{f_y}}\right), \\[4mm]
\left(\dfrac{b}{t}\right)_{\text{lim}} = 0.644\sqrt{\dfrac{kE}{f_y}}, \quad \text{for all cross-sec tion.}
\end{cases}
\tag{2-38}
$$

式（2-38）只适用于墙体和立柱组合构件，不适用于单独的立柱，且开孔大小受限。

Miller 和 Pekoz 给出了任意形状开孔板件的有效宽度公式为

$$
b_e = \begin{cases}
b_{un}, & b - b_{un} > d, \\
b - d, & b - b_{un} < d.
\end{cases}
\tag{2-39}
$$

式中，b_{un} 为开孔大小所确定的有效设计宽度。

我国钢货架结构设计规范给出了圆孔板件的有效宽度公式为

$$
\begin{cases}
b_e = \begin{cases}
\left(0.25 + 0.65\dfrac{\sigma_{cr}}{f_y}\right)b, & 0 \leqslant \dfrac{d}{b} \leqslant 0.1, \\[4mm]
\left(0.25 + 0.65\dfrac{\sigma_{cr}}{f_y} - 0.913\dfrac{\sigma_{cr}}{f_y}\dfrac{d}{b}\right)b, & 0.1 \leqslant \dfrac{d}{b} \leqslant 0.5, \\[4mm]
\left(0.25 + 0.65\dfrac{\sigma_{cr}}{f_y} - 1.106\dfrac{\sigma_{cr}}{f_y}\dfrac{d}{b}\right)b, & 0.5 \leqslant \dfrac{d}{b} \leqslant 0.7, \\[4mm]
\end{cases} \\[14mm]
\sigma_{cr} = \dfrac{K\pi^2 E\sqrt{\tau}}{12(1-\mu^2)}\left(\dfrac{b}{t}\right)^2, \\[4mm]
\tau = \dfrac{(f_y - \sigma_{cr})\sigma_{cr}}{(f_y - f_p)f_p}, \\[4mm]
f_p \approx 0.8f_y.
\end{cases}
\tag{2-40}
$$

综合上述公式可以知道，在计算开孔板件的有效宽度公式中涉及的参数较多，且计算复杂。目前尚没有一种简单、易于操作的方法计算开孔立柱的屈曲承载力。许多学者应用有限元法对这一问题进行了探讨，本文后续将进行这方面的相关实验分析。

2.3.3 立柱的畸变屈曲

畸变屈曲也称歪曲屈曲,是指构件截面的翼缘和卷边一起绕翼缘与腹板的交线横向转动,两侧翼缘相靠近或背离并带动腹板凸曲或凹曲;板件间的交线不再保持原来的直线位置,发生横向变形,导致横截面的形状畸变和轮廓尺寸改变的屈曲模式。货架立柱由冷弯薄壁型钢进行二次或者三次卷边所形成的截面非常容易发生畸变屈曲。图 2-10 所示为利用有限元分析软件 ANSYS 模拟的冷弯薄壁 C 形钢的三种屈曲模式。

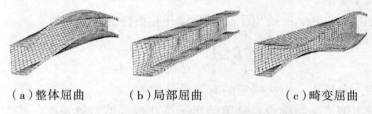

（a）整体屈曲　　　（b）局部屈曲　　　（c）畸变屈曲

图 2-10　冷弯薄壁 C 形钢的三种屈曲模式比较

冷弯薄壁卷边 C 形钢轴心受压的各种屈曲模式、屈曲应力与半波长度的关系如图 2-11 所示。截面畸变屈曲的半波长度介于局部屈曲和整体屈曲之间,屈曲后强度也介于局部和整体屈曲之间,对缺陷的影响更加敏感。影响截面的畸变屈曲应力的因素主要有所形成的半波长度、受压翼缘的抗弯刚度、扭转刚度、翘曲刚度、截面的应力分布以及边界条件等。

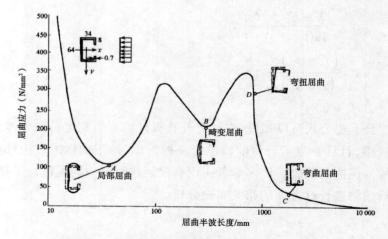

图 2-11　卷边 C 形钢轴心受压屈曲应力与半波长度

　　Lau 和 Hancock 根据平衡法求解了截面畸变的弹性屈曲荷载,其模型如图 1-12 所示。先建立耦联高阶微分平衡方程为

$$\begin{cases} EI_x v^{(4)} + EI_{xy} u^{(4)} + P(v'' - x_0 \phi'') + q_y = 0, \\ EI_y u^{(4)} + EI_{xy} v^{(4)} + P(u'' + y_0 \phi'') = 0, \\ EI_\omega \phi^{(4)} + (Pi_0^2 - GI_t)\phi'' - P(x_0 v'' - y_0 \phi'') - q_y(x_0 - h_x) + r\phi = 0, \end{cases} \quad (2\text{-}41)$$

其中,边界条件为

$$\begin{cases} u = A_1 \sin \dfrac{n\pi z}{l}, \\ \phi = A_2 \sin \dfrac{n\pi z}{l}, \\ v = (x_0 - h_x)\phi = (x_0 - h_x) A_2 \sin \dfrac{n\pi z}{l}, \end{cases}$$

代入式(2-41)得

$$\left[\frac{\pi^2}{l^2} EI_x(x_0 - h_x) - Py_0 \right]^2 -$$
$$\left(\frac{\pi^2 EI_y}{l^2} - P \right) \left\{ \frac{\pi^2}{l^2} \left[EI_\omega + EI_x(x_0 - h_x)^2 \right] + GI_t - (i_0^2 - x_0^2 + h_x^2) + \frac{l^2 r}{\pi^2} \right\} = 0, \quad (2\text{-}42)$$

　　求出上式 P 的最小值 P_d,即为截面的畸变屈曲荷载。

2.4　DASLS 货架立柱弯矩平面稳定性模型

　　如前所述,立柱为单轴对称截面开口的压弯构件,其截面在荷载作用下将受到轴向压力和弯矩的作用,除了在弯矩平面内可能发生弯曲屈曲外,还有可能在弯矩平面外发生弯扭屈曲。

　　立柱在弯矩作用平面内的稳定计算,主要有两个方面的考虑:第一,在弹性分析阶段,应以弯矩最大截面边缘纤维开始屈服为计算准则;第二,在弹塑性分析阶段,应以极限强度理论为基础进行立柱的极限荷载计算。在图 2-7(d)中,假设立柱的挠度曲线为正弦曲线的一个半波,则可以得到直线相关公式为

$$\frac{P}{P_y} + \frac{M}{M_y\left(1 - \dfrac{P}{P_{Ex}}\right)} = 1.$$ （2-43）

考虑等效偏心距对构件承载力的影响，当弯矩作用于对称平面内时，在 $M = 0$，时构件截面边缘纤维开始屈服，其荷载记为 $P = P_{cr}$，则可以由式（2-43）得到立柱的稳定设计计算公式为

$$\begin{cases} \dfrac{P}{\phi_x A} + \dfrac{\beta_{mx} M_x}{W_x\left(1 - \phi_x \dfrac{P}{P'_{Ex}}\right)} \leqslant f_y, \\[4mm] P'_{Ex} = \dfrac{\pi^2 EA}{1.165\lambda^2}. \end{cases}$$ （2-44）

当弯矩作用于非对称平面内时，则计算立柱的稳定性的公式可以为

$$\begin{cases} \dfrac{P}{\phi_x A} + \dfrac{\beta_{mx} M_x}{W_x\left(1 - \phi_x \dfrac{P}{P'_{Ex}}\right)} + \dfrac{B}{W_\omega} \leqslant f_y, \\[4mm] \dfrac{P}{\phi_y A} + \dfrac{M_x}{W_x \phi_{bx}} + \dfrac{B}{W_\omega} \leqslant f_y. \end{cases}$$ （2-45）

立柱在弯矩作用平面外的稳定系数计算公式为

$$\begin{cases} \lambda_\omega = \lambda_x \sqrt{\dfrac{s^2 + a^2}{2s^2} + \sqrt{\left(\dfrac{s^2 + a^2}{2s^2}\right)^2 - \dfrac{a^2 - \alpha\left(e_0 - e_x\right)^2}{s^2}}}, \\[4mm] a^2 = e_0^2 + i_x^2 + i_y^2 + 2e_x\left(\dfrac{U_y}{2I_y} - e_0 - \xi_2 e_a\right), \\[4mm] U_y = \int_A x\left(x^2 + y^2\right)\mathrm{d}A. \end{cases}$$ （2-46）

2.5　DASLS 构件的稳定性模型

2.5.1 横梁的整体稳定性模型

当货物荷载直接加载于货架横梁时，由于横梁的跨度远大于其横截面的尺寸，故横梁所受到的弯矩和剪力作用明显。加之货架横梁与立柱

的特殊插拔式半刚性连接方式,使得横梁两端的受力效果是部分铰支加部分固支。一般在验算横梁的稳定性及计算其承载能力时需要把其视为受弯构件并简化为梁单元。

与立柱的稳定性分析不同的是,横梁的整体失稳仅有弯扭屈曲一种形式。并且横梁所承受的弯矩往往随荷载部位的不同而发生变化。同时,在承载货物的情况下横梁属于单向受弯的构件。

将横梁作为两端简支的纯弯构件进行弹性分析可得其弯扭屈曲临界弯矩为

$$M_{cr1} = \frac{\pi^2 E I_t}{l^2}\left[\beta_y + \sqrt{\beta_y^2 + \frac{I_\omega}{I_y}\left(1 + \frac{G I_t - \overline{R}}{\pi^2 E I_\omega}l^2\right)}\right]. \qquad (2\text{-}47)$$

将横梁作为两端固定的纯弯构件进行弹性分析可得其弯扭屈曲临界弯矩为

$$M_{cr2} = \frac{\pi^2 E I_y}{\left(\frac{l}{2}\right)^2}\left[\beta_y + \sqrt{\beta_y^2 + \frac{I_\omega}{I_y}\left(1 + \frac{G I_t - \overline{R}}{\pi^2 E I_\omega}\left(\frac{l}{2}\right)^2\right)}\right]. \qquad (2\text{-}48)$$

实际分析中,我们知道横梁两端为部分铰接部分刚接的半刚性连接,因此可以得出其弹性弯扭屈曲临界弯矩为

$$M_{cr3} = \Theta_1 M_{cr1} + \Theta_2 M_{cr2}, \qquad (2\text{-}49)$$

式中,权重参数 Θ_1, Θ_2 的取值可以根据相关的试验数据进行确定。

实际计算中通常使用横梁的弹塑性弯扭屈曲弯矩近似计算公式——切线模量临界弯矩公式

$$M_{cr} = \beta_1 \frac{\pi^2 E_t I_y}{l_y^2}\left[\beta_2 a + \beta_3 \beta_y + \sqrt{\left(\beta_2 a + \beta_3 \beta_y\right)^2 + \frac{I_\omega}{I_y}\left(1 + \frac{G_t I_t l_\omega^2}{\pi^2 E_t I_\omega}\right)}\right]. \quad (2\text{-}50)$$

2.5.2 支撑及边排立柱稳定性模型

2.5.2.1 各种支撑的稳定性

货架的支撑主要包括横撑、斜撑、垂直支撑及竖直支撑。这些支撑的结点未受外力作用并且节点间没有荷载,其两端可以视为铰接结构。所以,规范中一般把这些支撑简化为杆单元,并归结为轴心受压或轴心受拉构件进行分析。其稳定性校核公式为

$$\frac{P}{\phi A_e} \leqslant f. \qquad (2\text{-}51)$$

2.5.2.2 边排立柱的稳定性

边排立柱与货架内侧立柱不同之处在于它没有弯矩平衡,如图2-12所示,属于压弯杆件组合。同时,边排立柱底部尤其是自地面至第一层横梁之间部分,是最易遭到叉车或其他仓储设施设备冲撞的部位,应采取相应的防护措施。

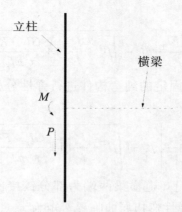

图 2-12 边排立柱受力示意图

在 DASLS 货架系统中,由于货架每个巷道的每一层均有一台货架穿梭车,如图2-13所示,穿梭车自重每台达到50~150 kg,以在外侧第一个巷道第一层为例,货架穿梭车的重量由位于巷道内侧两排货架的横梁各承载25~75 kg,即该货架巷道内侧的每根横梁需承载450~675 kg的静态荷载。当货架穿梭车在执行出入库操作时,所取出并运载的料箱每箱毛重为25~50 kg,其运行速度最高可达3 m/s,加速度可达到2 m/s²,摩擦系数为0.35~0.5,则可以算出每个巷道所有货架穿梭车加速或者急停向同一个方向运动,对货架整体在沿巷道所产生的最大水平冲击力可达2700 N。

图 2–13   每层一台货架穿梭车示意图

因此,应当采取如下措施:第一,边排货架的两列立柱需采用标号较高的钢材或者使用双立柱,并安装具有防撞保护作用的装置,如缓冲器、护角或挡杆等;第二,货架每一层所安装的货架穿梭车导轨其强度与刚度均不低于货架横梁的强度与刚度;第三,无论是专门安装的货架穿梭车导轨,还是货架横梁兼作导轨,均需注意加强导轨与立柱之间的连接方式,建议使用焊接或者栓接固定的连接方式;第四,建议在货架立柱底端的柱脚节点采用可调节的连接方式,增强货架系统的抗震能力及整体稳定性。

2.6   货架立柱弹性变形监测实验

2.6.1 货架立柱弹性变形监测实验设计

实验目的:在不对货架造成破坏的前提下,通过对货架适当部位的水平和竖直冲击,研究货架中列立柱及边排立柱的多个部位在冲击荷载的作用下的弹性变形情况,并探究货架立柱及货架整体的弹性变形规律。

实验设备包括:三台经过校正的数码相机及支架、笔记本电脑、合理冲击物、水平测角仪、定滑轮、米尺、实验计数板、变形点标志、参考点标志以及自动化立体仓库物流货架系统。

货架立柱底端螺栓固定,靠近底部的横梁、位于中部的横撑、垂直斜拉撑以及顶端的顶梁,可以保证货架在水平和竖直方向不会发生整体位移,货架系统整体稳定性符合实验要求。

竖直方向冲击点位于货架东南部外侧第三列货格的搁板上。在竖直撞击部位附近的第3~5根立柱上分别布设5个变形监测点位,并从右到左从上到下分别编号:U0~U4;U5~U9;U10~U14;在水平撞击部位附近的外侧边立柱上分别布设4个变形监测点位,并从上到下分别编号:U15~U18;货架外侧分别摆放两组料箱,并在上面布设C0~C5参考点。用米尺分别量取参考点两两之间、变形点两两之间的距离并读数到毫米。

实验现场共放置E1、E2及N3三台数码相机,两台正对变形点位区域,另一台从右侧对货架及前两台相机进行观测。相机放置平稳后,测量货架到相机的垂直距离。

图2-14所示为实验现场及变形点位布设情况。

(a)水平冲击实验　　　　　　　　(b)竖直冲击实验

图2-14　实验现场及变形点位布设

2.6.2 货架立柱弹性变形监测实验过程

实验分为两个阶段：竖直撞击实验和水平撞击实验。

2.6.2.1 竖直撞击实验

通过不同重量的合理冲击物，依次从不同的高度自由落下，并冲击货架的预设部位，并在撞击瞬间进行拍照。

（1）在进行实验前应先拍摄零像片作为基准，通过后继像片与零像片的像素差值进行变换，即可以得到各变形点的变形值。

（2）让 5 kg 冲击物依次从 1.5 m、1.8 m、2.2 m 高度自由下落并撞击货架，在撞击的瞬间，同时应用 E1、E2 及 N3 数码相机进行拍摄。

（3）分别更换重量为 10 kg、15 kg、20 kg 的冲击物重复上述实验，共拍摄 13 张照片。

2.6.2.2 水平撞击实验

（1）在货架系统左外侧的边排立柱上增加 U15~U18 变形点，并测量相邻的两点间距离。

（2）测量绳的上端固定点到合理碰撞物中点的长度 L，并拍摄零相片。

（3）应用 10 kg 的合理碰撞物进行撞击实验。通过调整绳和钢支架之间的夹角得到 5 种计算角度，分别进行拍照。

本次实验过程中，共进行了 7 组拍摄，获得 100 余张相片。

2.6.3 货架立柱弹性变形监测实验结论

运用变形点捕捉和位移变形计算，将各张照片依次与零相片进行坐标比对，计算出各变形点的位移偏差情况，见表 2-3 所列。对各组照片进行批处理，应用钢结构变形软件计算得出第一次实验中 U0~U5 的变形荷载 - 挠度曲线，如图 2-15 所示，其他变形图见附录 1 中图 F1-1~F1-6。

表 2-3　各变形点的瞬时位移

变形点 z 向瞬时最大位移		变形点 x 向瞬时最大位移	
变形点点位（U）	位移偏差 /mm	变形点点位（U）	位移偏差 /mm
U0	–1.811	U0	–0.283
U1	–1.811	U1	–0.283
U2	–1.811	U2	–0.283
U3	–1.811	U3	–0.277
U5	–1.811	U5	–0.277
U6	–1.81	U6	–0.275
U7	–1.81	U7	–0.275
U8	–1.81	U8	–0.275
U9	–1.81	U9	–0.269
U10	–1.78	U10	–0.269
U11	–1.78	U11	–0.269
U12	–1.78	U12	–0.255
U13	–1.78	U13	–0.255
U14	–1.78	U14	–0.255
U15	–1.61	U15	–0.251
U16	–1.61	U16	–0.251
U17	–1.61	U17	–0.247

　　根据变形点的瞬时位移情况及荷载 - 挠度曲线，可以得出以下结论。

　　（1）变形点的位移在均 0.2~8 mm，变形幅度均在 2~4 mm，未超出货架规范 GB/T 28576—2012 所允许的最大位移 10 mm，属于弹性变形且在可接受的范围之内。

　　（2）在竖直冲击实验中，从变形点位布置和各点的变形情况来看，货架立柱发生了弹性弯曲变形，各变形点在中心线附近区域的反复波动证明了货架结构整体稳定，在实验过程中变形点均能够迅速返回平衡位置，验证了钢结构货架立柱良好的抗震性能及稳定性，符合货架设计规范要求。

　　（3）在水平冲击试验中，各点的变形同样是围绕着中心进行往复式的弹性变形,说明货架立柱及整体的抗侧刚度良好。

总体来说,在实验的冲击中货架本身没有发生破坏,没有发生变形异常部位,货架的整体结构稳定良好。

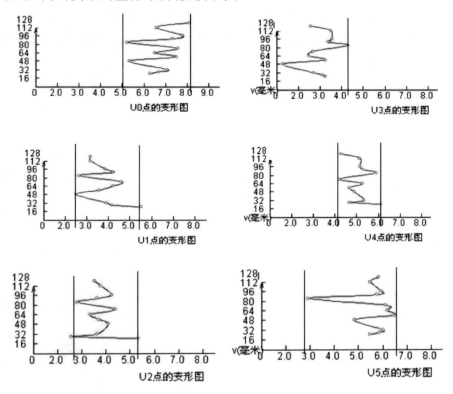

图 2-15　第一次实验变形点 U0~U5 的荷载 - 挠度曲线

2.7　小结

首先对密集储分一体化技术、密集货架技术及 DASLS 货架系统进行了简要介绍。

针对货架构件的稳定性,第一,研究了货架立柱的整体稳定性模型,探讨了弯曲屈曲、扭转屈曲和畸变屈曲及其屈曲荷载的计算方法;第二,研究了货架立柱的局部稳定性模型,探讨了局部屈曲的有效宽度计算方法;第三,研究了货架立柱畸变屈曲的屈曲荷载模型及计算方法;第四,探究了货架横梁的整体稳定性及弯扭屈曲模型及临界荷载计算方法;第五,研究了货架各类支撑及边排立柱的稳定性模型。

最后,通过货架立柱的弹性变形监测实验,研究了货架系统及立柱的弹性变形特性。

第 3 章

DASLS 货架系统整体稳定性模型

基于静力分析情形,本章分别对货架的对称屈曲、反对称屈曲及弹性屈曲进行了系统的整体稳定性模型研究;探究了基于多台货架穿梭车运行状况下 DASLS 货架的屈曲荷载计算方法;最后通过货架系统的震动变形破坏性实验,探讨基于动力分析的钢结构货架屈曲变形机理,并提出预防货架整体屈曲变形的措施。

3.1　货架系统的整体稳定性模型

　　当前货架设计规范大多是针对货架结构的静力设计,因此货架系统的稳定性验算一般也是在静力分析的基础上进行的。在 2012 年颁布的驶入式货架行业标准中规定,在施加水平荷载时,应在没有任何冲击的情况下进行,并且取额定垂直荷载的 1.5 倍分别与列方向及深度方向水平荷载的组合检测货架立柱、横梁及其他构件的强度、刚度和稳定性。另外,在已经发布多年的 SEMA 设计规范及 FEM 发布的草案中,允许将空间立体的货架结构分解为纵向和横向的平面框架,并考虑初始缺陷、各种荷载及其不利组合进行分析和计算。欧洲规范 EN15512 根据货架的竖向荷载设计值与发生侧移失稳模式的弹性临界竖向荷载之比 V_{Sd}/V_{cr} 将框架分为三类:第一类,当 $V_{Sd}/V_{cr} \leqslant 0.1$ 时为非摇摆框架,宜采用一阶分析;第二类,当 $0.1 < V_{Sd}/V_{cr} \leqslant 0.3$ 时宜采用二级的二阶分析;第三类,当 $V_{Sd}/V_{cr} \geqslant 0.3$ 时宜采用一级的二阶分析。

　　由众多杆件所组成的货架系统,在承受货架自身及摆放于货位上物品集中作用的竖向荷载时,因材料的弹性而产生变形,在变形后货架上的荷载仍然能够保持平衡,则我们称货架进入了弹性平衡状态。打破这种平衡状态以后,货架系统将发生平衡分岔失稳、极值点失稳或跃越失稳。不同于前面对货架构件的稳定性分析方式,货架的整体稳定性是与整个系统的状况相关的。当货架的某一个构件或者局部发生失稳时,如果能够保证荷载传递路线转移至邻近的构件,则整个系统仍然可以继续工作相当长的时间,否则,将会发生失稳坍塌事故。因此,我们主要研究货架系统的整体稳定性及其整体坍塌的形成机制。

　　本章对货架系统的整体稳定性的研究,是在空间货架系统所分解的纵向和横向框架平面内分别研究框架的整体稳定性,而忽略货架立柱截面由于剪切中心的偏移所发生弯扭屈曲的影响。

3.1.1 货架横向框架的整体稳定性模型

在横向的框架平面内,即垂直巷道的方向,立柱片在该平面内的侧向屈曲分为无支撑和有支撑屈曲两种情况,如图 3-1 (a)(b)所示。它们均会使货架产生横向的整体失稳,一旦某一排货架的立柱片侧向屈曲失稳,首先导致该排货架的倒塌,进一步可能引起邻近巷道货架的整排倒塌,继而引起整个仓库货架系统的多米诺式坍塌。

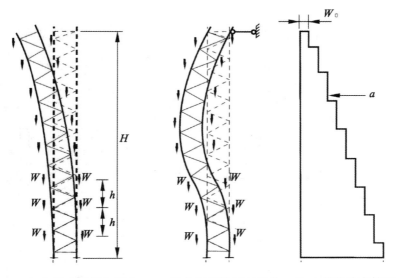

（a）无支撑侧向屈曲　　（b）有支撑侧向屈曲　　（c）荷载分布情况

图 3-1　立柱片平面内的侧向屈曲模式

在欧洲规范 EN15512 中,图 3-1 中两种屈曲模式的立柱片发生弹性屈曲的临界荷载公式为

$$
\begin{cases}
V_{cr} = \dfrac{1}{\dfrac{1}{V_{cr}^*} + \dfrac{1}{S_D}}, \\[4mm]
V_{cr}^* = \begin{cases}
\dfrac{\pi^2 E A_u D^2}{2H^2}\dfrac{1.59W_1}{2.18W_0 + W_1}, & \text{无支撑} \\[4mm]
\dfrac{\pi^2 E A_u D^2}{H^2}\dfrac{5.42W_1}{1.65W_0 + W_1}, & \text{有支撑}
\end{cases}, \\[10mm]
\dfrac{1}{S_D} = \dfrac{1}{S_{dh}} + \dfrac{1}{S_{dd}} + \dfrac{1}{S_{db}},
\end{cases}
\tag{3-1}
$$

式中，$1/S_D$ 中的各参数根据图 3-2 所示四种货架立柱片的类型确定。

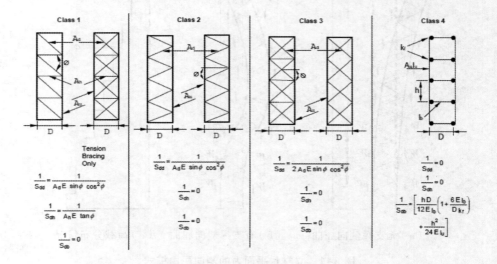

图 3-2　立柱片四种类型

3.1.2 货架纵向框架的整体稳定性模型

　　完全理想或完善的货架系统是不存在的，构件的初始弯曲、货架柱脚的拔起、残余应力及荷载分布的不均匀等缺陷均会使货架系统产生一定的纵向倾斜或侧移。根据货架系统的整体侧移变形情况，可以将货架的失稳分为对称屈曲和反对称屈曲两种情形，如图 3-3 所示。在货架的纵向框架平面内，即沿巷道的方向，通常是通过研究货架柱的计算长度、$P-\Delta$ 效应及屈曲荷载来分析和验证货架的整体稳定性。

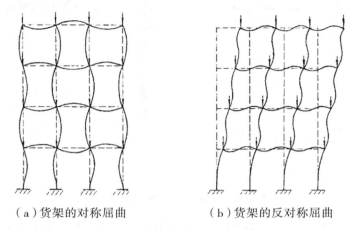

（a）货架的对称屈曲   （b）货架的反对称屈曲

图 3-3   多层多跨货架纵向的屈曲模式

3.2   基于静力分析的货架屈曲模型

3.2.1 单跨框架的对称屈曲模型

为了了解货架纵向的屈曲状况,首先对单跨框架的弹性屈曲情况进行研究。对于单跨完全对称的框架,在其柱顶或横梁上有对称的荷载作用,当荷载达到临界值时框架所发生的对称弯曲变形称为对称屈曲。如图 3-4 所示,假定图中框架为刚架,其柱脚为螺栓刚接,下面利用平衡法求解其弹性屈曲荷载。在计算之前,首先做以下假定。

（1）框架的材料是完全弹性的。

（2）框架只受到作用于梁柱节点上的竖向荷载。

（3）两根立柱受到相同的竖向荷载作用。

（4）不考虑立柱的轴向压缩变形。

（5）不考虑框架屈曲时横梁的轴心力。

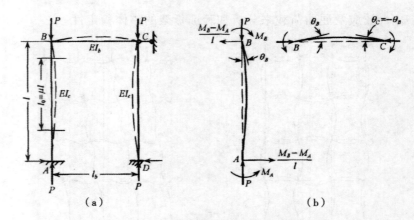

图 3-4　单跨框架的对称屈曲模式

分别对框架左右对称的两个部分做受力分析,建立平衡方程。

对于左柱,平衡方程为

$$
\begin{cases}
\dfrac{\mathrm{d}^2 y}{\mathrm{d}x^2} + k^2 y = \dfrac{\Delta Mx + M_A l}{EI_c l}, \\[2mm]
k^2 = \dfrac{P}{EI_c}, \\[2mm]
\Delta M = M_B - M_A, \\[2mm]
y(0) = y'(0) = y(l) = 0,
\end{cases}
\tag{3-2}
$$

解得

$$
\theta_B = y'(l) = \frac{klM_B(2 - 2\cos kl - kl\sin kl)}{Pl(\sin kl - kl\cos kl)}.
\tag{3-3}
$$

横梁左端的转角为

$$
\theta_B = y'(0) = -\frac{M_B l_b}{2EI_b}.
\tag{3-4}
$$

由式(3-3)、式(3-4)及 $K_1 = \dfrac{I_b l}{I_c l_b}$，$P_{cr} = \dfrac{\pi^2 EI_c}{(\mu l)^2} = k^2 EI_c$ 得到框架的弹性对称屈曲方程为

$$
2K_1\left(2 - 2\cos\frac{\pi}{\mu} - \frac{\pi}{\mu}\sin\frac{\pi}{\mu}\right) + \frac{\pi}{\mu}\left(\sin\frac{\pi}{\mu} - \frac{\pi}{\mu}\cos\frac{\pi}{\mu}\right) = 0,
\tag{3-5}
$$

可以根据线性刚度 K_1 的不同取值情况,由式(3-5)确定 μ 并进一步求出框架的屈曲荷载,具体见表 3-1 所列。

表 3-1 框架的弹性对称屈曲荷载

线性刚度取值	计算长度系数	弹性屈曲荷载	对应框架立柱柱脚情况
$K_1 = 0$	$\mu = 0.7$	$P_{cr} = 20.1EI_c/l^2$	一端铰接，一端固定
$K_1 = 1$	$\mu = 0.626$	$P_{cr} = 25.19EI_c/l^2$	不确定
$K_1 = \infty$	$\mu = 0.5$	$P_{cr} = 39.48EI_c/l^2$	两端固定

3.2.2 单跨框架的反对称屈曲模型

单层单跨框架在荷载达到临界值时，框架柱顶发生一定侧移的弯曲变形称为反对称屈曲。类似于单跨框架的对称屈曲模式，下面利用位移法求解框架的反对称弹性屈曲荷载。如图 3-5 所示，假定图中框架为刚架，其柱脚为螺栓刚接。

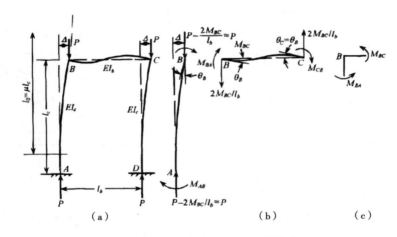

图 3-5 单跨框架的反对称屈曲模式

对于左柱有

$$\begin{cases} M_{AB} = K_c[S\theta_B - (C+S)\rho], \\ M_{BA} = K_c[C\theta_B - (C+S)\rho], \\ M_{AB} + M_{BA} + Pl_c\rho = 0, \\ P = k^2EI_c, \end{cases} \quad (3\text{-}6)$$

解得

$$(C+S)\theta_B - [2(C+S)-(kl_c)^2]\rho = 0. \tag{3-7}$$

对于横梁有

$$\begin{cases} M_{BC} = 6K_b\theta_B, \\ M_{AB} + M_{BC} = 0, \\ K_1 = \dfrac{K_b}{K_c} = \dfrac{I_b l_c}{I_c l_b}, \end{cases} \tag{3-8}$$

解得

$$(C+6K_1)\theta_B - (C+S)\rho = 0. \tag{3-9}$$

由式（3-7）、式（3-9）得到框架的弹性反对称屈曲方程为

$$(C^2 - S^2) + 12K_1(C+S) - (kl_c)^2(C+K_1) = 0. \tag{3-10}$$

可以根据线性刚度 K_1 的不同取值情况，由式（3-10）确定 μ 并进一步求出框架的屈曲荷载，具体见表 3-2 所列。

表 3-2 框架的弹性反对称屈曲荷载

线性刚度取值	计算长度系数	弹性屈曲荷载	对应框架立柱情况
$K_1 = 0$	$\mu = 2$	$P_{cr} = 0.25EI_c/l^2$	下端固定，上端自由
$K_1 = 1$	$\mu = 1.16$	$P_{cr} = 7.335EI_c/l^2$	不确定
$K_1 = \infty$	$\mu = 1$	$P_{cr} = 39.48EI_c/l^2$	两端固定

3.2.3 多层多跨刚架的弹性屈曲模型

下面我们先对梁柱节点均为刚接且有支撑的多层多跨刚架的对称屈曲变形情况进行研究，再推广到多层多跨刚架的反对称屈曲变形以及梁柱节点为半刚接的钢结构货架屈曲等情形。

取刚架的局部子系统进行研究，并在计算中做如下假定。

（1）AB 柱及与其衔接的同列的两个柱 AG、BH 的屈曲同步。

（2）刚架屈曲时同层各横梁两端的转角大小相等而方向相反。

（3）各节点的两端力矩按柱的线性刚度比例分配到柱端，以维持其平衡。

（4）各柱抗弯刚度系数对应相等。

（5）不考虑横梁中的轴心力影响。

在节点 A、B 处分别根据梁柱的转角位移方程建立梁端、柱端弯矩，对节点 A 有

$$
\begin{cases}
M_{AC} = M_{AD} = \dfrac{2EI_{b1}}{l_{b1}}\theta_A, \\[2mm]
M_{AB} = M_{AG} = \dfrac{2EI_{c1}}{l_{c1}}(C\theta_A + S\theta_B), \\[2mm]
M_{AB} + M_{BA} + M_{AB} + M_{BA} = 0, \\[2mm]
I_{b1} = I_{b2}, l_{b1} = l_{b2}, I_{c1} = I_{c2}, l_{c1} = l_{c2}, \\[2mm]
K_1 = \dfrac{\sum\limits_A \dfrac{I_b}{l_b}}{\sum\limits_A \dfrac{I_c}{l_c}},
\end{cases}
\tag{3-11}
$$

解得 A 点的平衡方程为

$$
(2K_1 + C)\theta_A + S\theta_B = 0.
\tag{3-12}
$$

同理，得到 B 点的平衡方程为

$$
S\theta_A + (2K_2 + C)\theta_B = 0.
\tag{3-13}
$$

由式（3-12）、式（3-13）及 $C = \dfrac{kl\sin kl - (kl)^2\cos kl}{2 - 2\cos kl - kl\sin kl}$, $S = \dfrac{(kl)^2 - kl\sin kl}{2 - 2\cos kl - kl\sin kl}$,

$\mu = \dfrac{\pi}{kl}$ 得刚架柱 AB 的对称屈曲方程为

$$
\left[\left(\frac{\pi}{\mu}\right)^2 + 2(K_1 + K_2) - 4K_1K_2\right]\frac{\pi}{\mu}\sin\frac{\pi}{\mu} - 2\left[(K_1 + K_2)\left(\frac{\pi}{\mu}\right)^2 + 4K_1K_2\right]\cos\frac{\pi}{\mu} + 8K_1K_2 = 0.
\tag{3-14}
$$

结合文献 [47]、[50] 及 [181] 可以得到多层多跨刚架的反对称屈曲方程为

$$
\left[36K_1K_2 - \left(\frac{\pi}{\mu}\right)^2\right]\tan\frac{\pi}{\mu} + 6(K_1 + K_2)\frac{\pi}{\mu} = 0.
\tag{3-15}
$$

3.3　基于动力分析的 DASLS 货架屈曲

　　货架结构的整体稳定性是影响结构承载力的最重要的因素。对于一般的货架系统来说,其柱脚与底板之间是螺栓刚接节点,梁柱之间是半刚接节点连接。当没有其他可靠的支撑时,在货物荷载及货架本身等静力荷载的作用下,货架的屈曲变形属于反对称屈曲。选取式货架一般是通过增加侧向支撑来提高结构的侧向刚度;驶入式货架由于不能随意设置支撑体系,所以常常通过加强柱脚节点和顶部横梁立柱节点刚度达到提高结构的侧向刚度的要求。

　　目前,关于货架结构所受到的偶然的动力荷载,如冲击荷载对货架结构的稳定性影响方面的研究较少。DASLS 货架系统最大的特点就是其动力特性:在巷道内每一层的横梁轨道上都有一台货架穿梭车随机进行料箱的装载、卸载,加速、匀速行走、减速及制动等运动,这些运动在水平方向的变速运动将持续对货架框架及其他构件在横向、纵向及垂直平面内产生一定的冲击。同时,穿梭车在高峰期运行时还有可能与货架产生共振,导致货架系统振动加剧,导致货架的钢结构出现疲劳现象,甚至引起货架构件及系统整体的损坏及垮塌。在 DASLS 货架设计的过程中,应注意避免这一现象的发生。因此,研究货架穿梭车在各种工作状态下的动力特性,及其对货架整体变形所产生的影响,是保证货架系统稳定性的一项重要工作。

　　研究 DASLS 货架的动力特性,可以从垂直和水平两个方向进行研究,在水平方向又可以分为横向和纵向两个方向。在垂直方向,各国规范基本上是取单元荷载的静载设计值的 25%~50% 作为横梁及节点所承受的垂直方向冲击荷载,而在设计货架结构的横梁挠度、竖向框架、立柱及其他竖向构件时,不计垂直方向冲击的影响。目前尚没有 DASLS 货架系统相关的设计规范及标准,一般是参照组装式货架和自动化立体库的相关标准进行设计,这在有些方面是不合适的。

在水平方向,中国规范中所列的组装式货架结构的水平荷载包括:货架结构构件的初弯曲、安装偏差、荷载偏心以及储运机械的轻度碰撞等因素所引起的水平力。此外,还需考虑货架穿梭车在货架巷道内横梁轨道上的持续运动所产生的摩擦力,尤其是载有较重的料箱货物的重型快速货架穿梭车在水平方向的惯性作用,对货架系统整体将会产生较大的影响。

3.3.1 货架的基本自振周期

货架系统是一种具有大变形能力的多自由度弹性体系结构,比一般的钢结构具有更大的柔性变形量。因此,在对货架系统进行频繁的常规存放和人工捡选货物的过程中,均不会发生过大变形。

DASLS 货架系统是近几年才广为应用的一种新型密集化、储分一体的货物自动化存取系统,货架穿梭车在运行过程中对货架产生了持续的水平方向的冲击力作用,使得货架不断地在水平方向左右摇摆,在一定范围内货架变形属于弹性变形。但是,当货架穿梭车之间或者某些穿梭车与货架之间的基本自振周期趋近一致时,会发生共振现象,逐渐使货架的构件产生钢结构疲劳并使功能退化,引起货架的更大变形甚至货架结构的整体破坏。

为此,各国规范都对货架的基本自振周期给予了相应的规定和指导性计算公式。一般钢结构的基本自振周期可以根据公式 $T = 0.028H$,H 为结构的高度(单位:m)进行计算。日本石川岛博磨重工公司的动态分析结果显示,货架的基本自振周期远大于一般钢结构的基本自振周期,见表 3-3 所例。

表 3-3　货架结构基本自振周期及衰减系数

实验货架	基本自振周期 T/s		衰减系数 h		
	理论分析值	实验值	紧急停止法	$1/\sqrt{2}$ 法	地震波分析法
X 方向	0.24	0.31	0.061	0.083	0.15~0.20
Y 方向	0.27	0.26	0.041	0.077	

我国货架规范对货架结构的基本自振周期规定有以下两个方面。

（1）把货架结构视为多质点体系的计算公式为

$$T_1 = 2\sqrt{\sum_{i=1}^{n} G_i u_i^2 \Big/ \sum_{i=1}^{n} G_i u_i},$$ （3-16）

式中，G_i 为货架结构第 i 层的重力荷载，单位为 kN；u_i 为货架结构第 i 层承受相应于其重力荷载的水平力时该层的位移，单位为 m。

（2）一般的通用近似计算公式为：

$$T_1 = 0.03H,$$ （3-17）

式中，H 为货架的高度，单位为 m。

在设置货架穿梭车的运行加速度时，应当尽量避免共振现象的发生。

3.3.2 货架穿梭车的运动学分析

3.3.2.1 货架穿梭车的车体系统及模式

现代物流仓储系统中能够实现自行调度、自动取送货物的独立移动设备统称为智能搬运设备。货架穿梭车主要由车体系统、输送装置、认址装置、导轨系统、报警装置、电气装置等组成，能够实现单元物料在不同储位及工位间高速高效灵活的自动传输，是目前密集仓储系统中广泛应用的智能搬运设备之一。其车体系统如图 3-6 所示。

图 3-6 货架穿梭车的车体系统示意图

货架穿梭车通过在货架横梁上或者横梁的外部滑槽内设置高精度导轨，供穿梭车在导轨上平稳往复地运行并做横向抓取、提升、下降等动作以完成取货或放货，改变了 AS/RS 中必须有叉车进入巷道存取货的低效率作业模式,不但提高了仓储空间利用率和出入库效率,而且可以实现货物的先进先出、先进后出等多种存取方式。货架穿梭车技术的快速发展,使得其类型不断增多,功能不断增强。同时,还为订单拣选喂货、货物入库存放及拣选台补货等作业提供了便利。

目前货架穿梭车大致有三种模式:标准模式、灵动模式及皮带传动模式。货物抓取装置的八指设计和互相重叠的伸缩式手臂使货架穿梭车可以存储单深度、双深度和多深度的货物。货物抓取装置能够最大限度地压缩料箱间距,最大化存储密度,能够处理重达 50 kg 的货物。

货架穿梭车系统在提升劳动生产率、避免产生人工货位分类错误、提升库存准确率、降低运营成本、减少库存收缩和丢失现象及优化空间利用率等方面优势明显。具体来说,货架穿梭车系统在下述几个方面重新定义了仓库物流。

(1)更多的处理量。出入库及订单分拣的处理能力是传统 AS/RS 解决方案的 4~7 倍。

(2)更高的利用率。实现了向拣选工作站高速率喂货,改善了拣选员的有效工作时间。

(3)更少的土地面积。在巷道数目显著减少的同时处理量显著增加,减少了所需空间,相同面积的土地比普通仓库容量增加 5~6 倍。

(4)更多的布局选择。在障碍物的上下方及顶层空间均能实施货架穿梭车系统,使现有仓库空间最优化。

(5)更精确的排序。能够以准确的排序将货物呈现给拣选站或码垛人员。

(6)更宽泛的货物类型。灵动模式的货架穿梭车适用于不同尺寸货物的处理。

(7)节约耗能。使用 24 V 低压直流电源,能耗较小,作业环境更安静。

(8)备用辅助。相同的可交替式货架穿梭车确保能进行快速替换。

(9)更易接触存货。巷道内的工作平台能让操作人员安全接触到货物及抛锚的货架穿梭车,方便维护保养。

(10)可拓展性。任一巷道可以加入更多的货架穿梭车,进一步提高处理量。

3.3.2.2 受力及速度分析

货架穿梭车是 DASLS 系统的核心设备,由于它的效率直接决定了整个系统的运行效率,因此它是整个系统的关键。对货架穿梭车进行合理的速度控制、精确的瞬间定位以及优良的故障诊断,使其高效率、高准确性和高安全性地运行,是减小物料出入库瓶颈效应、提高系统整体运行效率的有效措施。

货架穿梭车在货架上行驶的过程中,需要克服的阻力主要是轨道的滚动摩擦力、空气阻力及加速时的加速阻力之和,记作 f,在未承重状态下的受力分析如图 3-7 所示。下面对其速度运行及控制情况进行分析。

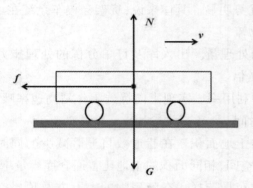

图 3-7　货架穿梭车运动受力分析

货架穿梭车的调速机制是先通过光电编码器反馈的当前速度信号确定其位置,再根据系统预定的速度控制策略,计算出变频器的输出频率进行调速,使货架穿梭车平稳运行。当系统向货架穿梭车下达到某一位置取送货物的命令后,调速系统根据激光测距仪反馈的距离信号及预先设定的控制策略调整驱动电压,使穿梭车先以较高的速度运行并接近目标位置,然后平稳减速至低速运行,在到达目标位置时制动停准。这种闭环控制方式能较好地满足密集仓储中货架穿梭车的高速运行、平稳换速和低速定位的调速控制要求。

目前常用而且可行的一种调速控制方法是应用基于抛物线的 S 型速度曲线,其优点在于可以使加速度连续变化且加减速过渡平滑,从而使系统运行快速平稳,有效减小惯性力对货架系统的冲击及立柱的振动,减少货物受损的概率。完整的 S 曲线包括加加速段、匀加速段、减加速段、匀速段、加减速段、匀减速段和减减速段；实际运行中，货架穿梭车上载有的货物通常对于加速度的变化率——跃度更为敏感。对于货架穿梭车的运动描述中，引入速度 v，加速度 a，时间 t，位移 s，跃度 J，根据微积分相关知识，我们有

$$v = \frac{\mathrm{d}t}{\mathrm{d}s}, \quad a = \frac{\mathrm{d}^2 t}{\mathrm{d}s^2}, \quad J = \frac{\mathrm{d}a}{\mathrm{d}t} = \frac{\mathrm{d}^2 v}{\mathrm{d}t^2} = \frac{\mathrm{d}^3 v}{\mathrm{d}t^3}. \tag{3-18}$$

同时，引入瞬时功率的概念

$$P_t = \frac{\mathrm{d}W}{\mathrm{d}T} = \frac{\mathrm{d}(FS)}{\mathrm{d}T} = F\frac{\mathrm{d}S}{\mathrm{d}T} = mav. \tag{3-19}$$

文献显示，在梯形速度曲线上的尖角处容易出现加速度变化不连续的跃变情况。通常选取加速度为正弦型曲线时，能够使得速度、加速度、位移、跃度及瞬时功率关于时间的变化曲线均为平滑曲线，因此货架穿梭车的速度控制最优策略为

$$\begin{cases} a = A\sin(\omega t + \phi), \\ v = \int_0^t a\mathrm{d}t = \frac{A}{\omega}\left[-\cos(\omega t + \phi) + C_1\right], \\ s = \int_0^t v\mathrm{d}t = \frac{A}{\omega^2}\left[-\sin(\omega t + \phi) + C_1\omega t + C_2\right], \\ J = \int_0^t a\mathrm{d}t = \omega A\cos(\omega t + \phi), \\ P_t = mav = \frac{mA^2}{2\omega}\left[C_1\sin(\omega t + \phi) - \sin 2(\omega t + \phi)\right]. \end{cases} \tag{3-20}$$

此时，运动几乎对货架穿梭车的电机没有冲击，对货架穿梭车及其上的货物冲击最小。而且在一定范围内也可以降低货架穿梭车本身的摆动，有效地降低穿梭车的能耗，达到节能环保的效果。

3.3.3 基于货架穿梭车运行的 DASLS 货架屈曲模型

为了研究货架穿梭车运行情况下货架的屈曲变形情况，先在静态满载状态下通过顶端向右偏移与底座剪力的关系求出货架的基本振动周期，然后再对货架的最不利状态进行研究。

以图 3-8 所示的三层货架为例，在货架满载情况下，假设货架顶端向右方偏移 Δ，货架上的货物等价为图中的单元货物。并做如下假设。

（1）货架系统所用的梁柱节点相同且它们的抗弯矩相等。

（2）同一高度的各梁间距均匀。

（3）货架所有抗弯节点的旋转始终都是同步的,预示着节点的旋转刚度略小于梁柱旋转刚度。

（4）所有的非弹性变形均发生在梁柱的抗弯节点及立柱底座节点处。

（5）整体的冲击反应可以合理地简化为单自由度系统模型,该模型与货架在第一个巷道的变形模式相对应。

（6）所有节点的力矩及相应的节点转动曲线已经根据周期性测试的结果描绘出来,由于周期性测试的不确定性对这些曲线进行了适当的调整。

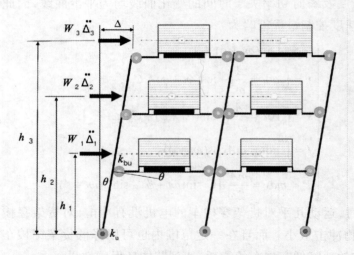

图 3-8　货架最不利状态下纵向屈曲变形模型

设 M_c, k_c, θ_c 分别表示转动力矩、节点咬合转动刚度和节点转角, k_{bu}, k_{be}, k_{ce} 分别表示图中所有梁与柱之间的节点的总转动刚度、梁端弯曲刚度和立柱末端的底座弯曲刚度, E, I_b, I_e, L, H 分别为梁的杨氏弹性模量、梁关于弯轴的惯性矩、立柱的惯性矩、梁的间隙间距及立柱的间隙间距。则有

$$\begin{cases} \dfrac{1}{k_{bu}} = \dfrac{1}{k_c} + \dfrac{1}{k_{be}}, \\[2mm] \dfrac{1}{k_u} = \dfrac{1}{k_b} + \dfrac{1}{k_{ce}}, \\[2mm] k_{be} = \dfrac{6EI_b}{L}, \\[2mm] k_{ce} = \dfrac{6EI_c}{H}. \end{cases} \tag{3-21}$$

设 W_i 为货架第 i 层的货物重量与货架自重之和，h_i 为第 i 层货架货物重心到货架底座的垂直距离；当货架侧移的角度非常小时，由等价无穷小替换定理有 $\Delta_i = h_i \tan\theta \approx h_i\theta$；则由横向惯性力所引起而施加于货架底座上的力矩为

$$M_{bi} = \sum_{i=1}^{3} \frac{W_i}{g}\ddot{\Delta}_i h_i = \frac{1}{g}\sum_{i=1}^{3} W_i h_i^2 \ddot{\theta}. \tag{3-22}$$

而货架底座的抗弯力矩为

$$M_{br} = -(n_c k_{bu} + n_b k_u)\theta, \tag{3-23}$$

式中，n_c，n_b 分别为梁柱节点和底座节点的数目。

对于货架等效的单自由度系统有 $M_{bi} = M_{br}$，得到

$$\frac{1}{g}\sum_{i=1}^{3} W_i h_i^2 \ddot{\theta} + (n_c k_{bu} + n_b k_u)\theta = 0, \tag{3-24}$$

可以解得

$$\frac{1}{\omega} = \sqrt{\frac{\displaystyle\sum_{i=1}^{3} W_i h_i^2}{g(n_c k_{bu} + n_b k_u)}};$$

从而有货架的基本振动周期为

$$T = \frac{2\pi}{\omega} = 2\pi\sqrt{\frac{\displaystyle\sum_{i=1}^{3} W_i h_i^2}{g(n_c k_{bu} + n_b k_u)}}, \tag{3-25}$$

将式（3-21）代入，有

$$T = 2\pi\sqrt{\frac{\displaystyle\sum_{i=1}^{3} W_i h_i^2}{g\left[n_c\left(\dfrac{k_c k_{be}}{k_c + k_{be}}\right) + n_b\left(\dfrac{k_b k_{ce}}{k_b + k_{ce}}\right)\right]}}. \tag{3-26}$$

设 M_c，M_b 分别为梁柱节点弯矩和底座节点弯矩，由

$$\begin{cases} M_{br} = -(n_c k_{bu} + n_b k_u)\theta \\ M_c = k_{bu}\theta \\ M_b = k_u\theta \end{cases}$$ 及系统的水平方向的平衡性，根据水平剪切力等

于惯性力总和得到

$$P_b = \frac{1}{g}\sum_{i=1}^{3} W_i \ddot{\Delta}_i = \frac{1}{g}\sum_{i=1}^{3} W_i h_i \ddot{\theta} = \frac{\sum_{i=1}^{3} W_i h_i}{\sum_{i=1}^{3} W_i h_i^2}(n_c M_c + n_b M_b). \quad （3-27）$$

又因为

$$\begin{cases} \theta = \theta_c + \theta_{be} = \dfrac{M_c}{k_c} + \dfrac{M_c}{k_{be}} = M_c\left(\dfrac{k_c + k_{be}}{k_c k_{be}}\right), \\[3mm] \theta = \theta_b + \theta_{ce} = \dfrac{M_b}{k_b} + \dfrac{M_b}{k_{ce}} = M_b\left(\dfrac{k_b + k_{ce}}{k_b k_{ce}}\right). \end{cases} \quad （3-28）$$

将上式代入式（3-27）得到

$$P_b = \frac{\sum_{i=1}^{3} W_i h_i}{\sum_{i=1}^{3} W_i h_i^2}\left[n_c + n_b\left(\frac{k_b k_{ce}}{k_c k_{be}}\right)\left(\frac{k_c + k_{be}}{k_b + k_{ce}}\right)\right]M_c. \quad （3-29）$$

货架结构在货架穿梭车运动的过程中，货架结构重力的二阶效应所产生的"负刚度"将严重削弱结构的抗侧能力，使货架在纵向出现来回振动转变为单向偏移，导致越来越大的侧向位移，甚至引起货架的倒塌。分别考虑立柱的 $P-\delta$ 效应及货架整体的 $P-\Delta$ 效应，可以分别求出货架顶端基于立柱高度 h_{ut}、转角 θ 的水平位移 δ 为

$$\delta = M_c\left(\frac{k_c + k_{be}}{k_c k_{be}}\right)h_{ut}. \quad （3-30）$$

同时，可以确定在一阶水平位移 δ 下货架的二阶弯矩为

$$m_c = \frac{\delta \sum_{i=1}^{3} W_i h_i}{h_{ut}\left[n_c + n_b\left(\dfrac{k_b k_{ce}}{k_c k_{be}}\right)\left(\dfrac{k_c + k_{be}}{k_b + k_{ce}}\right)\right]}. \quad （3-31）$$

于是,货架顶端的二阶水平位移为

$$\Delta = \left(\frac{k_c + k_{be}}{k_c k_{be}} \right) m_c h_{ut} = \frac{\sum_{i=1}^{3} W_i h_i \left(\frac{k_c + k_{be}}{k_c k_{be}} \right)}{\left[n_c + n_b \left(\frac{k_b k_{ce}}{k_c k_{be}} \right) \left(\frac{k_c + k_{be}}{k_b + k_{ce}} \right) \right]} \delta. \qquad (3-32)$$

设每台货架穿梭车的重量为 G,运动过程中初加速度为 a,根据工业货架规范要求的立柱最大水平偏移量不超过 10 mm 考虑,可以得出基于货架满载、货架穿梭车同时同向加速运动的最不利状态下的屈曲荷载方程为

$$\begin{cases} P_{cr} = \frac{n \sum_{i=1}^{n} \left[\left(W_i + \frac{G}{g} a \right) h_i \right]}{\sum_{i=1}^{n} h_i}, \\ \left\{ 1 + \frac{\sum_{i=1}^{n} \left(W_i + \frac{G}{g} a \right) h_i \left(\frac{k_c + k_{be}}{k_c k_{be}} \right)}{\left[n_c + n_b \left(\frac{k_b k_{ce}}{k_c k_{be}} \right) \left(\frac{k_c + k_{be}}{k_b + k_{ce}} \right) \right]} \right\} M_c \left(\frac{k_c + k_{be}}{k_c k_{be}} \right) = 0.01. \end{cases} \qquad (3-33)$$

3.4 货架系统的震动变形破坏性实验

3.4.1 实验设计

3.4.1.1 实验目的

第一,通过对货架模型进行静压分级实验,了解钢结构货架的材料特性及其变形规律,以及钢结构货架的整体稳定性的影响因素。

第二,通过对货架模型进行荷载冲击破坏性实验,了解货架在整体受压情况下,受到水平冲击力作用后的弹性弯曲屈曲变形及弹塑性屈曲变形的特征,以及其屈曲后承载力的变化情况。

3.4.1.2 模型及设备

实验模型：根据实验台的情况，所设计实验货架模型为单跨双层结构，立柱为 120 cm × 3 cm × 0.3 cm³ 的、型号为 Q235 的角钢型钢，横梁为 50 cm × 3 cm × 0.3 cm 的、型号为 Q235 的弧形型钢，梁柱节点为电焊焊接，在一根立柱上端的棱面交界线上焊接一个挂钩，用以悬挂冲击物。

实验设备：

（1）200 t 液压机一台。

（2）数码相机 7 台共布置 7 台数码相机，这样能够提高拍摄到冲击的瞬间变形的概率，同时还可以互相验证结果的准确性。

（3）30 个参考标志——正方形沿对角线均分成黑白交替的四个全等的小正方形，50 个变形标志——圆形均分成黑白交替四个全等的扇形。

（4）其他物品有 15 kg 的哑铃两组，背包带，测量角度的罗盘。

3.4.1.3 实验框架

（1）变形点的布设：在 L 面及 R 面的各节点及两个面的中心线位置布设变形标志，其编号为 0~30。对于 L 摄站可见点为编号 0~19 的点，对于 R 摄站所有变形点均可看到。

（2）摄站布设：分 L 组、R 组和对角线三个方向拍摄。数码相机的具体分配方案见表 3-4 所列。

表 3-4　数码相机分配情况一览表

L 组		D 组		R 组	
拍摄人	相机型号	拍摄人	相机型号	拍摄人	相机型号
L-1	Sony DSC-T5	D-1	Canon IXUS 70-Sd 100	R-1	Sony DSLR-A350
L-2	Canon EOS 300			R-2	Canon IXUS 430-S410
L-3	SONYDFC-S85			R-3	Sony DSC-S85

3.4.2 货架系统震动实验过程

实验过程共分三个阶段，具体如下。

第一阶段：由于对货架模型固定不紧，导致进行冲击的过程中发生较大的整体移位，使得这一阶段的三组实验数据不可靠，可用局部变形值减去整体位移的平均值粗略估计货架变形的情况。

第二阶段:为了防止冲击过程中货架模型发生整体移位,这一阶段在货架底部与压力机底盘之间插入钢筋后,继续实验。当以 14.5 kg、75° 加力冲击时,一次性地使货架发生了永久变形。

第三阶段:采取静力分级加压破坏实验。用压力机不断垂直加压,直至货架出现明显的塑性变形为止。具体压力值分别为 1.75T,3T,3.6T,4T,4.5T,5T,5.5T。每达到一个压力值拍摄一张图片。在加压至 5.5T 时,模型上部发生明显弯曲屈曲及畸变屈曲变形时,即停止加压并结束实验。

3.4.3 货架系统震动实验结果

实验过程中的三个阶段,每台相机各拍摄 45 张相片用于数据分析。实验现场及货架变形的部分相片如图 3-9 所示。实验数据共分三组。

第一组为钢结构货架模型位置未加固定的变形数据。

第二组为钢结构货架模型位置固定以后的变形数据。

第三组为静态加压变形数据。

下面分别按照 L 面、R 面及 D 面的测量情况,给出部分摄站零相片及荷载变形相片上各参考点、变形点的像素坐标值,见表 3-5~ 表 3-10 所例。

(a)加压后逐级冲击加载(L 面)　　　(b)静力分级加压(R 面)

图 3-9　实验现场及货架模型屈曲变形情况

（c）水平冲击加载至结构破坏（R 面）　　（d）弯曲屈曲直至畸变屈曲

图 3-9　实验现场及货架模型屈曲变形情况（续）

表 3-5　L、R 及 D 面各摄站零相片的像素坐标（坐标单位：像素）

	L-1-1		L-1-2		L-1-3		L-2-2		L-2-3		L-3-1		L-3-2		L-3-3	
	X	Y	X	Y	X	Y	X	Y	X	Y	X	Y	X	Y	X	Y
C_0	936	395	959	413	924	466	504	279	846	393	1173	503	939	461	948	462
C_1	938	468	963	485	927	540	513	482	848	440	1070	593	936	541	946	545
C_2	158	546	184	565	146	607	509	632	305	508	65	630	54	572	48	577
C_3	156	443	180	463	144	504	495	339	297	434	79	489	63	449	57	451
C_4	152	350	177	374	143	412	481	73	293	367	82	364	71	339	64	340
C_5	150	281	174	300	142	340	501	166	290	316	88	267	75	253	68	252
U_0	575	70	602	81	572	130	353	27	606	162	697	54	618	61	621	55
U_1	579	180	607	193	575	240	357	180	609	242	689	194	611	185	613	182
U_2	586	302	607	316	579	366	367	355	612	328	682	350	604	323	607	323
U_3	592	422	619	440	580	487	372	527	614	414	674	505	461	596	462	
U_4	599	540	623	555	584	603	515	381	619	494	668	652	589	590	590	594
U_5	495	550	522	566	483	613	443	389	547	504	538	661	473	595	472	601

续表

	L-1-1		L-1-2		L-1-3		L-2-2		L-2-3		L-3-1		L-3-2		L-3-3	
	X	Y	X	Y	X	Y	X	Y	X	Y	X	Y	X	Y	X	Y
U_6	400	548	430	562	392	607	378	388	383	500	419	649	368	584	365	588
U_7	398	436	425	451	389	495	374	310	479	421	426	500	375	454	371	456
U_8	482	309	510	324	477	370	434	220	539	333	554	347	488	321	488	320
U_9	393	312	419	328	385	373	370	223	474	337	434	341	383	315	380	314
U_{10}	385	192	413	207	382	252	366	140	470	251	442	184	394	177	387	174
U_{11}	473	68	498	83	470	128	426	48	533	162	568	35	503	46	504	40
U_{12}	383	85	411	103	381	146	363	61	467	175	450	44	398	55	397	51
	R-1-1		R-1-2		R-1-3		R-2-1		R-2-2		D-1-1		D-1-2		D-1-3	
	X	Y	X	Y	X	Y	X	Y	X	Y	X	Y	X	Y	X	Y
C_0	914	342	801	183	873	275	882	171	946	116	717	362	770	402	790	391
C_1	912	401	799	243	872	336	880	237	943	182	717	426	772	484	791	471
C_2	912	457	800	301	871	393	875	300	940	246	359	430	301	489	322	479
C_3	906	520	793	365	867	456	872	370	935	315	362	371	305	413	327	403
C_4	903	579	790	423	863	517	865	433	929	379	366	319	310	348	331	338
C_5	180	308	49	149	120	242	124	171	189	120	368	279	313	296	333	285
C_6	180	377	49	217	120	310	124	229	189	177	585	152	660	124	619	112
C_7	180	451	50	292	120	386	124	293	191	240	585	212	599	201	620	191
C_8	180	515	50	356	122	450	126	348	191	293	584	290	660	304	621	292
C_9	180	565	50	408	123	500	126	391	191	335	582	368	599	406	620	394
U_0	661	254	535	88	607	180	575	93	619	33	583	441	660	502	622	492
U_1	659	323	534	159	606	252	572	162	617	103	487	442	463	503	482	494
U_2	658	412	532	250	604	434	568	251	613	193	488	365	465	401	484	390
U_3	655	500	529	341	601	434	563	339	609	281	512	284	499	296	517	287
U_4	645	582	529	425	601	519	561	420	608	364	490	281	465	294	485	282
U_5	633	596	507	430	578	522	540	425	587	367	492	199	469	187	487	177
U_6	560	583	432	426	504	518	465	418	518	361	494	131	470	102	489	90
U_7	531	576	404	418	476	510	438	411	493	354	513	124	497	90	516	80
U_8	533	495	405	336	478	427	441	333	495	276	486	126	460	94	480	84

续表

	L-1-1		L-1-2		L-1-3		L-2-2		L-2-3		L-3-1		L-3-2		L-3-3	
	X	Y	X	Y	X	Y	X	Y	X	Y	X	Y	X	Y	X	Y
U_9	633	412	506	251	578	343	543	252	589	194	485	198	459	187	477	177
U_{10}	563	411	436	249	506	342	471	252	522	194	483	280	458	293	477	283
U_{11}	434	411	407	248	478	341	443	250	496	195	481	363	455	400	475	389
U_{12}	539	323	410	159	481	251	447	167	500	111	480	443	454	503	474	491
U_{13}	541	251	411	87	482	180	450	99	502	42	440	444	409	504	430	494
U_{14}	636	242	508	76	580	168	548	82	594	24	405	436	370	495	390	486
U_{15}	566	239	437	73	509	166	476	83	527	29	406	365	370	403	392	395
U_{20}											443	287	412	302	432	293
U_{21}											407	290	373	307	394	297
U_{22}											410	217	376	212	395	202
U_{23}											412	152	378	132	396	120
U_{24}											446	133	415	105	433	96

表 3-6　L-（1,3）-1 摄站相片像素坐标（坐标单位：像素）

L-1-1

荷载	5 kg						7 kg								9.2 kg							
角度	20		40		60		20		40		60		75		20		40		60		75	
mv	5.1548		10.1531		14.8432		7.2167		14.2143		20.7805		25.3014		9.4848		18.6817		27.3115		33.2532	
	X	Y	X	Y	X	Y	X	Y	X	Y	X	Y	X	Y	X	Y	X	Y	X	Y	X	Y
C_0	841	451	956	450	947	467	958	459	959	415	952	460	978	421	957	473	972	410	967	407	964	407
C_1	845	525	958	521	951	542	961	531	965	488	955	535	982	493	960	545	975	484	970	482	968	481
C_2	66	599	180	596	172	616	183	609	185	566	176	607	205	571	183	624	196	560	192	558	191	559
C_3	61	498	178	496	167	511	179	507	180	463	174	505	199	466	179	523	192	457	188	455	186	456
C_4	59	408	174	405	165	424	176	407	178	372	170	413	195	378	175	430	191	369	185	364	184	367
C_5	56	334	171	331	164	352	175	344	176	300	166	344	193	307	172	359	187	296	183	293	181	295
U_0	482	166	579	122	586	141	590	134	593	91	585	137	609	98	587	150	599	89	594	84	595	88
U_1	487	234	602	232	588	251	595	245	597	200	588	240	613	205	592	259	604	197	600	193	599	196
U_2	493	357	609	355	596	373	604	365	605	322	597	366	621	327	600	380	613	317	607	315	607	313
U_3	498	479	611	475	602	496	609	486	608	442	601	486	626	448	605	499	618	436	603	435	613	432
U_4	505	592	619	594	605	609	616	601	615	557	607	600	632	560	610	612	625	547	619	545	618	542
U_5	402	606	517	603	504	622	514	612	515	571	507	611	533	572	512	625	525	562	520	558	522	556
U_6	308	601	424	599	413	621	420	612	424	567	416	609	441	568	420	621	433	559	429	557	431	554

续表

L-1-1

荷载	5 kg								7 kg								9.2 kg					
角度	20		40		60		75		20		40		60		75		20		40		75	
	X	Y	X	Y	X	Y	X	Y	X	Y	X	Y	X	Y	X	Y	X	Y	X	Y	X	Y
U_7	490	303	485	420	506	406	497	414	456	417	498	408	458	435	511	413	447	427	444	422	446	425
U_8	365	390	362	504	381	494	373	500	329	502	373	492	334	518	386	498	324	511	323	507	322	507
U_9	368	297	367	415	386	403	375	410	334	412	377	403	337	431	392	408	329	421	326	416	327	419
U_{10}	246	294	245	408	264	398	256	405	214	404	257	398	218	422	272	402	211	416	209	411	211	412
U_{11}	123	380	119	495	138	482	132	487	89	489	133	483	98	507	149	485	87	498	83	493	86	494
U_{12}	141	288	136	405	157	393	149	399	107	402	152	393	115	418	167	396	105	411	102	405	107	408

L-3-1

荷载	5 kg								7 kg								9.2 kg					
角度	20		40		60		75		20		40		60		75		20		40		75	
	X	Y	X	Y	X	Y	X	Y	X	Y	X	Y	X	Y	X	Y	X	Y	X	Y	X	Y
mv	5.1548		10.1531		14.8432		18.0724		7.2167		14.2143		20.7805		25.3014		9.4848		18.6817		33.2532	
C_0	910	475	980	460	912	502	904	444	952	470	943	491	923	456	981	438	906	501	958	469	943	443
C_1	571	270	977	537	910	582	902	523	950	548	940	870	919	530	978	517	904	582	954	549	940	520
C_2	28	564	95	577	31	617	21	563	69	586	59	606	39	567	97	552	24	616	73	584	59	559
C_3	36	471	103	453	38	494	29	439	77	462	67	483	46	442	105	428	31	492	81	459	67	435

续表

L-1-1

荷载	5 kg						7 kg								9.2 kg							
角度	20	20	40	40	60	60	20	20	40	40	60	60	75	75	20	20	40	40	60	60	75	75
C_4	40	363	108	344	43	384	34	331	82	353	72	374	53	335	112	319	37	384	87	351	73	326
C_5	45	277	113	259	49	298	39	244	87	268	77	288	57	249	117	233	42	298	93	265	78	240
U_0	577	85	645	69	529	111	569	55	611	79	600	100	575	61	637	48	559	111	609	78	593	56
U_1	571	208	640	191	572	233	562	177	605	200	594	222	570	183	630	169	553	233	603	200	586	176
U_2	567	346	634	328	567	370	557	313	600	337	590	358	565	317	625	305	548	369	598	334	582	305
U_3	560	481	627	463	560	505	552	450	594	473	583	494	559	452	617	437	541	502	592	469	575	441
U_4	556	610	623	593	556	635	547	577	589	601	580	620	554	579	613	565	537	628	587	596	570	567
U_5	443	618	509	600	441	641	433	585	476	608	466	629	441	587	500	573	424	636	475	604	460	574
U_6	337	610	405	593	337	633	328	578	370	600	361	621	338	579	397	565	321	628	371	594	357	566
U_7	342	479	409	461	342	502	333	447	376	470	366	491	343	449	402	436	326	500	376	467	362	439
U_8	453	344	522	327	453	368	444	311	487	335	476	355	454	316	511	302	436	437	486	355	470	308
U_9	348	339	416	312	348	362	340	307	382	330	372	352	349	311	408	298	332	362	382	329	368	303
U_{10}	355	201	422	184	356	225	346	170	389	194	379	214	356	176	415	162	339	227	386	193	375	169
U_{11}	463	69	532	52	466	94	456	39	498	62	487	83	464	45	523	31	447	95	498	64	482	42
U_{12}	360	79	428	61	362	102	352	46	395	71	485	93	362	54	422	41	344	105	395	73	381	50

密集储分智慧物流系统的
稳定性模型及变形监测技术研究

表3-7　L-（1,2,3）-2摄站相片像素坐标（坐标单位：像素）

L-1-2

荷载	7 kg								10.2 kg								14.5 kg							
角度	20		40		60		75		20		40		60		75		40		50		60		75	
mv	7.2167		14.2143		20.7805		25.3014		10.5158		20.7123		30.2801		36.8677		29.444		36.3985		43.0453		52.41	
	X	Y	X	Y	X	Y	X	Y	X	Y	X	Y	X	Y	X	Y	X	Y	X	Y	X	Y	X	Y
C_0	961	416	957	409	955	408	955	409	958	410	962	417	959	410	960	404	948	415	951	414	895	411	988	434
C_1	965	488	961	485	958	481	958	483	962	483	965	491	962	481	965	477	950	489	954	487	899	485	991	508
C_2	187	568	183	567	181	555	180	563	183	563	186	565	183	559	185	558	184	557	175	565	121	562	211	583
C_3	183	466	178	465	176	457	176	458	180	461	182	461	180	456	182	458	179	453	171	462	115	459	208	481
C_4	180	376	175	375	174	367	172	367	177	370	179	372	176	36	178	369	175	365	168	371	112	369	206	394
C_5	176	303	172	302	170	297	171	298	172	297	178	300	174	294	174	294	173	292	167	300	110	297	203	318
U_0	604	85	597	83	597	76	598	80	600	79	605	83	602	78	601	75	596	70	592	81	547	81	631	101
U_1	609	196	604	193	604	188	603	189	606	190	610	194	607	188	607	86	605	183	598	192	541	109	635	212
U_2	617	320	612	316	610	312	609	313	613	313	616	319	613	312	613	311	611	306	604	315	548	314	641	336
U_3	621	443	616	439	616	435	613	437	617	436	620	441	617	436	618	434	616	428	608	440	553	437	644	459
U_4	627	557	622	555	622	550	618	553	623	552	624	557	623	549	625	548	623	544	614	555	558	552	649	575
U_5	527	571	521	567	518	560	619	562	522	563	524	569	521	560	522	559	521	554	512	566	457	562	549	586
U_6	435	566	430	561	429	555	426	557	429	559	433	563	430	555	431	555	430	548	420	560	366	559	456	579

续表

L-1-2

荷载	7 kg				10.2 kg				14.5 kg			
角度	20	40	60	75	20	40	60	75	40	50	60	75
U_7	429 / 454	424 / 449	422 / 443	420 / 446	423 / 445	427 / 451	424 / 442	426 / 443	423 / 437	415 / 447	360 / 447	452 / 468
U_8	513 / 327	508 / 323	507 / 319	506 / 321	510 / 321	514 / 325	510 / 319	511 / 319	508 / 313	501 / 323	446 / 321	539 / 344
U_9	423 / 332	413 / 328	417 / 324	416 / 325	418 / 325	423 / 329	419 / 322	419 / 321	416 / 317	411 / 327	355 / 324	448 / 348
U_{10}	416 / 212	410 / 209	410 / 203	410 / 207	411 / 205	417 / 210	413 / 203	413 / 200	409 / 199	405 / 209	349 / 206	443 / 228
U_{11}	501 / 84	495 / 81	495 / 77	494 / 79	498 / 79	502 / 83	500 / 77	499 / 76	483 / 86	491 / 81	434 / 78	528 / 100
U_{12}	413 / 105	408 / 104	406 / 98	404 / 98	409 / 99	414 / 102	410 / 96	409 / 95	406 / 91	401 / 102	346 / 99	440 / 123

L-2-2

荷载	7 kg				10.2 kg				14.5 kg			
角度	20	40	60	75	20	40	60	75	40	50	60	75
C_0	683 / 354	730 / 507	692 / 422	805 / 381	772 / 352	840 / 422	601 / 281	778 / 413	724 / 412	781 / 409	806 / 335	876 / 411
C_1	686 / 405	732 / 557	695 / 474	809 / 433	773 / 405	842 / 471	604 / 330	781 / 464	726 / 460	783 / 459	809 / 384	877 / 461
C_2	136 / 470	183 / 623	145 / 540	261 / 500	224 / 468	294 / 539	57 / 396	234 / 530	179 / 530	236 / 525	261 / 450	330 / 525
C_3	132 / 396	180 / 548	143 / 465	257 / 425	221 / 393	293 / 463	53 / 320	229 / 457	175 / 455	233 / 451	256 / 375	326 / 450
C_4	129 / 331	178 / 481	139 / 400	254 / 358	219 / 327	288 / 398	50 / 254	225 / 392	170 / 389	230 / 387	254 / 310	325 / 385
C_5	128 / 279	176 / 429	137 / 347	251 / 307	217 / 275	286 / 344	49 / 203	224 / 338	169 / 339	227 / 334	252 / 258	321 / 333

续表

L-1-2

荷载	7 kg								10.2 kg								14.5 kg							
角度	20		40		60		75		20		40		60		75		40		50		60		75	
U_0	442	123	492	276	452	193	568	152	543	123	603	393	364	50	539	185	484	182	547	180	558	105	636	181
U_1	446	202	494	357	456	271	572	231	537	201	605	270	366	129	543	262	488	261	546	258	569	183	641	259
U_2	451	289	498	443	461	360	574	318	540	289	608	358	370	217	545	350	492	347	550	346	573	268	643	346
U_3	456	376	501	528	463	444	576	404	544	373	611	445	373	303	549	436	494	430	552	431	676	356	647	433
U_4	457	455	505	609	467	526	582	485	547	455	617	523	376	383	553	507	499	512	557	513	537	436	651	513
U_5	385	466	433	618	397	533	511	495	476	464	544	534	305	391	482	524	428	525	485	521	509	445	579	520
U_6	321	462	367	616	331	532	446	494	409	461	479	531	240	388	415	523	363	521	420	519	443	444	514	519
U_7	316	384	364	537	325	452	442	413	407	382	474	451	236	310	411	444	358	443	416	441	439	364	510	440
U_8	379	296	427	447	388	364	503	325	469	294	536	365	298	222	473	355	420	354	477	350	500	275	570	353
U_9	314	296	361	452	322	367	438	328	404	297	471	366	234	225	409	357	354	357	412	354	436	279	505	354
U_{10}	309	214	356	366	318	282	431	242	399	210	467	282	228	140	403	274	349	270	408	270	433	194	502	269
U_{11}	370	125	417	274	379	192	493	151	462	123	530	192	290	50	464	183	412	182	469	180	494	104	564	179
U_{12}	305	138	352	288	314	205	428	164	397	135	464	205	228	62	401	197	348	197	405	194	430	117	500	193

L-3-2

荷载	7 kg								10.2 kg								14.5 kg							
角度	20		40		60		75		20		40		60		75		40		50		60		75	
C_0	924	415	944	484	910	470	944	485	940	427	937	463	958	440	971	439	931	445	979	451	955	492	948	494

续表

L-1-2

荷载 / 角度	7 kg				10.2 kg				14.5 kg			
	20	40	60	75	20	40	60	75	40	50	60	75
C_1	921 495	942 564	907 550	941 585	938 505	934 542	955 520	969 518	927 525	975 531	953 570	945 573
C_2	41 533	61 599	28 586	61 600	58 546	53 575	73 554	88 559	46 566	95 569	71 609	64 609
C_3	49 410	69 474	35 462	67 477	65 423	62 453	81 430	96 435	54 442	102 444	79 484	71 485
C_4	54 301	76 367	41 353	74 368	70 314	68 344	88 322	102 326	60 333	108 336	84 376	77 376
C_5	58 215	80 281	46 267	79 283	75 227	73 258	93 237	106 241	63 246	113 250	88 288	82 291
U_0	600 18	623 85	588 73	621 86	615 30	615 64	635 42	646 41	603 47	654 54	630 92	625 96
U_1	593 142	616 210	581 196	612 210	609 153	606 187	629 165	639 166	598 171	646 176	623 215	617 219
U_2	588 281	610 348	575 334	608 350	605 292	601 326	622 303	635 304	593 310	641 315	618 355	611 357
U_3	580 417	602 485	567 471	599 485	597 429	595 463	616 442	627 442	585 448	633 453	609 493	602 495
U_4	575 546	596 614	561 601	594 617	592 558	587 592	608 570	622 571	579 577	628 583	604 623	596 625
U_5	459 553	480 620	445 606	479 622	476 565	471 598	492 577	506 577	464 584	512 589	488 629	480 631
U_6	353 542	374 609	339 595	372 611	371 555	366 586	387 564	401 566	358 573	406 577	383 617	375 619
U_7	359 412	381 479	347 466	379 481	375 424	372 457	392 436	406 438	364 444	411 448	388 488	382 490
U_8	471 278	494 346	459 331	491 347	488 290	484 324	504 301	519 303	476 308	525 314	501 353	494 356
U_9	365 273	388 341	354 327	386 341	383 285	379 318	400 296	412 298	371 304	418 309	395 348	389 350
U_{10}	373 137	395 202	361 189	393 204	389 149	387 179	408 159	420 162	377 167	427 171	403 211	397 214
U_{11}	485 4	507 71	473 57	505 71	501 16	500 49	520 27	531 27	489 33	539 38	515 78	509 80
U_{12}	379 13	402 80	368 68	400 82	395 26	395 59	415 36	426 39	384 44	433 49	409 88	404 91

表 3-8　L-（1,2,3）-3 摄站相片像素坐标（坐标单位：像素）

	荷载	17.5		30		36		40		45		50		55	
		X	Y	X	Y	X	Y	X	Y	X	Y	X	Y	X	Y
L-1-3	C_0	945	479	947	339	916	392	941	449	1000	370	979	470	922	434
	C_1	949	553	951	413	920	467	943	524	1003	444	982	544	924	508
	C_2	167	620	170	480	139	532	162	589	221	511	200	611	144	572
	C_3	166	517	169	377	138	431	159	486	221	408	200	508	143	470
	C_4	165	425	166	286	135	338	159	395	219	316	198	416	142	379
	C_5	163	354	165	214	134	267	157	322	219	245	197	345	141	308
	U_0	593	144	595	3	565	57	587	112	648	33	627	132	570	95
	U_1	596	254	597	113	567	167	591	223	652	44	630	243	574	205
	U_2	600	377	603	238	573	292	594	347	656	268	635	366	579	330
	U_3	602	501	604	360	573	414	596	469	656	391	635	489	581	453
	U_4	606	617	607	475	576	530	600	586	660	507	640	605	583	568
	U_5	505	626	507	486	476	539	499	596	560	517	539	615	482	578
	U_6	414	624	415	480	384	533	407	588	468	510	447	609	390	572
	U_7	410	507	412	367	380	419	404	476	465	399	443	495	387	458
	U_8	498	383	500	242	469	296	492	353	554	273	532	372	476	335
	U_9	407	386	409	246	378	299	402	356	463	276	441	375	385	338
	U_{10}	404	266	407	127	375	279	398	236	459	158	436	255	381	218
	U_{11}	492	142	493	2	460	54	485	111	546	33	525	132	470	93
	U_{12}	402	159	405	20	372	72	396	128	457	51	434	150	378	111
L-2-3	C_0	832	403	816	426	876	412	817	360	807	383	857	379	820	387
	C_1	834	454	817	475	878	463	819	411	809	434	859	430	822	436
	C_2	285	517	269	541	330	527	271	475	262	499	310	494	274	502
	C_3	283	445	267	467	327	453	268	401	258	425	308	420	271	428
	C_4	280	378	264	401	324	386	265	335	255	359	305	355	268	362
	C_5	277	327	261	349	322	335	262	283	253	307	301	304	265	310
	U_0	593	173	576	196	636	181	578	129	568	192	617	148	580	154
	U_1	596	251	580	274	639	260	581	209	572	232	620	226	582	233

续表

荷载		17.5		30		36		40		45		50		55	
		X	Y	X	Y	X	Y	X	Y	X	Y	X	Y	X	Y
	U_2	509	340	585	362	643	347	585	296	575	319	625	314	588	321
	U_3	602	425	584	447	645	433	586	382	576	404	626	399	589	405
	U_4	605	507	589	528	648	514	590	461	580	485	630	480	592	486
	U_5	534	514	518	536	578	523	519	471	509	493	560	490	522	495
	U_6	467	512	452	535	513	519	453	467	444	492	494	487	457	493
	U_7	465	433	450	455	509	440	450	389	440	413	491	408	453	414
	U_8	526	346	510	367	570	352	512	301	501	323	552	319	515	325
	U_9	461	347	447	371	506	355	447	304	436	327	487	322	450	328
	U_{10}	458	263	440	285	502	271	443	218	433	242	481	237	443	243
	U_{11}	520	172	503	195	564	180	505	218	494	153	544	147	507	154
	U_{12}	456	185	438	208	499	194	440	142	431	166	478	162	442	167
	C_0	954	474	929	452	973	492	939	453	931	452	942	442	594	449
	C_1	950	554	925	534	969	573	935	535	927	534	939	523	949	536
	C_2	52	579	27	588	70	599	37	562	29	564	41	563	51	560
	C_3	62	453	36	433	80	473	46	435	39	437	49	437	61	433
	C_4	69	342	44	322	88	362	54	324	46	326	55	325	67	322
	C_5	75	254	51	234	93	274	60	236	52	238	60	237	73	234
	U_0	630	62	604	41	648	81	613	43	605	42	610	34	626	37
	U_1	621	188	595	197	639	207	605	169	597	169	604	160	618	163
	U_2	613	327	587	309	632	348	598	310	590	310	600	301	612	305
L-3-3	U_3	601	469	575	448	619	488	585	451	579	450	589	441	601	443
	U_4	593	401	568	579	612	621	578	582	571	581	583	573	594	577
	U_5	475	606	450	585	494	626	461	587	453	587	466	580	476	581
	U_6	368	593	342	572	387	613	354	574	346	575	358	569	368	569
	U_7	378	460	351	440	396	480	362	442	354	443	366	437	377	437
	U_8	494	325	469	305	513	345	479	307	471	307	480	300	493	301
	U_9	387	319	361	298	405	339	371	301	364	301	373	295	387	295
	U_{10}	396	179	370	159	414	199	380	161	372	161	378	155	392	155
	U_{11}	512	46	487	26	530	66	497	27	487	28	492	21	509	22
	U_{12}	405	55	380	34	423	75	390	36	380	37	385	31	402	32

表3-9 R-(1,2)-1面各摄站相片像素坐标数据(坐标单位:像素)

R-1-1

荷载	5 kg								7 kg								9.2 kg							
角度	20		40		60		75		20		40		60		75		20		40		60		75	
m_v	5.1548		10.1531		14.8432		18.0724		7.2167		14.2143		20.7805		25.3014		9.4848		18.6817		27.3115		33.2532	
	X	Y	X	Y	X	Y	X	Y	X	Y	X	Y	X	Y	X	Y	X	Y	X	Y	X	Y	X	Y
C_0	775	351	794	226	826	244	813	246	832	269	797	330	819	388	822	215	839	206	807	215	881	264	805	190
C_1	774	410	794	285	826	302	812	304	831	327	794	389	818	448	821	273	839	266	806	274	879	323	804	249
C_2	772	466	792	341	825	360	811	359	830	384	795	445	817	503	819	330	838	322	803	330	879	380	801	305
C_3	767	529	787	404	819	423	807	422	826	445	789	508	811	566	815	393	832	385	799	393	873	443	798	368
C_4	764	587	783	463	818	481	802	481	821	505	787	567	808	624	811	415	829	443	795	451	870	501	794	426
C_5	41	316	61	191	95	208	78	212	94	232	60	295	84	352	81	181	99	172	66	180	140	231	64	156
C_6	40	585	60	259	93	278	76	278	95	303	60	438	83	421	81	249	99	241	66	248	140	299	64	223
C_7	40	459	60	334	93	252	77	354	94	376	60	363	83	496	82	323	99	314	67	323	142	367	65	297
C_8	40	523	60	398	93	415	78	417	96	441	60	502	83	560	82	386	101	378	68	386	142	435	65	361
C_9	40	573	60	447	93	467	78	466	95	491	60	552	83	609	83	435	102	429	68	435	142	485	66	412
U_0	523	623	543	138	577	157	566	158	585	181	552	243	577	302	84	129	602	121	569	128	646	176	581	102
U_1	521	332	541	206	576	255	564	227	582	251	550	311	576	369	583	196	600	188	569	196	646	245	579	171
U_2	519	421	540	296	573	315	562	316	582	338	548	401	574	458	581	285	600	277	568	284	646	333	578	259

续表

R-1-1

荷载 / 角度	5 kg				7 kg				9.2 kg			
	20	40	60	75	20	40	60	75	20	40	60	75
U₃	516 507	535 383	571 402	558 403	578 425	544 484	570 544	578 372	596 364	565 372	644 419	575 346
U₄	515 590	535 465	570 483	559 485	578 507	544 568	569 626	577 454	595 446	564 453	644 501	575 428
U₅	493 594	514 469	548 488	437 489	556 512	524 574	547 631	555 457	574 450	543 457	623 506	554 433
U₆	421 592	441 466	476 486	464 486	483 509	450 569	475 627	483 456	502 447	469 455	547 504	476 431
U₇	393 584	413 459	448 477	437 479	455 501	422 564	447 621	456 449	474 439	443 449	522 499	454 424
U₈	395 503	417 378	450 397	438 400	456 420	424 482	450 541	457 368	476 359	444 369	523 418	455 343
U₉	494 420	514 296	550 315	538 313	556 340	524 400	546 459	556 285	575 276	541 285	620 334	554 260
U₁₀	425 418	445 294	480 313	467 313	488 336	545 398	479 456	487 282	505 274	474 284	552 333	482 258
U₁₁	400 418	418 293	452 311	440 313	460 337	427 398	452 455	458 282	477 274	445 283	525 334	455 259
U₁₂	400 331	420 205	454 227	444 226	463 248	429 311	456 369	462 196	480 188	448 196	526 247	458 271
U₁₃	402 260	422 136	458 156	445 155	466 178	432 241	456 298	464 126	481 118	449 126	526 175	460 101
U₁₄	498 250	518 126	552 147	540 146	559 168	528 231	551 290	558 116	577 108	543 115	620 165	554 91
U₁₅	427 247	448 121	483 142	470 143	490 167	457 227	481 285	489 113	507 105	474 114	550 163	481 88

续表

荷载 角度	5 kg				7 kg				9.2 kg			
	20	40	60	75	20	40	60	75	20	40	60	75
C0	848/243	904/192	899/249	872/194	893/150	850/244	838/227	847/213	855/244	845/210	860/228	851/222
C1	844/309	901/258	896/315	869/258	889/216	847/309	836/292	844/278	852/309	842/275	857/293	848/287
C2	841/371	898/320	892/378	865/321	885/278	843/371	832/354	840/340	848/371	838/338	854/355	844/350
C3	836/441	893/390	888/447	861/391	881/348	839/441	827/424	835/410	843/441	834/408	859/425	839/419
C4	830/505	887/454	882/512	854/455	875/412	832/505	821/488	829/474	837/505	827/471	853/489	833/483
C5	89/240	145/190	141/249	111/191	132/147	89/240	77/224	85/211	93/241	83/208	98/226	89/220
C6	89/299	145/250	141/307	112/249	132/207	90/300	78/283	86/269	92/300	84/266	99/284	90/278
C7	89/363	145/312	140/371	111/313	133/271	90/362	78/346	87/332	93/363	85/329	99/347	91/342
C8	90/417	147/368	142/427	114/368	134/325	91/418	80/402	87/387	94/417	86/384	101/402	92/396
C9	90/460	147/410	143/468	114/411	135/367	92/461	81/444	88/430	95/461	87/426	101/445	92/438
U0	541/163	599/114	598/172	573/115	594/72	554/166	545/148	558/134	566/165	558/130	575/147	577/142
U1	538/233	596/183	594/241	569/184	590/141	550/235	542/217	554/203	562/234	554/199	573/216	574/211
U2	534/322	592/272	591/330	565/273	587/229	547/324	538/307	551/292	559/323	551/289	571/305	571/300
U3	528/409	587/359	585/417	559/360	581/317	541/411	532/394	545/380	554/410	546/376	566/393	566/389

注: C0—C9 行对应 R-1-1; U0—U3 行对应 R-2-1。

续表

R-1-1

荷载	5 kg				7 kg				9.2 kg			
角度	20	40	60	75	20	40	60	75	20	40	60	75
U_4	526 492	585 442	583 499	558 442	579 399	539 493	530 477	543 462	551 494	544 459	565 476	565 472
U_5	504 496	563 445	562 504	536 446	556 403	516 496	508 480	521 465	529 497	522 463	543 480	542 475
U_6	429 489	489 440	485 498	457 439	478 397	439 492	433 474	443 461	457 492	451 457	467 477	466 470
U_7	403 482	461 432	459 490	433 434	456 390	415 483	407 466	419 452	428 483	421 449	443 468	436 465
U_8	405 404	464 354	461 412	438 399	459 312	417 405	409 388	422 374	430 405	424 372	443 389	439 388
U_9	508 323	566 272	565 331	540 274	561 230	520 324	512 307	524 293	532 324	425 290	544 307	544 301
U_{10}	437 323	496 272	491 331	465 274	486 229	446 322	440 306	452 292	467 324	456 289	475 307	472 301
U_{11}	408 321	467 272	466 331	439 273	462 230	421 323	413 306	425 292	433 323	425 290	444 307	445 300
U_{12}	413 238	471 188	468 246	445 190	466 146	425 239	417 222	429 207	437 239	430 205	448 223	449 217
U_{13}	416 169	474 119	472 177	449 120	469 77	429 270	421 154	433 139	441 171	433 137	450 155	452 150
U_{14}	514 153	573 103	570 161	546 104	567 61	527 155	519 138	531 123	539 154	531 120	549 137	550 132
U_{15}	444 156	500 106	499 161	473 105	494 61	457 158	444 141	460 125	474 157	462 124	479 140	473 135

表 3-10　D-1-（1,2）面各摄站相片像素坐标数据（坐标单位：像素）

荷载	5 kg				7 kg								9.2 kg							
角度	60		75		20		40		60		75		20		40		60		75	
mv	14.8432		18.0724		7.2167		14.2143		20.7805		25.3014		9.4848		18.6817		27.3115		33.2532	
	X	Y	X	Y	X	Y	X	Y	X	Y	X	Y	X	Y	X	Y	X	Y	X	Y
C_0	901	409	833	395	836	420	868	430	823	415	790	395	813	464	953	447	859	433	914	404
C_1	902	507	835	494	838	517	870	529	825	512	791	494	815	563	955	545	861	530	916	502
C_2	343	512	275	496	278	520	310	533	266	518	232	499	256	569	396	553	300	536	358	509
C_3	349	422	282	408	285	433	315	441	271	428	238	409	261	480	401	463	307	447	363	418
C_4	355	343	287	329	289	353	322	364	276	349	243	329	267	400	407	379	312	369	369	338
C_5	359	280	291	267	293	290	326	301	280	285	248	267	271	337	412	315	316	306	372	276
U_0	692	87	627	74	630	100	662	110	620	95	591	77	614	145	756	129	663	114	719	85
U_1	691	179	626	166	629	190	662	202	619	185	591	169	613	236	757	219	663	203	722	176
U_2	692	298	626	286	629	309	663	321	621	304	591	286	615	356	757	337	665	321	724	293
U_3	689	416	624	404	627	428	661	438	618	423	589	403	614	472	758	456	667	440	726	411
U_4	690	530	625	517	629	540	662	552	619	534	592	516	616	584	760	567	671	551	730	522
U_5	546	532	479	519	481	544	518	556	476	539	447	520	471	589	615	573	526	560	584	528
U_6	548	412	482	398	486	483	519	434	476	418	446	397	472	469	615	453	528	438	583	409
U_7	582	288	516	275	520	301	554	311	511	297	483	277	507	347	648	332	558	316	617	288
U_8	550	286	484	273	485	296	521	307	480	293	449	275	474	345	617	329	526	314	584	285
U_9	551	159	486	147	488	173	524	181	482	169	453	150	474	221	615	204	525	189	583	161
U_{10}	554	63	488	45	490	78	525	88	481	66	452	48	475	119	616	102	585	88	581	59
U_{11}	584	46	517	34	521	59	554	70	511	56	483	37	506	107	646	91	553	75	612	47
U_{12}	543	48	479	60	515	72	471	58	441	40	465	110	605	94	514	81	571	53		
U_{13}	541	158	477	147	479	171	513	180	469	167	441	149	463	219	605	203	514	190	573	160
U_{14}	539	284	475	272	476	297	512	307	468	291	440	272	461	342	607	325	516	313	574	284
U_{15}	537	411	471	397	475	422	508	433	463	416	436	398	463	367	607	450	515	437	573	409
U_{16}	534	533	469	518	472	542	507	553	465	538	437	518	457	595	603	576	516	557	574	527
U_{17}	471	536	406	520	408	544	443	556	402	540	371	520	397	591	540	574	452	560	511	533
U_{18}	415	522	349	508	353	532	388	543	346	528	317	508	343	579	485	560	397	548	454	519
U_{19}	417	413	352	400	356	423	391	435	348	420	319	401	343	471	487	456	396	441	456	411

续表

荷载	5 kg				7 kg								9.2 kg							
角度	60		75		20		40		60		75		20		40		60		75	
mv	14.8432		18.0724		7.2167		14.2143		20.7805		25.3014		9.4848		18.6817		27.3115		33.2532	
	X	Y	X	Y	X	Y	X	Y	X	Y	X	Y	X	Y	X	Y	X	Y	X	Y
U_{20}	475	294	410	280	413	304	448	316	414	300	375	282	400	352	541	336	450	321	510	293
U_{21}	420	297	356	284	359	309	393	321	351	304	322	288	346	357	487	341	397	326	458	298
U_{22}	423	185	360	173	361	198	397	209	354	195	324	177	349	246	490	230	398	216	458	189
U_{23}	427	87	361	75	364	100	399	110	356	97	326	77	349	149	491	134	398	117	460	91
U_{24}	481	59	414	47	418	73	451	83	408	68	380	51	403	121	543	106	450	91	509	64
mv	7.2167		14.2143		20.7805		25.3014		10.5158		20.7123		30.2801		36.8677		29.444		36.3985	
	X	Y	X	Y	X	Y	X	Y	X	Y	X	Y	X	Y	X	Y	X	Y	X	Y
C_0	789	475	771	402	868	394	735	413	824	429	714	377	801	408	858	377	807	413	867	442
C_1	791	528	771	484	869	475	736	495	826	509	716	459	803	490	859	459	809	497	869	525
C_2	322	532	301	488	399	480	266	502	355	516	246	465	332	496	389	465	339	503	399	530
C_3	326	458	306	414	405	405	272	426	360	444	252	389	338	419	393	388	344	428	405	454
C_4	331	391	311	347	409	339	276	360	364	373	255	322	341	353	398	323	348	361	407	386
C_5	333	339	313	295	415	287	279	308	369	322	258	273	345	302	402	271	353	309	412	333
U_0	620	168	602	124	700	115	565	136	655	151	545	98	630	129	688	98	638	137	698	166
U_1	620	245	601	201	699	194	566	214	655	228	545	177	630	207	688	178	638	215	697	242
U_2	621	347	601	304	700	296	565	316	654	330	545	279	632	311	688	278	638	317	698	345
U_3	620	449	599	405	699	397	564	418	653	432	544	382	631	412	687	381	637	418	697	447
U_4	621	547	601	502	700	495	565	513	655	529	546	478	632	508	688	478	639	516	699	544
U_5	485	545	464	504	563	495	428	515	517	529	408	479	494	509	550	478	500	515	561	544
U_6	485	445	465	402	563	393	429	412	519	428	409	377	496	406	551	375	501	413	562	441
U_7	518	341	498	296	597	289	462	309	552	324	442	272	529	303	585	272	535	309	595	340
U_8	487	339	466	294	566	287	432	306	521	320	411	270	497	301	553	270	503	308	563	336
U_9	490	231	469	187	568	177	434	199	523	214	413	163	500	192	556	162	506	200	567	228
U_{10}	490	144	470	100	569	92	435	112	523	128	414	77	500	106	558	76	506	114	567	143
U_{11}	517	135	497	91	597	82	462	103	551	117	440	66	528	97	585	66	533	103	594	132
U_{12}	482	137	463	93	560	84	426	107	516	120	406	71	491	100	549	70	498	108	558	136

续表

荷载	5 kg		7 kg				9.2 kg			
角度	60	75	20	40	60	75	20	40	60	75
mv	14.8432	18.0724	7.2167	14.2143	20.7805	25.3014	9.4848	18.6817	27.3115	33.2532
	X Y	X Y	X Y	X Y	X Y	X Y	X Y	X Y	X Y	X Y
U_{13}	481 232	460 188	558 179	424 199	513 213	404 163	489 192	547 163	496 201	557 229
U_{14}	480 338	458 294	558 284	424 306	513 319	403 269	489 299	545 268	494 306	555 333
U_{15}	477 442	456 400	554 392	421 413	510 427	400 376	487 406	543 374	492 414	553 441
U_{16}	475 546	455 504	553 493	420 515	508 528	400 480	489 509	542 478	494 516	553 543
U_{17}	430 549	410 505	508 497	375 517	464 531	355 481	441 512	497 481	449 518	507 546
U_{18}	390 539	369 493	468 486	335 507	420 520	316 469	401 502	458 470	408 509	467 535
U_{19}	393 446	372 403	470 394	336 415	426 429	317 379	403 410	460 378	410 417	469 445
U_{20}	433 346	413 302	511 294	377 314	467 328	357 278	443 308	500 277	450 316	509 342
U_{21}	394 350	375 306	472 297	338 318	428 333	319 282	405 312	461 283	412 320	473 349
U_{22}	397 257	378 212	475 204	341 225	430 239	321 189	406 219	464 189	412 227	473 254
U_{23}	398 174	378 130	476 123	343 142	432 157	324 106	409 137	466 105	416 145	475 174
U_{24}	436 150	416 105	514 97	380 118	469 133	360 80	444 111	502 80	452 120	512 147

3.4.4 变形曲线图

根据实验数据分析及计算机软件处理的情况,分别选取 L-2-2、R-1-1、R-2-2 及 R-2-3 的拍摄相片处理以后的变形曲线图,如图 3-10~图 3-17 所示,都非常一致地表现了货架的钢结构变形特性,即先在一定的荷载范围内表现为弹性变形,继而在设计荷载值附近则开始发生弹塑性甚至塑性变形,最终达到屈服状态。并且在弹塑性范围内,结构具有一定的屈曲后强度。一旦发生塑性变形,结构将迅速进入屈服状态,此时,货架不具有承载力,极易发生倒塌现象。

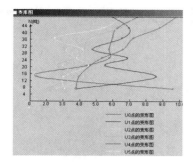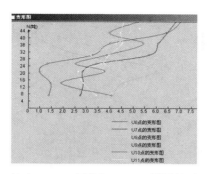

（a）L-2-2 变形点 $U_0 \sim U_5$ 同图显示　　（b）L-2-2 变形点 $U_6 \sim U_{11}$ 同图显示

图 3-10　L-2-2 摄站同图多点荷载 – 变形曲线

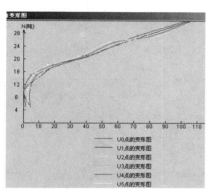

（a）R-1-1 变形点 $U_0 \sim U_5$ 同图显示　　（b）R-1-1 变形点 $U_6 \sim U_{11}$ 同图显示

图 3-11　R-1-1 摄站同图多点荷载 – 变形曲线

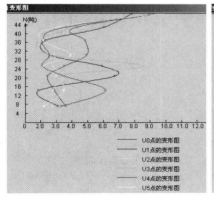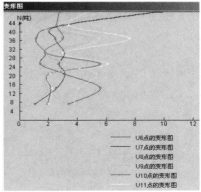

（a）R-2-2 变形点 $U_0 \sim U_5$ 同图显示　　（b）R-2-2 变形点 $U_6 \sim U_{11}$ 同图显示

图 3-12　R-2-2 摄站同图多点荷载 – 变形曲线

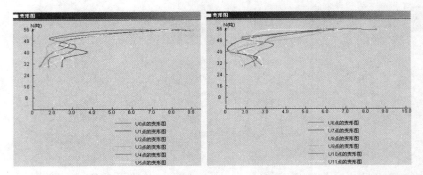

（a）R-2-3 变形点 U_0~U_5 同图显示　（b）R-2-3 变形点 U_6~U_{11} 同图显示

图 3-13　R-2-3 摄站同图多点荷载 – 变形曲线

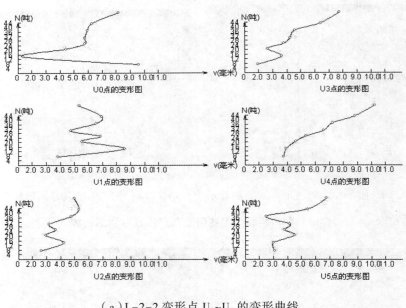

（a）L-2-2 变形点 U_0~U_5 的变形曲线

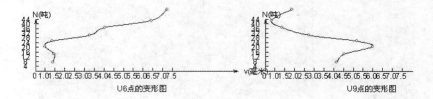

图 3-14　L-2-2 摄站各变形点的荷载 – 变形曲线

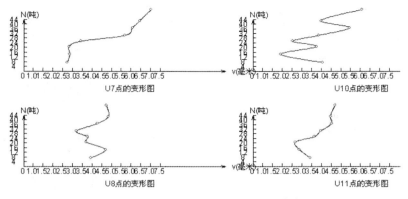

（b）L-2-2 变形点 $U_6 \sim U_{11}$ 的变形曲线

图 3-14　L-2-2 摄站各变形点的荷载 – 变形曲线（续）

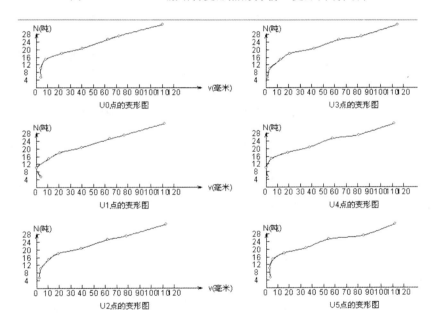

（a）R-1-1 变形点 $U_0 \sim U_5$ 的变形曲线

图 3-15　R-1-1 摄站各变形点的荷载 – 变形曲线

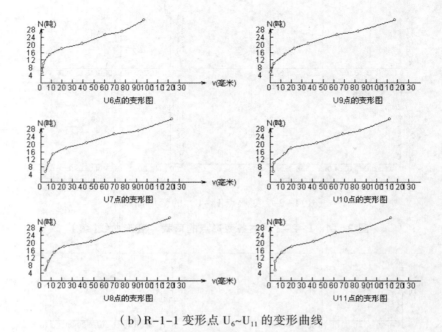

（b）R-1-1 变形点 $U_6 \sim U_{11}$ 的变形曲线

图 3-15　R-1-1 摄站各变形点的荷载 – 变形曲线（续）

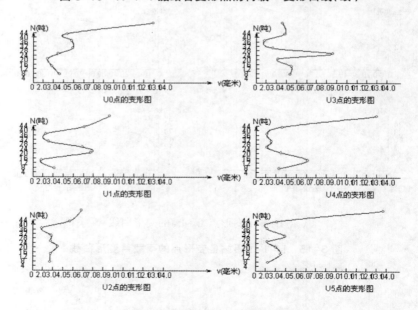

（a）R-2-2 变形点 $U_0 \sim U_5$ 的变形曲线

图 3-16 R-2-2 摄站各变形点的荷载 – 变形曲线

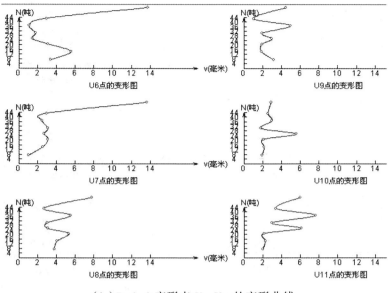

（b）R-2-2 变形点 $U_6 \sim U_{11}$ 的变形曲线

图 3-16 R-2-2 摄站各变形点的荷载 - 变形曲线（续）

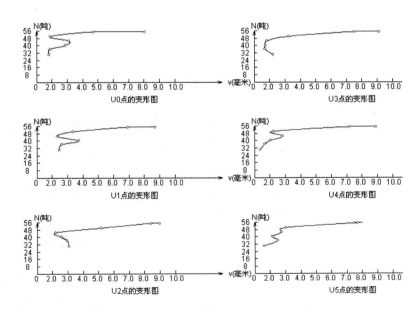

（a）R-2-3 变形点 $U_0 \sim U_5$ 的变形曲线

图 3-17 R-3-3 摄站各变形点的荷载 - 变形曲线

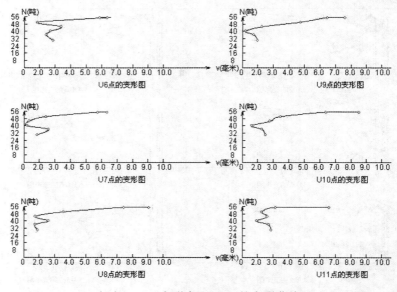

（b）R–2–3 变形点 U_6~U_{11} 的变形曲线

图 3–17　R–3–3 摄站各变形点的荷载－变形曲线（续）

3.4.5 实验结论

由图 3-14（a）（b）可以看出，除 U_3、U_4、U_6、U_7 四个点以外，其余各变形点的变形均为弹性变形，变形量均小于 10 mm。

由图 3-15（a）（b）可以看出，各变形点的变形均为弹塑性变形，在变形量 10 mm 以后，变形点的变形速度随荷载的增加迅速加快。

由图 3-16（a）（b）可以看出，U_1、U_2、U_3、U_8、U_9、U_{10}、U_{11} 七个点的变形属于弹性变形，且变形量均小于 10 mm，其余变形点则明显表现出了从弹性变形向弹塑性变形的转变过程。

由图 3-17（a）（b）可以看出，各变形点均表现为由弹性变形向弹塑性变形的转变。

通过上述荷载变形曲线的同图多点和分屏独立显示，可以看到钢结构货架从弹性屈曲变形到弹塑性屈曲直至塑性变形的变化过程，与钢结构受力变形特征高度一致，并且在发生弹塑性变形以后，货架将不再具有屈曲后承载力，施加微小的荷载，货架将迅速屈曲并垮塌。为此，建议在钢结构货架使用过程中,密切注意货架的额定标称荷载——临界荷载,减少货架局部遭受意外偶然冲击因素,尤其是水平震动对单根货架立柱的局部破坏,因为这样将会导致货架整体稳定性的降低甚至破坏整体结构。

实验过程实现了对钢结构货架震动破坏性实验变形监测的数据采集、处理及图形显示等功能,整个操作过程更加方便实用。对实际监测场地的要求较为宽松,便于实现近距离监测。利用数码相机在 5m 左右的距离进行测量,观测精度达到 3‰,满足了货架钢结构变形观测的需要。为了提高精度,对实验中使用的数码相机进行了误差分析及误差消除,虽然实验采用的是普通数码相机,但测量精度较高。此外,本方法也可用于其他类型的建筑结构,如钢筋混凝土结构、砖木结构及砌体结构等的动态变形监测。

通过对实验数据的分析可以看出,对钢结构货架未加固定与固定两种模式下的测量结果均符合钢结构变形特征,所得测量数据与实际高精度量测数据相比较可以达到高精度变形监测的要求。

3.5　小结

本章第一部分分析了货架系统的整体稳定性模型及失稳形式;第二部分基于静力分析分别对货架的对称屈曲、反对称屈曲及弹性屈曲进行了研究;第三部分研究了货架的基本自振周期,并对货架穿梭车进行动力学分析,在此基础上研究了基于货架穿梭车运行的 DASLS 货架屈曲荷载计算方法;最后通过货架系统的震动变形破坏实验,探讨了钢结构货架弹性屈曲变形到弹塑性直至塑性变形屈曲的机理及监测方法,提出了预防货架整体屈曲变形的措施。

第 4 章

基于有限元分析的 DASLS 稳定性模型

　　本章根据有限元分析的原理,通过编制的基于 Matlab 的有限元程序和建立的基于 ANSYS 的货架三维立体有限元模型,对货架立柱及横梁的力学特性进行了探究,并对货架系统的变形情况进行了仿真分析,从中发现货架系统的薄弱区域及部位,并给出提高货架稳定性的建议。

4.1　有限元分析

1960 年，Clough 在论文 "The Finite Element in Plane Stress Analysis" 中首次提出了"有限元"的概念，这一概念在后来被广泛地引用，成为这种数值方法的标准称谓。有限元分析利用数学近似的方法对真实物理系统的几何特征及载荷工况进行模拟，并将连续物体划分为有限大小，彼此只在有限个节点相连接的有限单元组合体进行相关分析和研究。也就是把一个实际连续的结构仿真为一个近似的离散结构力学模型，并对这个模型进行数值计算分析。随着各种有限元软件的开发及应用，人们可以通过计算机建立与实际吻合的构件模型，模拟各种边界条件和加载情况，准确计算各种因素影响下系统及其构件的稳定承载能力。

4.1.1　弹性力学控制模型

有限元分析的基本思想是将连续弹性体作为求解区域，将其离散为一组有限个按一定方式联结在一起的单元组合体，模型化几何形状复杂的求解域。具体可以归结为：将连续系统分割成有限个分区或单元，对每个单元提出一个近似解，再将所有单元按标准方法加以组合，从而形成原有系统的一个数值近似系统，即数值模型。弹性理论要求，一个弹性体内的应力、应变和位移应当满足平衡方程、几何方程和本构关系以及相应的边界条件。下面给出矩阵形式的控制方程为

$$\begin{cases} \boldsymbol{L\sigma} + \boldsymbol{p}_v = 0; & \text{平衡方程,} \\ \boldsymbol{\varepsilon} = \boldsymbol{L}^\mathrm{T}\boldsymbol{u}; & \text{几何方程,} \\ \boldsymbol{\sigma} = \boldsymbol{D\varepsilon}; & \text{本构关系,} \\ \boldsymbol{u} = \bar{\boldsymbol{u}}; & \text{位移边界条件,} \\ \boldsymbol{n\sigma} = \boldsymbol{p}_s; & \text{力的边界条件,} \end{cases} \tag{4-1}$$

其中，$\boldsymbol{\sigma}$，$\boldsymbol{\varepsilon}$，$\boldsymbol{u}$，$\boldsymbol{p}_v$ 分别表示应力、应变、位移和体积力，$\boldsymbol{L}$，$\boldsymbol{D}$，$\boldsymbol{n}$ 分别

表示微分算子矩阵、弹性矩阵和边界外法线方向矩阵，p_s，$\overline{u}$ 分别表示边界上已知的外力和位移。

在三维空间直角坐标系下，它们的表达式分别为

$$\boldsymbol{\sigma}=\begin{bmatrix} \sigma_x \\ \sigma_y \\ \sigma_z \\ \tau_{yz} \\ \tau_{zx} \\ \tau_{xy} \end{bmatrix}; \quad \boldsymbol{\varepsilon}=\begin{bmatrix} \varepsilon_x \\ \varepsilon_y \\ \varepsilon_z \\ \gamma_{yz} \\ \gamma_{zx} \\ \gamma_{xy} \end{bmatrix} \quad \boldsymbol{u}=\begin{bmatrix} u \\ v \\ w \end{bmatrix};$$

$$\boldsymbol{L}=\begin{bmatrix} \dfrac{\partial}{\partial x} & 0 & 0 & 0 & \dfrac{\partial}{\partial z} & \dfrac{\partial}{\partial y} \\ 0 & \dfrac{\partial}{\partial y} & 0 & \dfrac{\partial}{\partial z} & 0 & \dfrac{\partial}{\partial x} \\ 0 & 0 & \dfrac{\partial}{\partial z} & \dfrac{\partial}{\partial y} & \dfrac{\partial}{\partial x} & 0 \end{bmatrix};$$

$$\boldsymbol{n}=\begin{bmatrix} n_x & 0 & 0 & 0 & n_z & n_y \\ 0 & n_y & 0 & n_z & 0 & n_x \\ 0 & 0 & n_z & n_y & n_x & 0 \end{bmatrix};$$

式中，n_x，n_y 和 n_z 是边界外法线的方向余弦。

对于各同异性材料，弹性矩阵 $\boldsymbol{D}$ 可以表示为

$$\boldsymbol{D}=\frac{E(1-v)}{(1+v)(1-2v)}\begin{bmatrix} 1 & \dfrac{v}{1-v} & \dfrac{v}{1-v} & 0 & 0 & 0 \\ \dfrac{v}{1-v} & 1 & \dfrac{v}{1-v} & 0 & 0 & 0 \\ \dfrac{v}{1-v} & \dfrac{v}{1-v} & 1 & 0 & 0 & 0 \\ 0 & 0 & 0 & \dfrac{1-2v}{2(1-v)} & 0 & 0 \\ 0 & 0 & 0 & 0 & \dfrac{1-2v}{2(1-v)} & 0 \\ 0 & 0 & 0 & 0 & 0 & \dfrac{1-2v}{2(1-v)} \end{bmatrix} . \quad （4\text{-}2）$$

通常把满足所有控制方程和边界条件的位移称为真实位移，而把只满足边界条件的位移称为可能位移，那么最小势能原理就可以表述为在

所有可能位移中,真实位移使系统的总势能 π 取最小值。其中,系统的整体势能包含弹性体的应变能 π_1 和外荷载的势能 π_2 两部分。令 Ω 表示弹性体在空间所占的体积,B 表示力的边界,则有

$$
\begin{cases}
\pi_1 = \dfrac{1}{2}\iiint\limits_{\Omega} \varepsilon^{\mathrm{T}}\sigma\,\mathrm{d}\Omega, \\[2mm]
\pi_2 = -\iiint\limits_{\Omega} u^{\mathrm{T}}p_v\,\mathrm{d}\Omega - \iint\limits_{B_2} u^{\mathrm{T}}p_s\,\mathrm{d}B, \\[2mm]
\pi = \pi_1 + \pi_2.
\end{cases}
\tag{4-3}
$$

将 $\varepsilon = L^{\mathrm{T}}u$、$\sigma = D\varepsilon$ 代入上式得到

$$
\pi = \frac{1}{2}\iiint\limits_{\Omega} u^{\mathrm{T}}LDL^{\mathrm{T}}u\,\mathrm{d}\Omega - \iiint\limits_{\Omega} u^{\mathrm{T}}p_v\,\mathrm{d}\Omega - \iint\limits_{B} u^{\mathrm{T}}p_s\,\mathrm{d}B.
\tag{4-4}
$$

可见,系统的势能 π 是自变函数 u 而变的泛函。最小势能原理指出,真实的位移 u 会使系统的势能 π 取极小值。根据变分原理,要使泛函 π 取极小值,则泛函 π 的变分必须为零,即 $\delta\pi = 0$。

4.1.2 有限元法分析过程

4.1.2.1 结构的离散化模型

所谓离散化就是将结构物分割为若干单元体,并在单元体的指定点设置结点,使相邻单元的有关参数具有一定的连续性,并组成单元集合体来代替原结构。在完成结构的离散之后,为了能使结点的位移表示单元体的位移、应变和应力,在分析连续体时可将单元位移视为坐标的函数,称作位移模式或插值函数。由于多项式的积分和微分运算方便并且可以逼近所有光滑函数的局部,因此,可以用多项式作为位移模式,其中多项式的项数等于单元结点的独立位移个数。

用结点的位移来表示单元内任意点的位移矩阵为 $u = N\delta^e$,其中 u 为单元内任意点的位移向量,δ^e 为位移向量,N 称为形函数矩阵,其元素是位置坐标的函数。单元内应变 $\varepsilon = L^{\mathrm{T}}u = L^{\mathrm{T}}N\delta^e = B\delta^e$,应力 $\sigma = D\varepsilon = DB\delta^e = S\delta^e$,其中矩阵 B 和 S 分别称为应变矩阵和应力矩阵。

4.1.2.2 单元的力学模型

把位移模式 $u = N\delta^e$ 代入系统的势能 π 的表达式,再利用最小势能原理,可推导出单元结点力与位移的平衡方程为

$$
\begin{aligned}
\boldsymbol{\pi} &= \frac{1}{2}\iiint_{\Omega} \boldsymbol{u}^{\mathrm{T}} \boldsymbol{LDL}^{\mathrm{T}}\boldsymbol{u}\mathrm{d}\Omega - \iiint_{\Omega}\boldsymbol{u}^{\mathrm{T}}\boldsymbol{p}_v\mathrm{d}\Omega - \iint_{B_2}\boldsymbol{u}^{\mathrm{T}}\boldsymbol{p}_s\mathrm{d}B \\
&= \frac{1}{2}\iiint_{\Omega}\boldsymbol{\delta}^{e\mathrm{T}}\boldsymbol{N}^{\mathrm{T}}\boldsymbol{LDL}^{\mathrm{T}}\boldsymbol{N}\boldsymbol{\delta}^e\mathrm{d}\Omega - \iiint_{\Omega}\boldsymbol{\delta}^{e\mathrm{T}}\boldsymbol{N}^{\mathrm{T}}\boldsymbol{p}_v\mathrm{d}\Omega - \iint_{B_2}\boldsymbol{\delta}^{e\mathrm{T}}\boldsymbol{N}^{\mathrm{T}}\boldsymbol{p}_s\mathrm{d}B \quad (4\text{-}5) \\
&= \frac{1}{2}\boldsymbol{\delta}^{e\mathrm{T}}\left(\iiint_{\Omega}\boldsymbol{B}^{\mathrm{T}}\boldsymbol{DB}\mathrm{d}\Omega\right)\boldsymbol{\delta}^e - \boldsymbol{\delta}^{e\mathrm{T}}\left(\iiint_{\Omega}\boldsymbol{N}^{\mathrm{T}}\boldsymbol{p}_v\mathrm{d}\Omega\right) - \boldsymbol{\delta}^{e\mathrm{T}}\left(\iint_{B_2}\boldsymbol{N}^{\mathrm{T}}\boldsymbol{p}_s\mathrm{d}B\right).
\end{aligned}
$$

根据最小势能原理,势能 π 的变分等于零,即 $\delta\boldsymbol{\pi} = \dfrac{\partial \boldsymbol{\pi}}{\partial \boldsymbol{\delta}^e}\delta\boldsymbol{\delta}^e = 0$;由于结点位移向量 $\boldsymbol{\delta}^e$ 的任意性,有

$$
\frac{\partial \boldsymbol{\pi}}{\partial \boldsymbol{\delta}^e} = \left(\iiint_{\Omega}\boldsymbol{B}^{\mathrm{T}}\boldsymbol{DB}\mathrm{d}\Omega\right)\boldsymbol{\delta}^e - \iiint_{\Omega}\boldsymbol{N}^{\mathrm{T}}\boldsymbol{p}_v\mathrm{d}\Omega - \iint_{B_2}\boldsymbol{N}^{\mathrm{T}}\boldsymbol{p}_s\mathrm{d}B = 0. \quad (4\text{-}6)
$$

如果令单元刚度矩阵 $\boldsymbol{K}^e = \iiint_{\Omega}\boldsymbol{B}^{\mathrm{T}}\boldsymbol{DB}\mathrm{d}\Omega$,体积力和面力的等效结点力分别为 $\boldsymbol{f}_v^e = \iiint_{\Omega}\boldsymbol{N}^{\mathrm{T}}\boldsymbol{p}_v\mathrm{d}\Omega$ 和 $\boldsymbol{f}_s^e = \iint_{B_2}\boldsymbol{N}^{\mathrm{T}}\boldsymbol{p}_s\mathrm{d}B$,等效结点力 $\boldsymbol{f}^e = \boldsymbol{f}_v^e + \boldsymbol{f}_s^e$;则式(4-6)可以表达为单元的平衡方程

$$
\boldsymbol{K}^e\boldsymbol{\delta}^e = \boldsymbol{f}^e. \quad (4\text{-}7)
$$

4.1.2.3 集成整体结构的平衡模型

设 $\boldsymbol{K}$ 为整体刚度矩阵,$\boldsymbol{\delta}$ 为总的结点位移向量,$\boldsymbol{f}$ 为总的荷载向量,通过所有单元的平衡方程,可以集成整体结构的平衡方程为

$$
\boldsymbol{K\delta} = \boldsymbol{f}. \quad (4\text{-}8)
$$

4.1.2.4 求解未知结点位移和计算单元内力或应力

求解整体结构的平衡方程得出未知结点的位移,然后根据前面给出的关系计算结点的应变和应力,以及单元的应力和应变。

4.1.3 平面梁单元

设平面梁单元,如图 4-1 所示,其结点为 i 和 j。

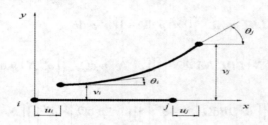

图 4-1　平面梁单元示意图

图中所示 u_i、v_i、θ_i 和 u_j、v_j、θ_j 分别为结点为 i 和 j 的 x 方向、y 方向的挠度和转角位移。并且转角 θ 是挠度 v 对 x 的导数。

假设单元内的位移模式为 $u = a_0 + a_1 x$,$v = b_0 + b_1 x + b_2 x^2 + b_3 x^3$;$\boldsymbol{H}_1 = \begin{bmatrix} 1 & x \end{bmatrix}$,$\boldsymbol{a} = \begin{bmatrix} a_0 & a_1 \end{bmatrix}^{\mathrm{T}}$,$\boldsymbol{H}_2 = \begin{bmatrix} 1 & x & x^2 & x^3 \end{bmatrix}$,$\boldsymbol{b} = \begin{bmatrix} b_0 & b_1 & b_2 & b_3 \end{bmatrix}^{\mathrm{T}}$,则可以把位移模式写成矩阵形式

$$\begin{cases} u = \boldsymbol{H}_1 \boldsymbol{a}, \\ v = \boldsymbol{H}_2 \boldsymbol{b}. \end{cases} \quad (4\text{-}9)$$

式中 $\boldsymbol{a}$,$\boldsymbol{b}$ 是位移模式的待定参数。

将单元结点的位移记为 $\ddot{\boldsymbol{a}}_u = \begin{bmatrix} u_i & u_j \end{bmatrix}^{\mathrm{T}}$,$\ddot{\boldsymbol{a}}_v = \begin{bmatrix} v_i & \theta_i & v_j & \theta_j \end{bmatrix}^{\mathrm{T}}$,由位移模式可得到

$$\begin{cases} \boldsymbol{\delta}_u = \boldsymbol{A}_u \boldsymbol{a}, \\ \boldsymbol{\delta}_v = \boldsymbol{A}_v \boldsymbol{a}. \end{cases} \quad (4\text{-}10)$$

式中 $\boldsymbol{A}_u = \begin{bmatrix} 1 & 0 \\ 1 & l \end{bmatrix}$,$\boldsymbol{A}_v = \begin{bmatrix} 1 & 0 & 0 & 0 \\ 0 & 1 & 0 & 0 \\ 1 & l & l^2 & l^3 \\ 0 & 1 & 2l & 3l^2 \end{bmatrix}$。

由式(4-10)可求得位移模式的待定参数 $\boldsymbol{a} = \boldsymbol{A}_u^{-1} \boldsymbol{\delta}_u$,$\boldsymbol{b} = \boldsymbol{A}_v^{-1} \boldsymbol{\delta}_v$,把 $\boldsymbol{a}$,$\boldsymbol{b}$ 代入位移模式式(4-9),有 $u = \boldsymbol{H}_1 \boldsymbol{A}_u^{-1} \boldsymbol{\delta}_u$,$v = \boldsymbol{H}_2 \boldsymbol{A}_v^{-1} \boldsymbol{\delta}_v$,令 $\boldsymbol{N}_u = \boldsymbol{H}_1 \boldsymbol{A}_u^{-1}$,$\boldsymbol{N}_v = \boldsymbol{H}_2 \boldsymbol{A}_v^{-1}$,位移模式可表示为

$$\begin{cases} u = \boldsymbol{N}_u \boldsymbol{\delta}_u, \\ v = \boldsymbol{N}_v \boldsymbol{\delta}_v, \end{cases} \tag{4-11}$$

式中，$\boldsymbol{N}_u$、$\boldsymbol{N}_v$ 称为位移的形函数。

平面梁单元发生拉压和弯曲变形时，其线应变分为两部分：拉压线应变 ε_u 和弯曲线应变 ε_b，并有

$$\begin{cases} \varepsilon_u = \dfrac{\mathrm{d}u}{\mathrm{d}x} = -y\dfrac{\mathrm{d}\boldsymbol{H}_1}{\mathrm{d}x}\boldsymbol{A}_u^{-1}\boldsymbol{\delta}_u = \boldsymbol{B}_u\boldsymbol{\delta}_u, \\[2mm] \varepsilon_b = -y\dfrac{\mathrm{d}^2 v}{\mathrm{d}x^2} = -y\dfrac{\mathrm{d}^2\boldsymbol{H}_2}{\mathrm{d}x^2}\boldsymbol{A}_v^{-1}\boldsymbol{\delta}_v = \boldsymbol{B}_v\boldsymbol{\delta}_v, \end{cases} \tag{4-12}$$

式中，$\boldsymbol{B}_u = \begin{bmatrix} -\dfrac{1}{l} & \dfrac{1}{l} \end{bmatrix}$，$\boldsymbol{B}_v = \begin{bmatrix} \dfrac{6y}{l^2} - \dfrac{12xy}{l^3} & \dfrac{4y}{l} - \dfrac{6xy}{l^2} & -\dfrac{6y}{l^2} + \dfrac{12xy}{l^3} & \dfrac{2y}{l} - \dfrac{6xy}{l^2} \end{bmatrix}$。

根据胡克定律，在单轴应力状态下弹性矩阵 $\boldsymbol{D} = E$，则有 $\sigma_u = E\varepsilon_u = E\boldsymbol{B}_u\boldsymbol{\delta}_u$，$\sigma_b = E\varepsilon_b = E\boldsymbol{B}_v\boldsymbol{\delta}_v$，代入单元刚度矩阵表达式 $\boldsymbol{K}^e = \iiint\limits_{\Omega} \boldsymbol{B}^{\mathrm{T}}\boldsymbol{D}\boldsymbol{B}\mathrm{d}\Omega$，有

$$\boldsymbol{K}_u^e = \iiint\limits_{\Omega} \boldsymbol{B}_u^{\mathrm{T}} E \boldsymbol{B}_u \mathrm{d}\Omega = EAl\boldsymbol{B}_u^{\mathrm{T}}\boldsymbol{B}_u = \begin{bmatrix} \dfrac{EA}{l} & -\dfrac{EA}{l} \\[3mm] -\dfrac{EA}{l} & \dfrac{EA}{l} \end{bmatrix}, \tag{4-13}$$

$$\boldsymbol{K}_v^e = \iiint\limits_{\Omega} \boldsymbol{B}_v^{\mathrm{T}} E \boldsymbol{B}_v \mathrm{d}\Omega = E\iint\limits_{A}\mathrm{d}A\int_0^l \boldsymbol{B}_v^{\mathrm{T}}\boldsymbol{B}_v \mathrm{d}x = \begin{bmatrix} \dfrac{12EI}{l^3} & \dfrac{6EI}{l^2} & -\dfrac{12EI}{l^3} & \dfrac{6EI}{l^2} \\[3mm] \dfrac{6EI}{l^2} & \dfrac{4EI}{l} & -\dfrac{6EI}{l^2} & \dfrac{2EI}{l} \\[3mm] -\dfrac{12EI}{l^3} & -\dfrac{6EI}{l^2} & \dfrac{12EI}{l^3} & -\dfrac{6EI}{l^2} \\[3mm] \dfrac{6EI}{l^2} & \dfrac{2EI}{l} & -\dfrac{6EI}{l^2} & \dfrac{4EI}{l} \end{bmatrix}. \tag{4-14}$$

调整单元结点的位移顺序，令 $\boldsymbol{\delta}^e = \begin{bmatrix} u_i & v_i & \theta_i & u_j & v_j & \theta_j \end{bmatrix}^{\mathrm{T}}$，则相应的单元刚度矩阵整合为

$$\boldsymbol{K}^e = \begin{bmatrix} \dfrac{EA}{l} & 0 & 0 & -\dfrac{EA}{l} & 0 & 0 \\ 0 & \dfrac{12EI}{l^3} & \dfrac{6EI}{l^2} & 0 & -\dfrac{12EI}{l^3} & \dfrac{6EI}{l^2} \\ 0 & \dfrac{6EI}{l^2} & \dfrac{4EI}{l} & 0 & -\dfrac{6EI}{l^2} & \dfrac{2EI}{l} \\ -\dfrac{EA}{l} & 0 & 0 & \dfrac{EA}{l} & 0 & 0 \\ 0 & -\dfrac{12EI}{l^3} & -\dfrac{6EI}{l^2} & 0 & \dfrac{12EI}{l^3} & -\dfrac{6EI}{l^2} \\ 0 & \dfrac{6EI}{l^2} & \dfrac{2EI}{l} & 0 & -\dfrac{6EI}{l^2} & \dfrac{4EI}{l} \end{bmatrix}. \tag{4-15}$$

4.1.4 平面梁单元刚度矩阵变换模型

前面采用以梁单元轴线为主方向的局部坐标系推导了单元刚度矩阵。但在整体结构中,一般都会存在不同方向的单元。这种情况下,需要把单元刚度矩阵转换到整体坐标系,才可以按叠加规则直接相加成整体刚度矩阵。单元上的结点力和结点位移也都要采用整体坐标系。设 $\boldsymbol{K}^{\prime e}$,$\boldsymbol{f}^{\prime e}$,$\ddot{\boldsymbol{a}}^{\prime e}$ 和 $\boldsymbol{K}^e$,$\boldsymbol{f}^e$,$\ddot{\boldsymbol{a}}^e$ 分别为单元在局部坐标系 $O'x'y'z'$ 和整体坐标系 $Oxyz$ 中的单元刚度矩阵、结点力及结点位移。于是有

$$\begin{cases} \boldsymbol{f}^{\prime e} = \boldsymbol{K}^{\prime e} \boldsymbol{\delta}^{\prime e}, \\ \boldsymbol{f}^e = \boldsymbol{K}^e \boldsymbol{\delta}^e. \end{cases} \tag{4-16}$$

对于平面梁单元,设整体坐标系与局部坐标系关系如图 4-2 所示。

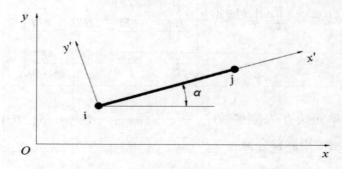

图 4-2　平面梁单元的整体坐标系与局部坐标系

在梁单元中,结点 i 在整体坐标系下的三个位移 u_i、v_i 和 θ_i 与局部坐标系下相应的结点位移 u_i'、v_i' 和 θ_i' 的关系为

$$\begin{Bmatrix} u_i \\ v_i \\ \theta_i \end{Bmatrix} = \begin{bmatrix} \cos\alpha & -\sin\alpha & 0 \\ \sin\alpha & \cos\alpha & 0 \\ 0 & 0 & 1 \end{bmatrix} \begin{Bmatrix} u'_i \\ v'_i \\ \theta'_i \end{Bmatrix}. \tag{4-17}$$

对于结点 j 也有相同的关系,因此对于平面梁单元的转换矩阵为

$$\boldsymbol{T} = \begin{bmatrix} \cos\alpha & -\sin\alpha & 0 & 0 & 0 & 0 \\ \sin\alpha & \cos\alpha & 0 & 0 & 0 & 0 \\ 0 & 0 & 1 & 0 & 0 & 0 \\ 0 & 0 & 0 & \cos\alpha & -\sin\alpha & 0 \\ 0 & 0 & 0 & \sin\alpha & \cos\alpha & 0 \\ 0 & 0 & 0 & 0 & 0 & 1 \end{bmatrix}. \tag{4-18}$$

局部坐标系 $O'x'y'z'$ 和整体坐标系 $Oxyz$ 中的结点力与结点位移的关系为

$$\begin{cases} \boldsymbol{f}^e = \boldsymbol{T}\boldsymbol{f}'^e, \\ \boldsymbol{\delta}^e = \boldsymbol{T}\boldsymbol{\delta}'^e, \\ \boldsymbol{f}^e = \boldsymbol{K}^e\boldsymbol{\delta}^e = \boldsymbol{K}^e\boldsymbol{T}\boldsymbol{\delta}'^e, \\ \boldsymbol{f}^e = \boldsymbol{T}\boldsymbol{f}'^e = \boldsymbol{T}\boldsymbol{K}'^e\boldsymbol{\delta}'^e. \end{cases} \tag{4-19}$$

于是有 $\boldsymbol{K}^e\boldsymbol{T}\boldsymbol{\delta}'^e = \boldsymbol{T}\boldsymbol{K}'^e\boldsymbol{\delta}'^e$,由于 $\ddot{\boldsymbol{a}}'^e$ 的任意性,上式可得 $\boldsymbol{K}^e\boldsymbol{T} = \boldsymbol{T}\boldsymbol{K}'^e$。又由于转换矩阵 $\boldsymbol{T}$ 是正交矩阵,即 $\boldsymbol{T}\boldsymbol{T}^{\mathrm{T}} = \boldsymbol{I}$,上式两边右乘 $\boldsymbol{T}^{\mathrm{T}}$,得 $\boldsymbol{K}^e\boldsymbol{T}\boldsymbol{T}^{\mathrm{T}} = \boldsymbol{T}\boldsymbol{K}'^e\boldsymbol{T}^{\mathrm{T}}$,于是得到整体坐标系下的单元刚度矩阵为

$$\boldsymbol{K}^e = \boldsymbol{T}\boldsymbol{K}'^e\boldsymbol{T}^{\mathrm{T}}. \tag{4-20}$$

4.1.5 整体刚度矩阵

在得到整体坐标系下的单元刚度矩阵后,可以利用直接刚度法组成整体刚度矩阵。对于由平面梁单元组成的结构,设该结构有 n 个结点,则整体结构所有结点的位移列阵为 $\ddot{\boldsymbol{a}}_{3n\times1} = [1, 2, \cdots, n]$,再把 6 阶的单元刚度矩阵可写成分块形式 $\boldsymbol{K}^e = \begin{bmatrix} \boldsymbol{K}_{ii} & \boldsymbol{K}_{ij} \\ \boldsymbol{K}_{ji} & \boldsymbol{K}_{jj} \end{bmatrix}$,其中 i,j 为单元两个结点的序号。再把单元刚度矩阵 $\boldsymbol{K}^e$ 改写为 $3n$ 阶的方阵,其他位置由零元素补齐,其形式为

$$K_{3n \times 3n}^{e} \begin{bmatrix} K_{11} \cdots K_{1i} \cdots K_{1j} \cdots K_{1n} \\ \vdots \quad \vdots \quad \vdots \quad \vdots \\ K_{i1} \cdots K_{ii} \cdots K_{ij} \cdots K_{in} \\ \vdots \quad \vdots \quad \vdots \quad \vdots \\ K_{j1} \cdots K_{ji} \cdots K_{jj} \cdots K_{jn} \\ \vdots \quad \vdots \quad \vdots \quad \vdots \\ K_{n1} \cdots K_{ni} \cdots K_{nj} \cdots K_{nn} \end{bmatrix} \qquad (4\text{-}21)$$

再把单元结点力 $\boldsymbol{f}^e$ 改写成 $3n \times 1$ 阶的列阵 $\boldsymbol{f}_{3n \times 1}^{eT} = \begin{bmatrix} \cdots & \boldsymbol{f}_i^T & \cdots & \boldsymbol{f}_j^T & \cdots \end{bmatrix}^T$，然后，就可以把单元的刚度矩阵和结点力列阵直接相加，得到整体的刚度矩阵和结点力列阵，即 $\boldsymbol{K} = \sum \boldsymbol{K}^e$，$\boldsymbol{f} = \sum \boldsymbol{f}^e$。最后得到整体结构的平衡方程

$$\boldsymbol{K\delta} = \boldsymbol{f}. \qquad (4\text{-}22)$$

4.1.6 边界约束条件

乘大数法是一种边界约束条件的处理方法，它是将整体刚度矩阵 $\boldsymbol{K}$ 中与已知结点位移有关的主对角元素乘以一个大数 λ，再将整体结点力列阵 $\boldsymbol{f}$ 的对应元素换成已知结点位移值与 λ 以及 $\boldsymbol{K}$ 中的主对角元素的乘积，得到修正后的 $\boldsymbol{K}'$ 和 $\boldsymbol{f}'$。

由高斯消去法求得 $\boldsymbol{\delta} = \boldsymbol{K}' / \boldsymbol{f}'$；然后，再用修正前的整体刚度矩阵 $\boldsymbol{K}$ 乘上结点的位移列阵 $\boldsymbol{\delta}$，即 $\boldsymbol{f} = \boldsymbol{K\delta}$。这样，就可得到整体结点力列阵 $\boldsymbol{f}$ 的所有元素的值。

结合前面分析，利用 Matlab 7.6（R2008a）对某密集储分智慧物流系统的部分货架结构进行编程，对货架每一层立柱及横梁的应力、应变及轴力情况进行有限元分析，以验证货架的构件的稳定性。

4.2 基于 Matlab 编程的 DASLS 货架系统有限元分析模型

4.2.1 货架系统的 Matlab 有限元分析

DASLS 货架系统有限元分析的 MATLAB 程序 FramFiniteElement.m 有 6 个步骤。

（1）输入有限元模型所需的信息

load gNode 表示加载 gNode.mat 文件中的节点坐标信息，第 1 列 x 坐标，第 2 列 y 坐标。格式为

$$gNode = [\begin{array}{ccc} x & y & \\ 0, & 0 & \% \text{节点 1} \\ 2.45, & 0 & \% \text{节点 2} \\ 4.90, & 0]; & \% \text{节点 3} \end{array}$$

load gElement 表示加载 gElement.mat 文件中的单元信息。单元定义格式为

$$gElement = [\begin{array}{ccc} \text{节点 1} & \text{节点 1} & \text{材料号} \\ 11, & 12, & 1 & \% \text{单元 1} \\ 12, & 13, & 1 & \% \text{单元 2} \\ 13, & 14, & 1]; & \% \text{单元 3} \end{array}$$

定义材料性质和截面几何性质的格式为

$$gMaterial = \begin{array}{ccc} \text{弹性模量} & \text{抗弯惯性矩} & \text{截面积} \\ [2.1e11, & 2.0e\text{-}4, & 1.0e\text{-}2]; \end{array} \% \text{材料 1}$$

save gMaterial.mat gMaterial 把变量 gMaterial 的数据存入 gMaterial.mat 文件中。

load gBC1 表示加载边界条件信息。自由度号：1 水平位移，2 竖直位移，3 转角。

节点号　自由度号　约束值

gBC1 = [1, 1, 0.0

1, 2, 0.0

1, 3, 0.0] ;

load gNF 表示加载集中力信息，其中：

节点号　自由度号　集中力值

gNF = [1, 2, 2-980

1, 3, 2-980

1, 4, 2-980];

（2）建立有限元模型

建立单元刚度矩阵的函数为

k = StiffnessMatrix（ ie, icoord, gMaterial, gElement, gNode ）;

其中参数：ie，单元号；icoord，坐标系参数，1 为整体坐标系，2 为局部坐标系。

用直接刚度法集成整体刚度矩阵的函数为

gK = AssembleStiffnessMatrix（ ie, k, gK, gMaterial, gElement, gNode ）;

参数：gK 为整体刚度矩阵。

（3）集中力的集成

把集中力集成到整体节点力向量中，编程如下：

```
[nf_number, dummy] = size( gNF ) ;
for inf=1:1:nf_number
    n = gNF( inf, 1 ) ;
    d = gNF( inf, 2 ) ;
    f( (n-1)*3 + d ) = gNF( inf, 3 ) ;
end
```

（4）处理边界条件

采用乘大数法修改刚度矩阵和节点力向量，编程如下：

```
[bc_number,dummy] = size( gBC1 ) ;
gKK = gK ;
for ibc=1:1:bc_number
    n = gBC1(ibc, 1 ) ;
    d = gBC1(ibc, 2 ) ;
    m = (n-1)*3 + d ;
    f(m) = gBC1(ibc, 3)* gKK(m,m) * 1e15 ;
    gKK(m,m) = gKK(m,m) * 1e15 ;
end
```

（5）解方程组

节点位移向量程序为：gDelta = gKK \ f ;

把节点位移向量 gDelta 存入 gDleta.mat 文件程序为：save gDelta.mat gDelta；

求得整体节点力向量程序为：f = gK * gDelta；

把整体节点力向量 f 存入 f.mat 文件程序为：save f.mat f；

（6）后处理

编制的程序最后以条形图或者曲线图的形式表示出来，主要有如下六个出图程序：

HorizontalAxialDiagram.m	绘制水平梁轴力图
HorizontalMomentDiagram.m	绘制水平梁弯矩图
HorizontalShearDiagram.m	绘制水平梁剪力图
VerticalAxialDiagram.m	绘制竖直杆轴力图
VerticalMomentDiagram.m	绘制竖直杆弯矩图
VerticalShearDiagram.m	绘制竖直杆剪力图

4.2.2 货架系统 Matlab 有限元分析的主程序

这里仅给出 FramFiniteElement.m 的主程序内容，其余程序及子程序见附录 2 的 F2-1~F2-10。

****

FramFiniteElement.m

****

```
clear
clc
% 节点从标 [x, y]
load gNode
% 单元定义 [节点1，节点2，材料号]
load gElement
% 材料性质料性面几何性质
%         弹性模量  惯性矩    截面积
gMaterial=[2.1e11, 2.0e-4, 1.0e-2];
save gMaterial.mat gMaterial
% 第一类约束条件 [节点号，自由度号，约束值]，自由度1，水平位移;2，数值
位移;3，转角。
load gBC1
% 集中力[节点号，自由度号，集中力值]
load gNF
% 建立有限元模型
% step1 定义整体刚度矩阵和节点力向量
[node_number, dummy] = size(gNode);
gK = zeros( node_number * 3, node_number * 3);
f = zeros( node_number * 3, 1);

% step2 计算单元刚度矩阵，并集成到整体刚度矩阵中
[element_number, dummy] = size( gElement );
for ie = 1 : 1 : element_number
    k = StiffnessMatrix( ie, 1, gMaterial, gElement, gNode );
    gK = AssembleStiffnessMatrix( ie, k, gK, gMaterial, gElement, gNode );
end
% setp3 把集中力直接集成到整体节点力向量中
[nf_number, dummy] = size( gNF );
for inf = 1 : 1 : nf_number
    n = gNF( inf, 1 );
    d = gNF( inf, 2 );
    f( ( n - 1 ) * 3 + d ) = gNF( inf, 3 );
end
```

%step4.处理约束条件，采用乘大数法修改节点力向量。刚度矩阵和

[bc_number, dummy] = size(gBC1);

gKK = gK;

for ibc = 1 : 1 : bc_number

  n = gBC1(ibc, 1);

  d = gBC1(ibc, 2);

  m = (n - 1) * 3 + d;

  f(m) = gBC1(ibc, 3) * gKK(m, m) * 1e15;

  gKK(m, m) = gKK(m, m) * 1e15;

end

%step 5.求解方程位移向量组解，得到节点

gDelta = gKK \ f;

save gDelta.mat gDelta;

%计算结构节点力

f = gK * gDelta;

****

4.2.3 数据分析结论

程序对外侧单排货架的 9 列货格、9 层的 10 根立柱与 9 层横梁进行了有限元分析。把每层横梁的每个货格划分为 7 个单元，每层 63 个单元，共 567 个单元；每根立柱 9 个单元，共 90 个单元，单元的标号自568 至 657。

根据系统输出情况，图 4-3~ 图 4-8 中给出了左侧第一根立柱及外侧第一层横梁的轴力、弯矩及剪力的单元对比图。

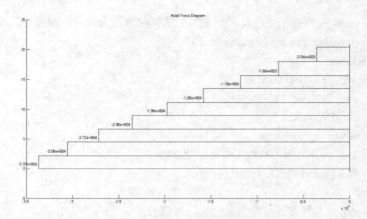

图 4-3　第一根立柱的单元轴力对比图

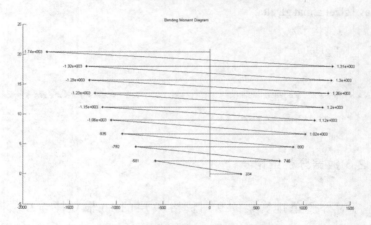

图 4-4　第一根立柱的单元弯矩对比图

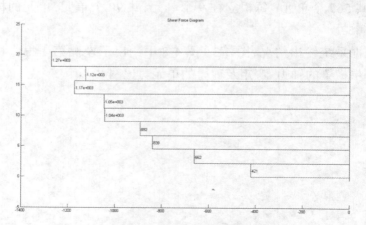

图 4-5　第一根立柱的单元剪力对比图

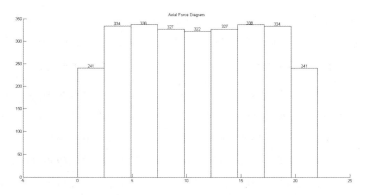

图 4-6　第一层横梁的单元轴力对比图

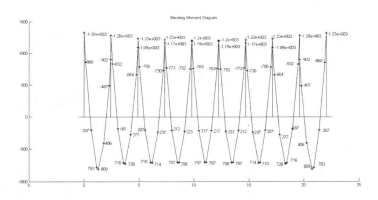

图 4-7　第一层横梁的单元弯矩对比图

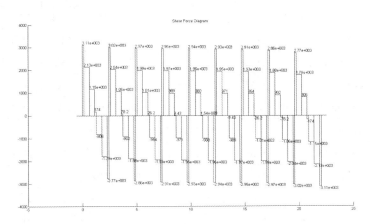

图 4-8　第一层横梁的单元剪力对比图

图 4-3~4-8 及附录 3 中的图 F3-1~F3-6 显示了系统运行后,所输出

的立柱与横梁的轴力、弯矩及剪力对比图。

通过总结对比,得出它们的情况对比分析,见表 4-1~ 表 4-2 所列。

表 4-1　货架立柱有限元分析轴力、弯矩及剪力单元对比

		element1	element2	element3	element4	element5	element6	element7	element8	element9
立柱轴力/N	column1	33700	30600	27200	23600	19800	15800	11800	7680	3540
	column2	47500	41800	36200	30800	25600	20400	15400	10300	5370
	column3	51500	45700	39900	34100	28400	22700	17000	11400	5770
	column4	52600	46700	40900	35000	29200	23400	17500	11700	5880
	column5	52900	47000	41100	35200	29400	23500	17600	11800	5900
	column6	52900	47000	41100	35200	29400	23500	17600	11800	5900
	column7	52600	46700	40900	35000	29200	23400	17500	11700	5880
	column8	51500	45700	39900	34100	28400	22700	17000	11400	5770
	column9	47500	41800	36200	30800	25600	20400	15400	10300	5370
	column10	33700	30600	27200	23600	19800	15800	11800	7680	3540
立柱弯矩/(N·m)	column1	581	792	935	1060	1150	1230	1290	1320	1740
	column1	334	746	890	1020	1120	1200	1260	1300	1310
	column2	164	300	460	617	717	828	882	975	906
	column2	118	219	410	572	682	799	860	926	781
	column3	73.9	88.7	118	189	203	267	264	319	190
	column3	62.6	64.4	103	173	191	256	254	294	147
	column4	31.4	26.1	25.5	53.7	46	75.6	61.3	91.6	17.7
	column4	30.9	16.5	21.9	49.6	43.1	72.6	58	77.5	6.8
	column5	9.17	5.65	3.51	11.3	7.14	15.9	10	19.1	17.2
	column5	9.59	3.19	2.81	10.5	6.64	15.3	9.13	14.7	14.8
	column6	9.59	3.19	2.81	10.5	6.64	15.3	9.13	14.7	14.8
	column6	9.17	5.65	3.51	11.3	7.14	15.9	10	19.1	17.2
	column7	30.9	16.5	21.9	49.6	43.1	72.6	58	77.5	6.8
	column7	31.4	26.1	25.5	53.7	46	75.6	61.3	91.6	17.7
	column8	62.6	64.4	103	173	191	256	254	294	147
	column8	73.9	88.7	118	189	203	267	264	319	190
	column9	118	219	410	572	682	799	860	926	781

		elment1	elment2	elment3	elment4	elment5	elment6	elment7	elment8	elment9
	column9	164	300	460	617	717	828	882	975	906
	column10	334	746	890	1020	1120	1200	1260	1300	1310
	column10	581	792	935	1060	1150	1230	1290	1320	1740
立柱剪力/N	column1	421	662	839	892	1040	1050	1170	1120	1270
	column2	129	223	400	512	644	700	801	818	703
	column3	62.8	65.9	101	156	181	225	238	264	140
	column4	28.6	18.3	21.8	44.4	41	63.7	54.8	72.7	10.2
	column5	8.63	3.8	2.91	9.37	6.34	13.4	8.8	14.6	13.3
	column6	8.63	3.8	2.91	9.37	6.34	13.4	8.8	14.6	13.3
	column7	28.6	18.3	21.8	44.4	41	63.7	54.8	72.7	10.2
	column8	62.8	65.9	101	156	181	225	238	264	140
	column9	129	223	400	512	644	700	801	818	703
	column10	421	662	839	892	1040	1050	1170	1120	1270

表 4-2　货架横梁有限元分析轴力、弯矩及剪力单元对比

		unit1	unit2	unit3	unit4	unit5	unit6	unit7	unit8	unit9
横梁轴力/N	beam1	241	334	338	327	322	327	338	334	241
	beam2	178	355	390	394	393	394	390	355	178
	beam3	52.5	164	218	241	247	241	218	164	52.5
	beam4	151	283	308	305	302	305	308	283	151
	beam5	2.78	59.1	103	126	133	126	103	59.1	2.78
	beam6	127	229	242	233	229	233	242	229	127
	beam7	48.5	32.2	6.42	11.5	17.3	11.5	6.42	32.2	48.5
	beam8	147	32.1	91.6	175	202	175	91.6	32.1	147
	beam9	9.17	5.65	3.51	11.3	7.14	15.9	10	19.1	17.2

续表

		unit1	unit2	unit3	unit4	unit5	unit6	unit7	unit8	unit9
横梁弯矩货格最大值/N·m	beam1	1330	1280	1230	1220	1200	1220	1230	1280	1330
	beam2	1680	1290	1230	1210	1200	1210	1230	1290	1680
	beam3	1950	1350	1240	1210	1200	1210	1240	1350	1950
	beam4	2180	1400	1250	1210	1200	1210	1250	1400	2180
	beam5	2350	1440	1260	1210	1200	1210	1260	1440	2350
	beam6	2490	1480	1270	1220	1200	1220	1270	1480	2490
	beam7	2590	1510	1270	1210	1200	1210	1270	1510	2590
	beam8	2630	1440	1220	1190	1190	1190	1220	1440	2630
	beam9	1270	1970	2110	2100	2090	2100	2110	1970	1270
横梁剪力货格最大值/N	beam1	3110	3020	2970	2950	2940	2930	2910	2860	2770
	beam2	3390	3040	2970	2950	2940	2930	2910	2840	2490
	beam3	3610	3100	2980	2950	2940	2930	2900	2780	2270
	beam4	3790	3160	2990	2950	2940	2930	2890	2720	2090
	beam5	3930	3200	3010	2960	2940	2920	2870	2680	1950
	beam6	4040	3240	3010	2960	2940	2920	2870	2640	1840
	beam7	4120	3270	3020	2960	2940	2920	2860	2610	1760
	beam8	4140	3220	2980	2940	2940	2940	2900	2660	1740
	beam9	3540	3040	2920	2920	2940	2960	2960	2840	2340

由表 4-1、4-2 可以得出每个局部的对比图如图 4-9~图 4-14 所示。

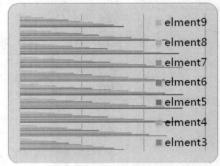

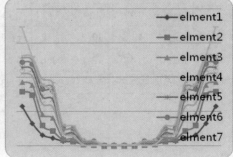

图 4-9　货架各立柱轴力单元对比图　　图 4-10　货架各立柱弯矩单元对比图

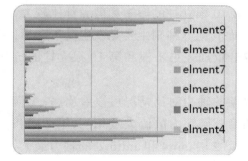 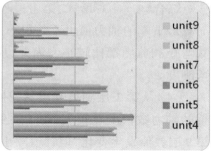

图 4-11　货架各立柱剪力单元对比图　　图 4-12　货架各横梁轴力单元对比图

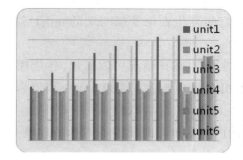 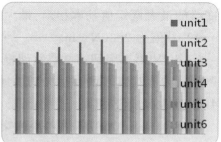

图 4-13　货架各横梁弯矩单元对比图　　图 4-14　货架各横梁剪力单元对比图

综合图 4-3~图 4-14、图 F3-1~图 F3-6 及表 4-1、表 4-2 中立柱及横梁的轴力、弯矩及剪力对比情况，做如下几点分析。

（1）从第 1 根到第 10 根货架立柱的轴力对比情况可以看出，每一根立柱轴力的最大值都出现在立柱的最下面一段，即第一单元——element 1。其中，位于货架中间的第 5 根和第 6 根立柱底部第 1 单元的轴力最大，其值为 52900 N，因此，应尽量避免大量货物在货架的中部长时间积聚。而第 1 根和第 10 根立柱由于只在单侧受压，故轴力较其它立柱的值要小。

（2）从第 1 根到第 10 根货架立柱顶部第 9 单元的弯矩对比情况可以看出，第 1 根和第 10 根立柱由于单侧受压，故弯矩值较大，最大值达到 1740 N·m。而其他立柱，由于两侧都受压，因此产生的弯矩值都比较小。

（3）从第 1 根到第 10 根货架立柱的剪力对比情况可以看出，类似于弯矩的情况，最大的剪力出现在第 1 根和第 10 根立柱顶部的第 9 单元上，最大值达到 1270 N。而其他立柱的剪力值都比较小。

综合（1）~（3）所述，第 1 根和第 10 根立柱的弯矩和剪力都比较大，而且最下端的轴力值也不是很小。而其他立柱则主要是发生受压变形，其弯矩和剪力都比较小。因此，应着重加强第 1 根和第 10 根立柱的抗弯刚度。

（4）从第 1 层到第 9 层货架横梁的轴力对比情况可以看出，各层横梁的轴力数值变化较大，第 1 层到第 6 层轴力数值大致相当，第 7 层和第 9 层数值发生变化，但其值较小。第 2 层 unit4 和 unit6 处的轴力最大，且为压力，最大值达到 394 N。

（5）从第 1 层到第 9 层货架横梁的弯矩对比情况可以看出，各层横梁的最大弯矩值基本相当，最大的弯矩发生在第 8 层两端的 unit1 和 unit9，其值为 2630N·m。

（6）从第 1 层到第 9 层货架横梁的剪力对比情况可以看出，各层横梁的剪力值基本一致，最大的剪力值出现在第 8 层左端的 unit1，其值为 4140 N。

综合（4）~（6）所述，各层横梁的内力基本呈现出左右对称的现象，这是由于货架整体结构和受力都是对称的。

最大的弯矩和剪力都出现在第 8 层，而最大轴力出现第 2 层，所以应适当加强这两层横梁的强度。

4.3 基于 ANSYS 建模的 DASLS 有限元分析模型

4.3.1 货架系统模型边界

4.3.1.1 总体参数

货架系统有限元分析的具体参数情况见表 4-3、表 4-4 所列。

表 4-3　货架构件截面特征参数表

序号	构件名称	规格	A（mm^2）	I_x（mm^4）	I_y（mm^4）
1	立柱 1	55*57*2.5	881.6796	1776044.316	814268.934
2	立柱 2	55*57*2.0	707.2728	1431882.779	652674.815
3	立片横斜	40*24*10*1.5	620.0402	832439.663	241461.355
4	轨道	110*72*2.0	228	93936	19803.14
5	后横梁	80*50*1.5P	1164	1827092	1827092
6	隔挡	40*24*1.5C	570.823	550995.649	166430.831
7	龙门梁	55*57*2.0	174	73147.5	15764.862
8	拉杆	圆管 32*1.5	464	389738.667	131178.667
9	挡杆	角钢 40*3.0	288.6	44550	44550

表 4-4　货架系统的总体参数表

OX 方向					
计算列数	9	货格长度	2450mm	总长	31850mm
OY 方向					
计算层数	8	总高度		20100mm	
第 1 层高度	1175mm	第 2 层高度	2325mm	第 3 层高度	2175mm
第 4 层高度	2325mm	第 5 层高度	2175mm	第 6 层高度	2325mm
第 7 层高度	2375mm	第 8 层高度	2325mm		
OZ 方向					
计算排数	4	货架宽度	1200mm	巷道宽度	1100mm
单排被拉连接件宽	300mm	双排被拉连接件宽	400mm	总宽	8300mm
构件材质、规格及许应力					
构件名称	钢号	规格	屈服点	强度设计值	冷弯强度值
立柱 1	SS400	55*57*2.5	235	215	245.312
立柱 2	SS400	55*57*2.0	235	215	236.79
立片横斜	Q235	40*24*10*1.5	235	215	236.79
轨道	Q235	110*72*2.0	235	215	236.79
后横梁	Q235	80*50*1.5P	235	215	226.884

续表

OX 方向					
计算列数	9	货格长度	2450mm	总长	31850mm
隔挡	Q235	40*24*1.5C	235	215	225.033
龙门梁	Q235	55*57*2.0	235	215	231.898
拉杆	Q235	圆管 32*1.5	235	215	227.455
档杆	Q235	角钢 40*3.0	235	215	215

4.3.1.2 边界条件

货架的底脚连接采用预埋方式,柱脚节点为螺栓刚性连接,梁柱节点为插拔式半刚性连接。

4.3.1.3 荷载组合工况

货架的静荷载大小、类型及加载位置等情况,参照国标《工业货架设计计算》(GB/T 28576—2012)、《建筑结构荷载规范》(GB 50009—2012)及中华人民共和国机械行业标准《自动化立体设计规范》(JB/T 9018—2011)之相关规定,经过计算得到的结果见表 4-5 所示。

表 4-5　货架静荷载大小、类型及加载情况

编号	荷载名称	说明	荷载大小	荷载种类	加载位置
1	恒荷载	货架自重	27230.19N	均布力	所有承载节点
2	活荷载	货物单元及穿梭车重量	5890N	集中力	横梁及轨道
3	竖向冲击荷载	货物单元最大净载的 50%	2695N	集中力	第一排第一列最高层横梁
4	货架穿梭车竖向作用力	货架穿梭车自重及货物反力	980N	集中力	所有承载节点
5	货架穿梭车水平作用力	货架穿梭车竖直作用力 10%	98N	集中力	货架横梁轨道

续表

编号	荷载名称	说明	荷载大小	荷载种类	加载位置
6	X 向水平荷载	全部恒载与活载之和的 3.5%	181N	集中力	所有承载节点
7	Z 向水平荷载	全部恒载与活载之和的 2.5%	101N	集中力	所有承载节点

对于货架的地震荷载情况分析可以根据 GB/T28576—2012 之规定进行计算,仅考虑水平地震作用的影响,不计竖向地震作用。

计算的参数及结果见表 4-6 所列。

表 4-6　货架地震荷载参数及计算结果

T_g 值				
远近震 I	场地类别			
	II	III	IV	
近震	0.2	0.3	0.4	0.65
远震	0.25	0.4	0.55	0.85
水平地震影响系数的最大值 α_{max}				
烈度	6	7	8	9
α_{max}	0.04	0.08	0.16	0.32
货架有限元分析地震荷载参数				
烈度	7	场地类别	IV	远近震　远震
货架有限元分析地震力				
货架层数	方向	地震力值	货架层数	方向　地震力值
1	X 向	23.24N	1	Z 向　23.24N
2	X 向	95.451N	2	Z 向　95.451N
3	X 向	172.642N	3	Z 向　172.642N
4	X 向	244.853N	4	Z 向　244.853N
5	X 向	322.044N	5	Z 向　322.044N
6	X 向	394.254N	6	Z 向　394.254N

续表

7	X 向	471.445N	7	Z 向	471.445N
8	X 向	543.656N	8	Z 向	543.656N

货架的计算工况可以分为正常工况、地震工况和偏载工况三种,共有六种荷载组合,具体情况见表4-7所列。

这里只针对正常工况下 case1、case2 的有限元分析和整排货架的模态分析进行研究。

表 4-7 货架各种计算工况下的荷载组合

计算工况	荷载组合编号	荷载状态	荷载组合
正常工况	case1	静态载荷(100%)	1.2×恒载+1.4×货架活载荷
	case2	静态载荷+冲击载荷	1.2×恒载+1.4×货架活载荷+1.4×竖向冲击载荷
	case3	静态载荷+X向水平载荷	1.2×恒载+1.4×货架活载荷+1.4×X向水平载荷
	case4	静态载荷+Z向水平载荷	1.2×恒载+1.4×货架活载荷+1.4×Z向水平载荷
地震工况	case5	X向水平地震作用(80%)	1.2×恒载+1.4×货架活载荷+1.4×X向水平地震力
	case6	Z向水平地震作用(80%)	1.2×恒载+1.4×货架活载荷+1.4×Z向水平地震力

4.3.2 货架结构的 ANSYS 分析模型

采用梁单元法进行计算,在 ANSYS 中选用 BEAM189 单元,共生成 56224 个节点,19578 个单元。下面分别给出基于 ANSYS 建模的货架三维立体结构模型、有限元分析网格模型及货架穿梭车轨道模型图,如图 4-15~ 图 4-17 所示。

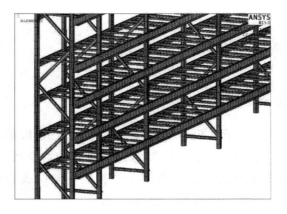

图 4-15 货架结构有限元分析模型(局部)

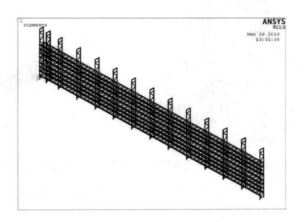

图 4-16 货架结构有限元网格模型(单排)

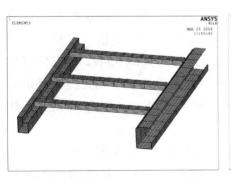

(a)横梁及轨道局部侧视图　　　　　(b)轨道截面图

图 4-17 货架穿梭车轨道有限元分析模型

4.3.3 货架 ANSYS 有限元分析结果

4.3.3.1 正常工况 case1

按照正常工况的荷载组合 case 1 进行静力分析,底部全约束,自重通过施加 1.2 g 的加速度实现,主要考虑恒荷载和货物活荷载在整个货架系统中的分布状况,ANSYS 有限元分析的货架荷载分布、变形位移及应力分析情况分别如图 4-18~ 图 4-19 所示。

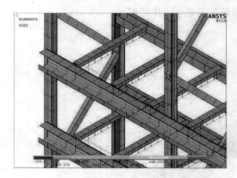 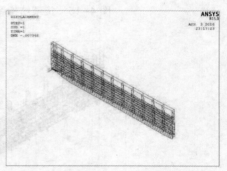

图 4-18　正常工况货架的荷载分布图　　图 4-19　正常工况货架的变形位移图

根据上述分析,可以从系统中导出各个坐标轴方向位移最大的节点,具体情况如表 4-8 所示。

从表 4-8 所列可以看出,在正常工况 case1 下,货架在 X 方向位移最大的 54419 节点位于第一排货架靠近巷道一侧、第四层最右侧的货格梁单元处;在 Y 方向位移最大的 10785 节点位于在第一排货架外侧第三列第一层货格梁单元处;在 Z 方向位移最大的 55422 节点位于货架第一排内外两侧第四层的第七列至第八列货格梁单元处。并且最大位移量分别是 0.5217 mm、7.0455 mm 和 1.2144 mm,均未超出目前相关货架规范的最大允许位移 10 mm。

当货架穿梭车的重量按照 100 kg 计,在货物按 50 kg 计算时的最大变形为 13 mm,货架不合格;在货物按 25 kg 计算时的最大变形 7 mm,货架合格。

表 4-8　工况 case1 下货架各坐标轴方向最大位移节点

					X 方向最大节点位移	
编号	节点号	X 坐标（mm）	Y 坐标（mm）	Z 坐标（mm）	X 方向位移（mm）	允许位移（mm）
1	54419	25900	3591	0	−0.5217	10
2	54418	25724.29	3734	0	−0.5059	10
3	54420	26075.71	3448	0	−0.4995	10
4	54520	6220	3591	0	−0.4888	10
5	54506	3760	3591	0	−0.4830	10
6	54521	6395.71	3734	0	−0.4728	10
7	54519	6044.29	3448	0	−0.4669	10
8	54507	3584.29	3734	0	−0.4647	10
9	54505	3935.71	3448	0	−0.4627	10
10	54417	25548.57	3877	0	−0.4533	10
1	10785	5745	1097	534.5	7.0455	10
2	10772	6220	1097	534.5	7.0446	10
3	10784	5792.67	1097	534.5	7.0391	10
4	10786	5697.33	1097	534.5	7.0389	10
5	10773	6172.33	1097	534.5	7.0388	10
6	10771	6267.67	1097	534.5	7.0372	10
7	10759	6695	1097	534.5	7.0326	10
8	10798	5270	1097	534.5	7.0325	10
9	10797	5317.67	1097	534.5	7.0293	10
10	10760	6647.33	1097	534.5	7.0271	10
1	55422	15420.4	6028.5	0	1.2144	10
2	55423	15469.6	6028.5	0	1.2143	10
3	55348	15420.4	6028.5	534.5	1.2143	10
4	55421	15371.2	6028.5	0	1.2143	10
5	55347	15371.2	6028.5	534.5	1.2143	10
6	55349	15469.6	60285	534.5	1.2143	10
7	55424	15518.8	6028.5	0	1.2143	10

续表

			X方向最大节点位移			
编号	节点号	X坐标（mm）	Y坐标（mm）	Z坐标（mm）	X方向位移（mm）	允许位移（mm）
8	55420	15322	6028.5	0	1.2143	10
9	55350	15518.8	6028.5	534.5	1.2143	10
10	55346	15322	6028.5	534.5	1.2143	10

货架有限元分析正常工况 case1 的变形位移图及应力分布如图 4-20~ 图 4-21 所示，最大应力为 152 MPa，位于货架第 2 层、第 3 根立柱附近的货架格。

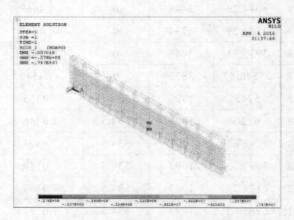

图 4-20　正常工况 case1 的变形位移图

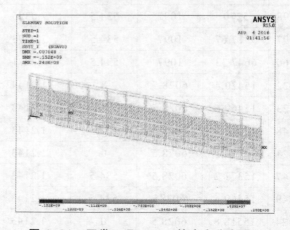

图 4-21　正常工况 case1 的应力分布图

4.3.3.2 正常工况 case2

按照正常工况的荷载组合 case2 进行静力分析,货架自重通过施加 1.2 g 的加速度 11.76 m/s² 实现,货物施加在承重货格单元和轨道上均布力 253.4 N/m,水平 X 方向载荷换算成惯性加速度施加在所有节点上 1.33 m/s²。货物按 25 kg 计算时的最大变形为 7.0533 mm,货架合格。货架变形位移情况如图 4-22 所示。

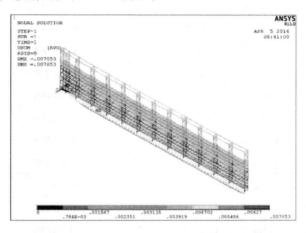

图 4-22　正常工况 case2 的变形位移图

根据上述分析,可以从系统中导出各个坐标轴方向的最大节点位移情况见表 4-9 所列。

表 4-9　工况 case2 下货架各坐标轴方向最大位移节点

		X 方向最大节点位移				
编号	节点号	X 坐标 (mm)	Y 坐标 (mm)	Z 坐标 (mm)	X 方向位移 (mm)	允许位移 (mm)
1	54520	6220	3591	0	1.2615	10
2	54519	6044.29	3448	0	1.2472	10
3	54521	6395.71	3734	0	1.2332	10
4	54433	28360	3591	0	1.2138	10
5	54434	28184.29	3448	0	1.2046	10
6	54518	5868.57	3305	0	1.1191	10
7	54432	28535.71	3734	0	1.1789	10

续表

X方向最大节点位移					
编号	节点号	X坐标（mm）	Y坐标（mm）	Z坐标（mm）	X方向位移（mm）	允许位移（mm）
8	54522	6571.43	3877	0	1.1654	10
9	54435	38008.57	3305	0	1.1522	10
10	54431	28711.43	3877	0	1.103	10
1	54491	6220	1401	0	0.61049	10
2	54492	6395.71	1256.86	0	0.55764	10
3	54490	6044.29	1545.14	0	0.6215	10
4	54462	28360	1401	0	0.59369	10
5	54463	28535.71	1256.86	0	0.53685	10
6	54493	6571.43	1112.71	0	0.46758	10
7	54461	28184.29	1545.14	0	0.60907	10
8	54464	28711.43	1112.71	0	0.44352	10
9	54489	5868.57	1689.29	0	0.58959	10
10	54460	28008.57	1689.26	0	0.58156	10
1	10785	5745	1097	534.5	7.0533	10
2	10772	6220	1097	534.5	7.0533	10
3	10773	6172.33	1097	534.5	7.0465	10
4	10784	5792.67	1097	534.5	7.047	10
5	10786	5697.33	1097	534.5	7.0467	10
6	10771	6267.67	1097	534.5	7.0458	10
7	10759	6695	1097	534.5	7.0435	10
8	10798	5270	1097	534.5	7.0412	10
9	10797	5317.67	1097	534.5	7.0378	10
10	10760	6647.33	1097	534.5	7.0374	10

可以通过单元表提取应力，其中，最大应力＝轴向应力＋弯曲应力；最小应力＝轴向应力－弯曲应力。根据图 4-23 所示，在 3632 号单元处具有最大拉应力为 106.47 MPa，位于第二层第三列货架立柱附近的

货撑上。在 16766 号单元处具有最大压应力为 102.48 MPa，位于第五列的第二层和第三层之间的内侧货架立柱上。最大压应力小于材料的许用应力，货架强度合格。

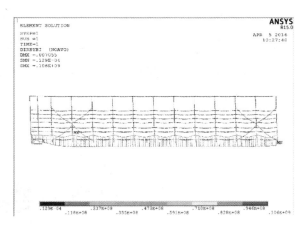

图 4-23　正常工况 case2 的应力分布图

经仿真运行其它两种工况 case3 及 case4，未发现货架变形的异常情况。

4.3.3.3 模态分析

ANSYS 模态分析是针对结构的振动特性所进行的一种线性分析过程。现在应用 Block Lanczos 法进行货架的模态分析。在货架底部约束栓接情况下，可以视为刚性约束，约束全部的 6 个自由度。具体参数见表 4-10 所列。

表 4-10　货架 ANSYS 有限元模态分析参数表

阶次	频率 /HZ	自振周期 /s	振型
1	6.7371	0.1484	沿货架纵向（巷道方向）弯曲
2	7.7543	0.1290	沿货架横向弯曲
3	8.233	0.1215	沿货架竖向（层高方向）扭动
4	9.1301	0.1095	纵向弯曲 + 扭动
5	10.263	0.0974	弯曲
6	11.252	0.0889	弯扭

7	11.817	0.0846	弯扭
8	12.133	0.0824	弯扭
9	12.262	0.0816	弯曲
10	12.323	0.0811	弯曲

应用 Block Lanczos 法进行有限元分析的前四阶频率和振型情况，如图 4-24~ 图 4-27 所示。

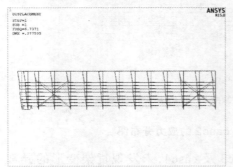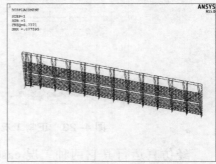

图 4-24　货架模态分析的第 1 阶振型 – 纵向弯曲振型

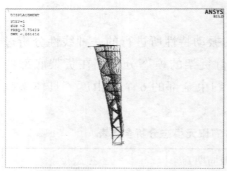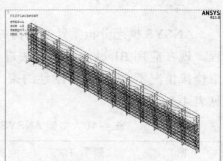

图 4-25　货架模态分析的第 2 阶振型 – 横向弯曲振型

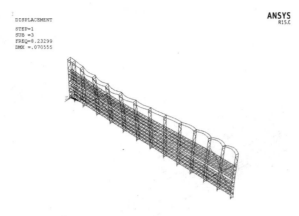

图 4-26 货架模态分析的第 3 阶振型 – 竖向扭动振型

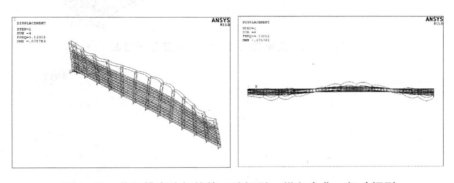

图 4-27 货架模态分析的第 4 阶振型 – 纵向弯曲 + 扭动振型

4.3.3.4 屈曲分析

这里仅对单排货架进行线性屈曲分析,即特征值屈曲分析。下面分别对货架进行四种工况下的特征值屈曲分析。

Case1 屈曲载荷因子 1.65206,屈曲临界应力为 235×1.65206=388 MPa> 屈服应力 235 MPa,材料会先屈服后屈曲,而最大弯曲应力为 152 MPa,远小于 388 MPa,所以结构安全,货架的屈曲变形及弯曲应力分布情况如图 4-28～图 4-29 所示。

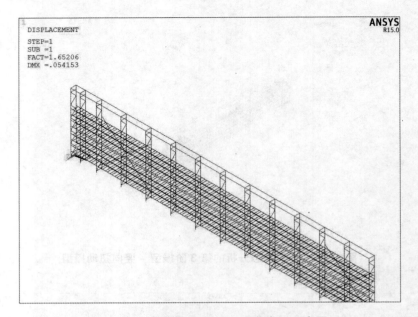

图 4-28　正常工况 case1 屈曲变形示意图

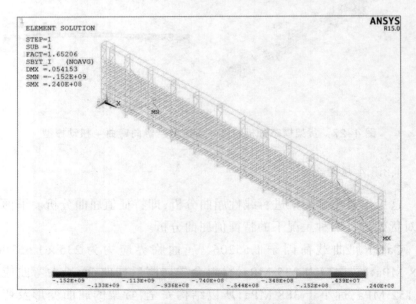

图 4-29　正常工况 case1 弯曲应力分布图

Case2 屈曲载荷因子 1.64854>1，材料先屈服后屈曲，结构安全，货架的屈曲变形及弯曲应力分布情况如图 4-30~ 图 4-31 所示。

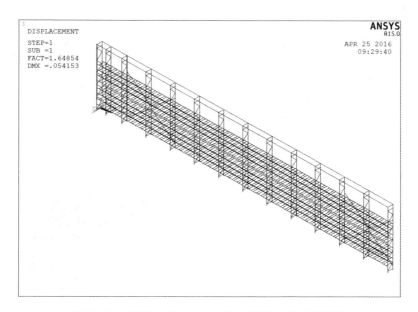

图 4-30　正常工况 case2 屈曲变形(y 向)示意图

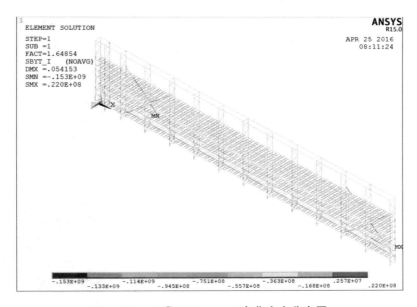

图 4-31　正常工况 case2 弯曲应力分布图

Case3 屈曲载荷因子 1.350445>1,材料先屈服后屈曲,结构安全,货架的屈曲变形及弯曲应力分布情况如图 4-32~ 图 4-33 所示。

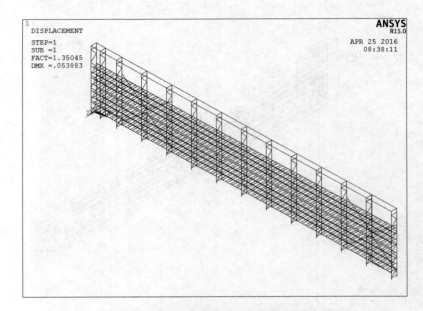

图 4-32　正常工况 case3 屈曲变形示意图

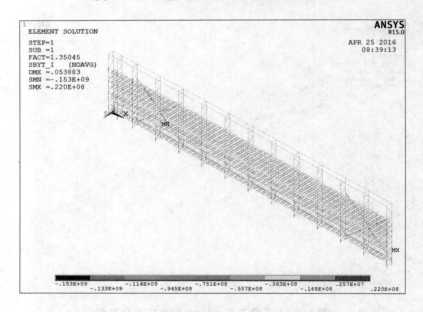

图 4-33　正常工况 case3 弯曲应力分布图

Case4 屈曲载荷因子 1.58845>1,材料在屈服后发生屈曲,结构安全,货架的屈曲变形及弯曲应力分布情况如图 4-34~ 图 4-35 所示。

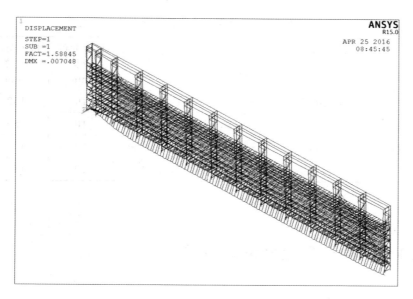

图 4-34　正常工况 case4 屈曲变形示意图

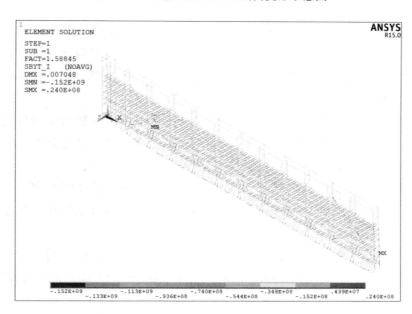

图 4-35　正常工况 case4 弯曲应力分布图

　　根据上述屈曲分析情况,对比分析如表 4-11 所示,货架结构的特征值屈曲分析结果,表明了其具有较好的安全稳定性。

表 4-11　货架屈曲分析情况对比

工况	屈曲载荷因子	最大屈曲变形幅值（mm）	最大位移（mm）	最大允许位移（mm）	最大弯曲应力（Mpa）
工况一	1.65206	54.153	7.0480	10	152
工况二	1.64854	54.153	7.0533	10	153
工况三	1.35045	53.883	7.0060	10	153
工况四	1.58845	7.0480	7.0476	10	152

4.4　两种有限元分析结果对比

对比两种有限元分析情况可以得出如下结论：

（1）基于 Matlab 的有限元程序分析，主要是针对货架构件的立柱及横梁的轴力、弯矩及剪力的分布状况的对比，通过有限元分析可以查找货架构件的刚度及强度薄弱部位，通过对这些薄弱部位的加固来提高货架的整体稳定性。

（2）基于 ANSYS 建模的有限元分析，不但可以分析货架构件的屈曲特征，而且可以从货架整体的位移分布、应力分布、模态分析及特征值屈曲分析等方面对货架的整体稳定性进行分析和研究。

（3）从前面分析的结果可以看出，基于 Matlab 程序的有限元分析结果出现了较为理想化的对称性（表 4-1、表 4-2），这在实际中一般是不会出现的。

（4）基于 ANSYS 建模的有限元分析结果，更为全面和符合实际情况，但是对于货架地震工况下的有限元分析及非线性屈曲分析，仍需做进一步的深入研究。

针对以上仿真分析结果，提出以下几点建议：

第一，在仓储货架满载状态下，应在重量方面遵循摆放货物重心最低及重量分布均匀的原则，并且要尽量避免货架局部构件遭受较大的水平冲击力。

　　第二,针对货架整体稳定性薄弱的部位,如货架纵向(X方向)两端的货架立柱,应采取相应的加固措施——加拉撑或者提高材料的冷弯强度值。

　　第三,应避免货架穿梭车的运行频率接近或等于货架的固有频率,防止两者共振现象的发生。

4.5　小结

　　第一,研究了有限元分析模型的原理及过程。

　　第二,通过编制的基于 Matlab 的有限元分析程序,对货架立柱及横梁的轴力、弯矩及剪力等力学特性进行了探究。

　　第三,建立了基于 ANSYS 的货架三维立体有限元分析模型,并在多种荷载工况下对货架系统的变形情况进行了位移应力分布仿真、模态分析及特征值屈曲分析等仿真分析,验证了货架多种工况下的稳定性。

　　第四,将两种有限元分析结果进行对比,发现货架系统的薄弱区域及部位,并给出提高货架稳定性的建议。

第 5 章

DASLS 货架系统瞬时变形监测技术

　　本章首先基于系统变形、变形分析及变形监测的相关理论,探究了多元回归分析模型、灰色系统模型及卡尔曼滤波模型等三种方法的变形分析预测应用;基于普通数码相机的畸变差校正模型、平面时间基线视差模型及空间时间基线视差模型,应用 DCRP 技术对正常作业状态下的 DASLS 货架系统进行瞬时动态变形监测,对货架系统的稳定性进行校验并预警变形异常部位。

5.1 DASLS 货架变形监测技术

5.1.1 DASLS 货架变形

系统是指由相互联系相互作用的若干要素组成的具有特定结构和功能的相对独立的有机整体。变形是指在各种荷载和因素作用下系统（变形体）的形状、大小及位置在时空域中所发生的变化。变形的研究范畴可以大到整个地球小到一个工程建筑物、构筑物或者它们的构件。变形根据不同的分类方式分为不同的类型。

（1）按变形性质可分为周期性变形和瞬时变形。

（2）按变形状态可分为静态变形和动态变形。静态变形是指变形监测结果仅表示为时间的函数；动态变形是指在外力作用下产生的变形，以外力为函数表示动态系统对于时间的变化，其观测结果表示变形体在某个时刻的瞬时变形。

（3）按照变形体的变形方式可分为自身形变和刚体位移。自身形变包括变形体自身的伸缩、错动、弯曲和扭转等四种情况，刚体位移包括变形体整体的平移、转动、升降和倾斜等四种情况。

自然界中系统的变形现象是普遍存在的，并且变形在一定范围内是被允许的。当系统的某些构件或者整体的变形超过规定限度或超出承受范围时，将会导致系统的稳定性降低，进而影响其正常使用并可能引发事故，危及系统和从业人员的安全。因此，必须对处于施工、使用和运营状态中的货架系统的变形进行必要监测、干预及控制。

DASLS 货架系统的变形研究是在弹性变形范围内进行的。前面章节已经从理论方面研究了货架的屈曲变形及其稳定性，对于如何精确地监测、捕捉和测量货架在弹性变形范围内的微小变形量，目前仍是业界的一个难题，本章将应用 DCRP 技术进行尝试研究。

5.1.2 DASLS 货架变形监测技术

变形监测又称变形观测,是利用测量仪器及测量方法对被研究的系统进行测量以确定其空间位置随时间的变化特征,是大地测量和防灾减灾领域的边缘课题和工程测量学的重要研究内容。变形监测的目的和意义是通过获得系统变形数据,研究系统的空间状态与时间特性并对系统变形的原因做出科学解释,并进一步分析和评价系统的安全状态,验证设计参数并反馈设计施工质量,研究系统正常的变形规律和预报变形。变形监测按照研究对象可分为大地形变测量、工程形变测量和工业形变测量。

多年以来,国内工程建设领域中的变形检测受到测量工具的限制,如近景摄影测量所用地面摄影机及其相应数据处理设备的昂贵以及像片处理过程的烦琐,使其在工程应用中受到了影响。许多单位在测量现场条件极差的情况下仍然不得不采用劳动强度很大的传统测量方法,如测距仪 + 经纬仪的方法来完成一些变形监测。近年来随着电子计算机及图像处理技术的发展,使得许多工程形变测量任务由以数码相机为主要工具的 DCRP 方法来完成,该方法可以在一个监测集成系统内进行数据的获取、存贮、处理、输出、管理并执行各种其他的相关任务,从而成倍地加速形变测量数据的处理过程,并且该方法具有图像稳定持久、无须人工影像处理、自动化程度高以及可实时处理等优点。因此工业摄影测量向数字化和实时化发展成为一种必然趋势,也为实现对工程结构构件的实时变形监测提供了有效而可行的方法。

本章采用的 DCRP 方法,通过确定货架立柱及其横梁上的变形点位,在相对稳定的地点设置参考点及监测站,用数码相机监测变形点的形变情况,是当前监测领域较为先进的一种方法。该方法能够对货架系统进行多点、全天候、动态、瞬时非接触式的变形监测,并对货架的多个变形点的变形量进行监测和捕捉。

5.1.3 DASLS 货架变形分析

变形分析是根据变形监测数据,运用一定的数据处理技术和方法寻找导致系统变形的原因或预测下一时刻系统变形值大小的一门测绘学科分支。根据所涉及的研究内容变形分析可以分为两个方面：变形的几何分析和变形的物理解释。变形的几何分析是对变形体的形状和变形的大小做出几何描述，其任务在于描述变形体变形的空间状态和时间特性。变形物理解释的任务是确定变形体的变形和变形原因之间的关系，并解释变形的原因。变形物理解释方法主要有统计分析法、确定函数法和混合模型法。

建立系统变形模型并进行定量分析，是多年以来国内外学者进行变形分析的主要手段。变形在时间特征上一般表现为近似线性变化、周期变化、急剧变化以及随机变化等形式，所以变形分析的主要任务就是寻找变形因子与变形量之间的关系。数理统计方法是研究变形分析的经典方法，回归分析是其中最主要的分析方法之一。研究表明，回归分析等方法在如下的两个前提条件下可以达到较好效果：其一是要有大样本，数据量小将会导致分析结果不准确甚至无法进行；其二是需要有特征分布。而这些条件在变形分析中往往是难以同时具备的，因此国内外学者尝试了多种变形分析方法。

现代变形分析的方法主要有确定性分析模型、数理统计分析模型、时间序列分析模型、频谱分析模型、小波分析模型、卡尔曼滤波模型、灰色系统模型、人工神经网络模型、模糊数学模型、抗差估计理论模型及突变论模型等。

5.2 变形分析预测模型

在变形监测工作中，数据采集是基础，数据分析是基本手段，而对变形体未来形变趋势进行预测和预报是最终目的。正确分析和解释导致变形体产生形变的各种因素，建立科学合理的数学模型来逼近、模拟和揭示变形体的变形规律和动态特征，及时准确地对变形体的未来变化做出可靠的预测预报是变形分析的重要任务。国内外很多学者都对变形分析与建模的基本理论和方法做了深入的研究与探讨。我们在对货架变形情况进行分析预测的过程中,所采用的变形分析方法有多元回归分析模型、灰色系统模型及卡尔曼滤波模型三种方法。

5.2.1 多元回归分析模型

多元线性回归分析法是研究一个因变量与多个变形因素间相关关系的应用较为广泛的数理统计方法,是描述大样本变形监测数据统计规律的一种静态处理方法。由于导致货架变形的因素是复杂多样、非线性的,通过分析货架变形与多个变形因素之间的相关性,建立荷载与变形之间的线性回归方程,然后再对回归方程以及回归系数的显著性进行假设检验,通常可以较为准确地反映货架变形与变形因素间的关系。如果所建立的回归模型中对变形因素未考虑完全,遗漏的因素有时会使变形预测结果产生较大偏差。

5.2.1.1 回归模型的建立

假设货架的变形量 y 受到 p 个自变量 $x_{ij}(j = \overline{1,p})$ 的影响,若 $(x_{11}, x_{12}, \cdots, x_{1p}, y_1), (x_{21}, x_{22}, \cdots, x_{2p}, y_2), \cdots, (x_{n1}, x_{n2}, \cdots, x_{np}, y_n)$ 为一个观测值样本,则多元线性回归模型的结构形式为

$$y_i = \beta_0 + \beta_1 x_{i1} + \cdots + \beta_p x_{ip} + \varepsilon_i, i = \overline{1, n}, \tag{5-1}$$

式中, $\beta_0, \beta_1, \cdots, \beta_p$ 为待定参数,随机变量 $\varepsilon_i \sim N(0, \sigma^2)$ 。若 $b_0, b_1, \cdots, b_p$ 分别为 $\beta_0, \beta_1, \cdots, \beta_p$ 的拟合估计值,则回归方程为

$$\hat{y} = b_0 + b_1 x_1 + \cdots + b_p x_p, \tag{5-2}$$

式中, b_0 为常数, $b_1, \cdots, b_p$ 为偏回归系数。

根据最小二乘法原理,回归估计值 $b_0, b_1, \cdots, b_p$ 应使下式达到最小

$$Q = \sum_{i=1}^{n} (y_i - \hat{y})^2 = \sum_{i=1}^{n} (y_i - b_0 - b_1 x_{i1} - \cdots - b_p x_{ip})^2. \tag{5-3}$$

根据多元函数极值存在的必要条件,分别对 Q 关于 $b_0, b_1, \cdots, b_p$ 求偏导数,并令它们等于零,得

$$\begin{cases} \dfrac{\partial Q}{\partial b_0} = -2\sum_{i=1}^{n}\left(y_i - b_0 - b_1 x_{i1} - \cdots - b_p x_{ip}\right) = 0, \\ \dfrac{\partial Q}{\partial b_j} = -2\sum_{i=1}^{n}\left(y_i - b_0 - b_1 x_{i1} - \cdots - b_p x_{ip}\right)x_{ij} = 0, \ j = \overline{1, p}. \end{cases} \tag{5-4}$$

展开上式得正规方程组

$$\begin{cases} b_0 n + b_1 \sum_{i=1}^{n} x_{i1} + b_2 \sum_{i=1}^{n} x_{i2} + \cdots + b_p \sum_{i=1}^{n} x_{ip} = \sum_{i=1}^{n} y_i, \\ b_0 \sum_{i=1}^{n} x_{i1} + b_1 \sum_{i=1}^{n} x_{i1}^2 + b_2 \sum_{i=1}^{n} x_{i1} x_{i2} + \cdots + b_p \sum_{i=1}^{n} x_{i1} x_{ip} = \sum_{i=1}^{n} x_{i1} y_i, \\ \qquad\qquad\qquad\qquad\cdots\cdots \\ b_0 \sum_{i=1}^{n} x_{ip} + b_1 \sum_{i=1}^{n} x_{ip} x_{i1} + b_2 \sum_{i=1}^{n} x_{ip} x_{i2} + \cdots + b_p \sum_{i=1}^{n} x_{ip}^2 = \sum_{i=1}^{n} x_{ip} y_i. \end{cases} \tag{5-5}$$

假设矩阵 $\boldsymbol{X} = \begin{pmatrix} 1 & x_{11} & x_{12} & \cdots & x_{1p} \\ 1 & x_{21} & x_{22} & \cdots & x_{2p} \\ 1 & x_{31} & x_{32} & \cdots & x_{3p} \\ \vdots & \vdots & \vdots & & \vdots \\ 1 & x_{n1} & x_{n2} & \cdots & x_{np} \end{pmatrix}, \boldsymbol{Y} = \begin{pmatrix} y_1 \\ y_2 \\ \vdots \\ y_n \end{pmatrix}, \boldsymbol{B} = \begin{pmatrix} b_0 \\ b_1 \\ \vdots \\ b_p \end{pmatrix}$, 则可得

到正规方程组(5-5)的矩阵形式

$$\boldsymbol{X}^{\mathrm{T}} \boldsymbol{X} \boldsymbol{B} = \boldsymbol{X}^{\mathrm{T}} \boldsymbol{Y}. \tag{5-6}$$

若 $(\boldsymbol{X}^{\mathrm{T}} \boldsymbol{X})^{-1}$ 存在,则有

$$\hat{\boldsymbol{B}} = \begin{pmatrix} \hat{b}_0 \\ \hat{b}_1 \\ \vdots \\ \hat{b}_p \end{pmatrix} = \left(\boldsymbol{X}^{\mathrm{T}} \boldsymbol{X}\right)^{-1} \boldsymbol{X} \boldsymbol{Y}, \tag{5-7}$$

从而得到 p 元线性回归方程

$$\hat{y} = \hat{b}_0 + b_1 x_1 + \cdots + b_p x_p. \tag{5-8}$$

5.2.1.2 回归模型的显著性检验

对于上述回归方程,还应当对变量 y 与 $x_1, x_2, \cdots, x_p$ 之间是否确有线性关系进行显著性检验。由于变形观测数据的总偏差平方和 S_T 为

$$S_T = \sum_{i=1}^{n} (y_i - \overline{y})^2$$

$$= \sum_{i=1}^{n} (y_i - \hat{y}_i)^2 + \sum_{i=1}^{n} (y_i - \overline{y})^2 + 2\sum_{i=1}^{n} (y_i - y_i)(y_i - \overline{y})$$

$$= \sum_{i=1}^{n} (y_i - \hat{y}_i)^2 + \sum_{i=1}^{n} (y_i - \overline{y})^2$$

$$= S_e + S_R$$

如果变量 y 与 $x_1, x_2, \cdots, x_p$ 之间没有线性关系,则必有 $\beta_j = 0, j = \overline{1, p}$。为此令原假设 H_0 为

$$H_0\colon \beta_1 = \beta_2 = \cdots = \beta_p = 0. \qquad (5\text{-}9)$$

若 H_0 为真,则有 $y_i \sim N(\beta_0, \sigma^2), i = \overline{1, n}$,且相互独立。从而可以推出 $\frac{1}{\sigma^2} S_T \sim \chi^2 (n-1), \frac{1}{\sigma^2} S_e \sim \chi^2 (n-p-1), \frac{1}{\sigma^2} S_R \sim \chi^2 (p)$,且相互独立。于是,检验假设统计量可以构造为

$$F = \frac{S_R / p}{S_e / (n-p-1)} \sim F(p, n-p-1). \qquad (5\text{-}10)$$

在给定的显著水平 α 下,若有 $P\{F > F_{1-\alpha}(p, n-p-1) | H_0\} > \alpha$ 成立,则拒绝原假设 H_0,认为变量 y 与 $x_1, x_2, \cdots, x_p$ 之间确实具有线性关系。

5.2.1.3 回归系数的显著性检验

当确定变量 y 与 $x_1, x_2, \cdots, x_p$ 之间具有线性关系时,需要进一步确定每一个因子 x_j 是否对变量 y 有显著作用。为此,可以令原假设为

$$H_{0j}\colon \beta_j = 0, \quad j = \overline{1, p}. \qquad (5\text{-}11)$$

若 H_{0j} 为真,则 x_j 对变量 y 的影响不显著,则可以剔除该变量,使得回归方程更为精确可靠。根据最小二乘估计原理有 $\hat{\beta}_j \sim N(\beta_j, c_{jj}\sigma^2)$,其中 c_{jj} 为 $(\boldsymbol{X}^{\mathrm{T}}\boldsymbol{X})^{-1}$ 中第 $j+1$ 个对角元素,且 $\hat{\beta}_j$ 与 $\hat{\sigma}^2$ 相互独立。于是检验假设统计量可以构造为

$$t_j = \frac{\hat{\beta}_j}{\sqrt{c_{jj}}\hat{\sigma}} \sim t(n-p-1), j = \overline{1, p}. \qquad (5\text{-}12)$$

在给定的显著水平 α 下，若有 $P\left\{|t_j| > t_{1-\frac{\alpha}{2}}(n-p-1)|H_0\right\} > \alpha$ 成立，则拒绝原假设 H_0，认为因子 x_j 对变量 y 的影响显著。

5.2.2 灰色系统 GM 模型

灰色模型是一种研究所需原始信息量少、计算简单而且预测精度较高的方法，主要通过对部分已知信息的生成和开发，提取有价值的信息，实现对系统运行行为、演化规律的正确描述和有效监控。常用的 GM（1,1）一般是从静态的角度考虑未来时刻的状态，没有对未来系统状态的影响因素加以考虑。将静态模型改进为动态 GM（1,1）模型并在选择求解时采用最新数据，这样预测所得到的数据与真实数据之间差距将变小，预测精度得以提高。

5.2.2.1 动态 GM（1,1）模型

灰色系统的处理数据方法主要有灰色关联分析、灰色预测、灰色聚类和灰色统计评估等。灰色模型通过灰色差分方程与灰色微分方程之间的互换，实现了利用离散的数据序列建立连续的动态微分方程的新飞跃。灰色预测是指采用灰色模型对系统行为特征值的发展变化进行预测、对行为特征值中异常值发生的时刻进行估计、对在特定时区发生的事件进行未来时间分布的计算以及对杂乱波形的未来态势与波形所做的整体研究等。灰色预测模型在理论上适用于任何能量系统，而且变形的机制的确又是能量的不断积累和释放的结果，所以这里用模型 GM（1,1）或 GM（2,1）来对变形观测值进行计算。

灰色系统理论的微分方程称为 GM 模型，GM（1,1）表示一阶单变量灰微分方程模型。设原始数据序列为非负序列：

$$X^{(0)} = \left\{x^{(0)}(1), x^{(0)}(2), \cdots, x^{(0)}(n)\right\}, x^{(0)}(k) \geq 0, k = 1, 2, \cdots, n; \quad （5-13）$$

上述序列通常是不平稳的随机序列，只有弱化其随机程度才能增加其平稳程度。为此对 $X^{(0)}$ 进行一次累加生成处理，得到一次累加生成序列（1-AGO）：

$$X^{(1)} = \left\{ x^{(1)}(1), x^{(1)}(2), \cdots, x^{(1)}(n) \right\}, \text{其中} \; x^{(1)}(k) = \sum_{l=1}^{k} x^{(0)}(l), k = 1, 2, \cdots, n \quad (5\text{-}14)$$

称

$$x^{(0)}(k) + ax^{(1)}(k) = b \quad\quad\quad (5\text{-}15)$$

为 GM（1,1）模型的原始形式。

设 $X^{(1)}$ 的紧邻均值生成序列为

$$Z^{(1)} = \left\{ z^{(1)}(1), z^{(1)}(2), \cdots, z^{(1)}(n) \right\},$$

式中，$z^{(1)}(k) = \dfrac{x^{(1)}(k) + x^{(1)}(k-1)}{2}, k = 2, 3, \cdots n$. $\quad\quad (5\text{-}16)$

称

$$x^{(0)}(k) + az^{(1)}(k) = b \quad\quad\quad (5\text{-}17)$$

为 GM（1,1）模型的基本形式，或称灰微分方程，其中 a, b 是需要应用最小二乘估计法建模求解得出。

令

$$\boldsymbol{Y} = \begin{bmatrix} x^{(0)}(2) \\ x^{(0)}(3) \\ \vdots \\ x^{(0)}(n) \end{bmatrix}, \boldsymbol{B} = \begin{bmatrix} -z^{(1)}(2) & 1 \\ -z^{(1)}(3) & 1 \\ \vdots & \vdots \\ -z^{(1)}(n) & 1 \end{bmatrix},$$

则有

$$(a, b)^{\mathrm{T}} = (\boldsymbol{B}^{\mathrm{T}}\boldsymbol{B})^{-1}\boldsymbol{B}^{\mathrm{T}}\boldsymbol{Y}$$

$$= \left(\frac{\sum\limits_{k=2}^{n} x^{(0)}(k) \sum\limits_{k=2}^{n} z^{(1)}(k) - (n-1)\sum\limits_{k=2}^{n} x^{(0)}(k)z^{(1)}(k)}{(n-1)\sum\limits_{k=2}^{n} \left[z^{(1)}(k) \right]^2 - \left[\sum\limits_{k=2}^{n} z^{(1)}(k) \right]^2}, \frac{1}{n-1}\left[\sum_{k=2}^{n} x^{(0)}(k) + a\sum_{k=2}^{n} z^{(1)}(k) \right] \right)$$

$$(5\text{-}18)$$

称

$$\frac{\mathrm{d}x^{(1)}}{\mathrm{d}t} + ax^{(1)} = b \quad\quad\quad (5\text{-}19)$$

为灰微分方程（5-17）的白化方程，又叫影子方程。其解或称时间响应函数为

$$\hat{x}^{(1)}(t) = \left(x^{(1)}(1) - \frac{b}{a} \right)\mathrm{e}^{-at} + \frac{b}{a}. \quad\quad\quad (5\text{-}20)$$

GM（1，1）灰微分方程（5-17）的时间响应序列为

$$\hat{x}^{(1)}(k+1) = \left(x^{(0)}(1) - \frac{b}{a}\right)e^{-ak} + \frac{b}{a}, k = 1, 2, \cdots, n \qquad (5-21)$$

相应的得到还原值为

$$\hat{x}^{(0)}(k+1) = x^{(1)}(k+1) - x^{(1)}(k), k = 1, 2, \cdots, n \qquad (5-22)$$

并有 $\hat{x}^{(0)}(k+1) = \left(1 - e^{a}\right)\left(x^{(0)}(1) - \frac{b}{a}\right)e^{-ak}, k = 1, 2, \cdots, n$；模型中的 $-a, b$ 分别表示发展系数和灰色作用量。一般来说，GM（1，1）模型适用于具有较强的指数函数规律序列，可以通过讨论奇异超线性椭圆方程解的增长速度，来衡量灰色方程中发展系数的变化趋势。

对于方程 $-\Delta u = a(x)u^{p}$，$x \in R^{N}$，其中 $p > 1$ 是固定的常数；$a(x)$ 是一个固定的非负函数且满足：存在 $a \in (0,1)$ 使得 $a(x) \in C^{\alpha}(R^{N})$。在一个光滑有界区域 Ω 上 $a(x) \equiv 0$，在 $R^{N} \setminus \overline{\Omega}$ 中 $a(x) > 0$。

根据非线性 Liouville 定理，存在正常数 C（和 Ω, u 无关）使得方程 $-\Delta u = u^{p}$，$x \in R^{N}$ $(N \geqslant 2)$ 的任何正解 u 满足

$$u + |\nabla u|^{\frac{2}{p+1}} \leqslant C(1 + dist^{-\frac{2}{p-1}}(x, \partial\Omega)), \quad x \in \Omega \cdot \qquad (5-23)$$

特别地，若 $\Omega = B_{R} \setminus \{0\}$，则 $u + |\nabla u|^{\frac{2}{p+1}} \leqslant C(1 + |x|^{-\frac{2}{p-1}})$，$0 < |x| \leqslant R/2$.

参照 GM（1，1）模型的情况，可以建立 GM（2，1）模型如下

$$\alpha^{(1)}x^{(0)}(k) + a_1 x^{(0)}(k) + a_2 z^{(1)}(k) = b, \qquad (5-24)$$

式中，$\alpha^{(1)}x^{(0)}(k) = x^{(0)}(k) - x^{(0)}(k-1), k = 2, 3, \cdots, n$。

于是，GM（2，1）模型的白化方程为

$$\frac{\mathrm{d}^{2}x^{(1)}}{\mathrm{d}t^{2}} + a_1 \frac{\mathrm{d}x^{(1)}}{\mathrm{d}t} + a_2 x^{(1)} = b \cdot \qquad (5-25)$$

$$令\ \boldsymbol{B} = \begin{bmatrix} -x^{(0)}(2) & -z^{(1)}(2) & 1 \\ -x^{(0)}(3) & -z^{(1)}(3) & 1 \\ \vdots & \vdots & \vdots \\ -x^{(0)}(n) & -z^{(1)}(n) & 1 \end{bmatrix}, \boldsymbol{Y} = \begin{bmatrix} \alpha^{(1)}x^{(0)}(2) \\ \alpha^{(1)}x^{(0)}(3) \\ \vdots \\ \alpha^{(1)}x^{(0)}(n) \end{bmatrix} = \begin{bmatrix} x^{(0)}(2) - x^{(0)}(1) \\ x^{(0)}(3) - x^{(0)}(2) \\ \vdots \\ x^{(0)}(n) - x^{(0)}(n-1) \end{bmatrix},$$

则 GM（2，1）模型的参数列的最小二乘估计为

$$(a_1, a_2, b)^{\mathrm{T}} = (\boldsymbol{B}^{\mathrm{T}}\boldsymbol{B})^{-1}\boldsymbol{B}^{\mathrm{T}}\boldsymbol{Y}. \qquad (5-26)$$

GM（2，1）模型的白化方程（5-25）为二阶常系数线性非齐次微分

方程,其通解结构为

$$x^{(1)}(t) = \overline{X}^{(1)}(t) + X^{(1)^*}(t) \ . \tag{5-27}$$

白化方程对应齐次方程的特征方程为 $\lambda^2 + a_1\lambda + a_2 = 0$,其根为

$\lambda_{1,2} = \dfrac{-a_1 \pm \sqrt{a_1^2 - 4a_2}}{2}$,齐次通解 $\overline{X}^{(1)}(t)$ 的情况见表 5-1 所列。

表 5-1　GM（2,1）模型白化方程的齐次通解

特征方程的二根情况	方程的齐次通解
$\lambda_1 \neq \lambda_2$ 的二实根	$\overline{X}^{(1)}(t) = C_1 \mathrm{e}^{-\lambda_1 t} + C_2 \mathrm{e}^{-\lambda_2 t}$
$\lambda_1 = \lambda_2$ 的二实根	$\overline{X}^{(1)}(t) = (C_1 + C_2 t)\mathrm{e}^{-\lambda t}$
$\lambda_{1,2} = \alpha \pm \mathrm{i}\beta$ 的一对共轭复根	$\overline{X}^{(1)}(t) = \mathrm{e}^{\alpha t}(C_1 \cos \beta t + C_2 \sin \beta t)$

白化方程（5-25）的特解也分为三种情况,见表 5-2 所列。

表 5-2　GM（2,1）模型白化方程的非齐次特解

特征方程根的情况	方程的非齐次特解
零不是特征方程的根	$X^{(1)^*}(t) = \dfrac{b}{a_2}$
零是特征方程的单根	$X^{(1)^*}(t) = \dfrac{b}{a_2}t$
零是特征方程的重根	$X^{(1)^*}(t) = \dfrac{b}{a_2}t^2$

5.2.2.2 灰色预测模型

由于灰色预测只需要 4 个数据就可以计算,所以它在某些方面尤其是少数据预测中比传统的预测方法更具优越性,因此很多研究人员在变形分析中都采用了灰色预测的方法。实际应用 GM 模型时应当加以区别,某些状态应使用 GM（1,1）模型,有些状态应使用 GM（2,1）模型。当然 GM 模型也有待完善,如上面提及的 GM（1,1）模型和 GM（2,1）模型中 C 值的求解,GM（1,1）模型中的参数列的解为是按最小二乘原理求得的最优解。目前灰色预测的文献中,对于灰微分方程的白化方

程（5-19）的解基本都是按照（5-20）取 $C=\dfrac{b}{a}$ 进行计算。这种 C 值的取法实际上是将模型拟合曲线的初始点定为实际曲线的初始点，即取 $\min=\sum\limits_{t=1}^{n}\left[\hat{x}^{(1)}(t)-x^{(1)}(t)\right]^2$，这是一种与初始值无关的拟合，不是最佳拟合。

实际上可以按照 $\min=\sum\limits_{t=1}^{n}\left[\hat{x}^{(1)}(t)-x^{(0)}(t)\right]^2$ 或者 $\min=\sum\limits_{t=1}^{n}\left[\hat{x}^{(0)}(t)-x^{(0)}(t)\right]^2$ 解求积分常数 C 值。为此，提出以下灰色系统模型检验方法。

残差合格模型：设原始序列 $X^{(0)}=\left\{x^{(0)}(1),x^{(0)}(2),\cdots,x^{(0)}(n)\right\}$ 相应的模型拟合序列为

$$\hat{X}^{(0)}=\left\{\hat{x}^{(0)}(1),x^{(0)}(2),\cdots,x^{(0)}(n)\right\},$$

残差序列为

$$\varepsilon^{(0)}=\left\{\varepsilon(1),\varepsilon(2),\cdots,\varepsilon(n)\right\}$$
$$=\left\{x^{(0)}(1)-\hat{x}^{(0)}(1),x^{(0)}(2)-x^{(0)}(2),\cdots,x^{(0)}(n)-x^{(0)}(n)\right\};$$

相对误差序列为

$$\Delta=\left\{\left|\frac{\varepsilon(1)}{x^{(0)}(1)}\right|,\left|\frac{\varepsilon(2)}{x^{(0)}(2)}\right|,\cdots,\left|\frac{\varepsilon(n)}{x^{(0)}(n)}\right|\right\}=\left\{\Delta_k\right\}_1^n;$$

当 $k<n$，称 $\Delta_k=\left|\dfrac{\varepsilon(k)}{x^{(0)}(k)}\right|$ 为 k 点模拟相对误差，称 $\overline{\Delta}=\dfrac{1}{n}\sum\limits_{k=1}^{n}\Delta_k$ 为平均模拟相对误差；称 $1-\overline{\Delta}$ 为平均相对精度，$1-\Delta_n$ 为滤波精度；给定 α，当 $\overline{\Delta}<\alpha$，且 $\Delta_n<\alpha$ 成立时，称模型为残差合格模型。

关联度合格模型：设 $X^{(0)}$ 为原始序列，$\hat{X}^{(0)}$ 为相应的模拟误差序列，ε 为 $X^{(0)}$ 与 $\hat{X}^{(0)}$ 的绝对关联度，若对于给定的 $\varepsilon_0>0,\varepsilon>\varepsilon_0$，则称模型为关联度合格模型。

小误差概率合格模型：设 $X^{(0)}$ 为原始序列，$\hat{X}^{(0)}$ 为相应的模拟误差序列，$\varepsilon^{(0)}$ 为残差序列，$\overline{x}=\dfrac{1}{n}\sum\limits_{k=1}^{n}x^{(0)}(k)$ 为 $X^{(0)}$ 的均值，$S_1^2=\dfrac{1}{n}\sum\limits_{k=1}^{n}\left[x^{(0)}(k)-\overline{x}\right]^2$ 为 $x^{(0)}$ 的方差，$\overline{\varepsilon}=\dfrac{1}{n}\sum\limits_{k=1}^{n}\varepsilon(k)$ 为残差均值，$S_2^2=\dfrac{1}{n}\sum\limits_{k=1}^{n}\left[\varepsilon(k)-\overline{\varepsilon}\right]^2$ 为残差方差；称 $C=\dfrac{S_2}{S_1}$ 为均方差比值；对于给定的

$C_0 > 0$，当 $C < C_0$ 时，称模型为均方差比合格模型，称 $P = P\left(\left|\varepsilon(k) - \bar{\varepsilon}\right| < 0.6745 s_1\right)$ 为小误差概率；对于给定的 $P_0 > 0$，当 $P > P_0$ 时，称模型为小误差概率合格模型。

上述模型给出的检验方法是通过计算残差来确定模型精度的，常用的模型精度等级检验指标见表 5-3 所列。

表 5-3　灰色预测模型精度检验等级表

指标临界值　　　精度等级	相对误差 α	ε_0 关联度	C_0 均方差比值	P_0 小概率误差
Ⅰ级（优秀）	0.01	0.9	0.35	0.95
Ⅱ级（合格）	0.05	0.8	0.5	0.8
Ⅲ级（勉强）	0.1	0.7	0.65	0.7
Ⅳ级（不合格）	0.2	0.6	0.8	0.6

5.2.2.3 灰色理论在货架变形预测中的应用

采用灰色预测方法对某货架变形情况进行预测分析，可以达到一定的精度。但是，目前的灰色预测方法对于突变是无能为力的，例如偶然碰撞、地震冲击等突发性的震动对货架的变形影响等。GM（1,1）静态预测模型通常只能对较短的几个时间步长内的函数值进行预测，且有一定的误差，偏差也会随时间越来越大。这是由于在模型应用过程中灰参数被视为静态和固定的，而没有注意到其动态性。随着新的扰动因素的不断进入，一个系统将会不断受到它们的影响，因此长期预测的偏差将会加大，以至于预测精度较低甚至不合格。

动态 GM（1,1）模型可以实时地加入新的信息，提高灰区间的白色度，因此预测效果较好。实时加入新的信息并删除旧的信息，可以呈现系统新的变化趋势并消除预测模型的噪声，还可以较好的提高预测精度。由于动态模型实时地引入新的观测值或进行灰数递补，所以能反映系统状态的真实变化并提高精度。

实时动态模型在仅有少量信息的情况下即可进行预测，并能够充分地利用新信息，不但显示了新数据在预测中的重要性，而且提高了预测精度。

5.2.3 卡尔曼方差滤波模型

5.2.3.1 卡尔曼方差滤波的基本原理

卡尔曼方差滤波是由 R.E.Kalman 于 1960 年首次提出的一种对动态系统进行实时数据处理的有效的递推式滤波方法。变形体的动态系统描述由状态方程和观测方程构成，状态向量为监测点的位置、速率和加速度等，这样就得到一个运动模型。这种递推算法非常严密，可以把参数估计和预测进行有机地结合，所以卡尔曼滤波比较适合变形监测数据的动态处理。

卡尔曼滤波做为一种最优估计方法，把随机信号作为处理对象，根据系统及观测噪声的统计特性，把系统观测量作为输入，把估计值作为输出，以时间更新和观测更新算法为纽带，由系统方程和观测方程估计得出所需处理的信号。

5.2.3.2 卡尔曼方差滤波的数学模型

对于随机线性离散系统的状态向量 $X_k \in R^n$ 的非线性估计，可以先进行离散化处理，然后应用卡尔曼方差滤波算法进行处理。在离散线性系统中不考虑具有确定性输入的情况下，其卡尔曼滤波模型的状态方程和观测方程为

$$\begin{cases} X_{k+1} = \Phi_{k+1,k} X_k + \Gamma_{k+1,k} \Omega_k \\ L_{k+1} = B_{k+1} X_k + \Delta_{k+1} \end{cases} \quad (5\text{-}28)$$

根据上述数学模型利用 $L_1, L_2, \cdots, L_k$ 求解 X_j 最佳估值的过程称为离散线性系统的状态估计。设所得估计量为 $\hat{X}(j/k)$，它可分为以下三种情况。

（1）当 $j=k$，称 X_0 为最佳滤波值，其求定过程称为卡尔曼滤波；

（2）当 $j>k$，称 Ω_k 为最佳预测值，其求定过程称为预测或外推；

（3）当 $j<k$，称 $\hat{X}(j/k)$ 为最佳平滑值，其求定过程称为平滑或内插。

系统的基本随机模型为

$$\begin{cases} E(\Omega_K) = 0, \\ E(\Delta_K) = 0, \\ \text{cov}(\Omega_k, \Omega_j) = D_\Omega(k)\delta_{ij}, \\ \text{cov}(\Delta_k, \Delta_j) = D_\Delta(k)\delta_{ij}, \\ \text{cov}(\Omega_k, \Delta_j) = 0, \\ E(X_0) = \mu_x(0) = X(0/0), \\ \text{var}(X_0) = D_X(0), \\ \text{cov}(X_k, \Omega_j) = 0, \\ \text{cov}(X_k, \Delta_j) = 0, \end{cases} \qquad (5\text{-}29)$$

式中,当 $j = k$ 时 $\delta_{ij} = 1$,当 $j \neq k$ 时 $\delta_{ij} = 0$。

由状态方程、观测方程和随机模型,可以根据逐次平差法推出递推方程为

$$\begin{cases} X(k/k) = X(k/k-1) + J_k[L_k - B_k X(k/k-1)], \\ D_k(k/k) = [I - J_k B_k]D_k(k/k-1). \end{cases} \qquad (5\text{-}30)$$

5.2.3.3 卡尔曼方差滤波模型的应用

对货架系统进行动态变形监测预报,常用的卡尔曼滤波模型有匀加速模型、匀速模型和随机游走模型。

匀加速状态模型是变形监测点位移关于时间的二阶泰勒展开式,展开式的余项为加速度变化率的随机干扰项。在货架动态变形监测中,假设某变形点的坐标位置为物方坐标系中的坐标位置记为 $X = (x, y, z)^{\mathrm{T}}$,则其变形速度及加速度分别为 $\dot{X}, \ddot{X}$,以变形监测点的位置、变形速度以及加速度作为状态参数,可得卡尔曼滤波状态方程为

$$\begin{bmatrix} X \\ \dot{X} \\ \ddot{X} \end{bmatrix}_k = \begin{bmatrix} E & E\Delta t_k & \frac{1}{2}E\Delta t_k^2 \\ 0 & E & E\Delta t_k \\ 0 & 0 & E \end{bmatrix} \begin{bmatrix} X \\ \dot{X} \\ \ddot{X} \end{bmatrix}_{k-1} + \begin{bmatrix} \frac{1}{6}E\Delta t_k^3 \\ \frac{1}{2}E\Delta t_k^2 \\ E\Delta t_k \end{bmatrix} \Omega_{k-1}, \qquad (5\text{-}31)$$

式中 $\Delta t_k = t_k - t_{k-1}$,$E, 0$ 分别为三阶单位阵和零矩阵。

匀速状态模型是变形监测点位移关于时间的一阶泰勒展开式,在变形监测点的位移满足匀速运动,以变形点的位移和速度为状态参数,变形监测点位移变化的加速度为随机干扰,则对应的状态方程为

$$\begin{bmatrix} X \\ \dot{X} \end{bmatrix}_k = \begin{bmatrix} E & E\Delta t_k \\ 0 & E \end{bmatrix} \begin{bmatrix} X \\ \dot{X} \end{bmatrix}_{k-1} + \begin{bmatrix} \frac{1}{2}E\Delta t_k^2 \\ E\Delta t_k \end{bmatrix} \Omega_{k-1}. \tag{5-32}$$

随机游走模型中的变形监测点位移变化随某一固定的变化量而改变,以变形监测点位置为状态参数,而其速度及加速度为随机干扰,则观测方程为

$$\begin{bmatrix} x \\ y \\ z \end{bmatrix}_k = \begin{bmatrix} E & 0 & 0 \end{bmatrix} \begin{bmatrix} X \\ \dot{X} \\ \ddot{X} \end{bmatrix}_{k-1} + \Delta_{k-1}. \tag{5-33}$$

货架系统变形的状态模型及参数的选择需要根据实际情况确定,当货架变形速度较快且动态性较强时,必须考虑变形监测点的变化速度和加速度,因此,在多台货架穿梭车同时工作进行出入库操作时,由于货架自重、货架穿梭车的冲击及货物的重量等荷载的作用,货架变形较为明显,变形速度较快,通常选用匀加速模型;当仅有极少数货架穿梭车在运行时的货架逐渐平稳,动态性不强,变化趋势不太明显并且观测周期短时,适用匀速模型;在货架变形逐渐趋于稳定状态时,可采用随机游走模型。

我们对 7 层 DASLS 货架系统在 4 台货架穿梭车同时负载工作过程中的货架变形情况进行监测,共 12 期。其监测结果为 [0,0.7,1.2,2.7,3.8,4.2,5.0,4.7,3.9,2.1,1.3,0.5]。在监测过程中,所有变形观测点均未出现过大变形及异常表现,所有变形监测点的情况基本符合货架规范标准的要求。分别选取多元回归模型、灰色系统模型和卡尔曼滤波模型对其进行对比分析,并与实际观测值做出比较,得到预报残差,结果见表 5-4 所列。

表 5-4　各种模型预测值与观测值比较　　　　　单位:mm

期数	观测值	灰色系统模型		多元回归模型		卡尔曼滤波模型	
		预测值	预测残差	预测值	预测残差	预测值	预测残差
1	0						
2	0.7						
3	1.2						
4	2.7						

期数	观测值	灰色系统模型		多元回归模型		卡尔曼滤波模型	
		预测值	预测残差	预测值	预测残差	预测值	预测残差
5	3.7	3.6565	−0.0435				
6	4.2	4.2345	0.0345				
7	5	5.0968	0.0968	5.1111	0.1111	5.0372	0.0372
8	4.7	4.7867	0.0867	4.7576	0.0576	4.8011	0.1011
9	3.9	3.9873	0.0873	4.1103	0.2103	3.9662	0.0662
10	2.1	2.0505	−0.0495	2.2115	0.1115	2.2011	0.1011
11	1.3	1.4425	0.1425	1.3609	0.0609	1.3871	0.0871
12	0.5	0.5127	0.0127	0.7012	0.2012	0.6102	0.1102

表 5-4 所列数据显示,利用灰色系统模型对观测数据做变形分析所需数据量最少,一般只需有 4 期的数据就能得到较好的预测结果;而多元回归分析则需要大量的观测数据,在观测值数量少的情况下,变形预测结果出现了明显的振荡;而利用卡尔曼滤波模型得到的计算结果较为稳定,预报值也相对比较可靠。并且采用卡尔曼滤波模型解决了非线性系统函数的线性化问题,采用一阶泰勒级数展开近似线性化的方法建立了递推滤波模型,减少了计算误差,提高了预测成果的精度。

5.3 DASLS 货架系统动态变形监测技术

为了对 DASLS 货架系统在工作状态下的变形情况进行精确的捕捉和测量,本章采用 DCRP 技术对货架进行瞬时动态变形监测。为此,下面先针对在 DCRP 技术所应用的普通数码相机建立数学拟合检校模型,之后对动态过程中可以量测物体的平面位移及空间位移的平面时间基线视差模型和空间平面时间基线视差模型进行建模及解算。

5.3.1 DCRP 技术及数码相机的校正

DCRP 是基于数字影像和摄影测量原理,综合应用计算机技术,数字影像处理、影像匹配及模式识别等学科的理论方法,获取专业量测相机所摄影像,以数字方式表达几何及物理信息的一门摄影测量学的分支学科。该技术可通过多台数码相机对监测目标进行时间定距拍摄,并由钢结构变形软件自动生成变形点的荷载 – 变形曲线,根据这些数据进行变形分析及预警。该技术的优势在于:第一,可以瞬间获取被测目标的大量物理信息和几何信息,尤其适用于测量点数目较多的目标;第二,采用投影点作为测量点时可实现非接触性测量,不干扰被测物的自然状态,可在高低温、高低压、有毒、有害环境等恶劣条件下作业;第三,测量精度高,相对测量精度可达十万分之一,甚至更高;第四,适合在被测目标环境不稳定乃至剧烈变化的情况下测量;第五,适合对动态目标的微小变形及运动状态进行测量。能够解决目标系统动态生产运转过程中,传统的测量手段无法解决的问题,因此成为半自动或全自动实时监测目标系统动态变形的重要手段。

专业量测相机的内方位元素参数已知,其影像具有明确的几何位置关系。但由于仪器笨重且价格昂贵,进行外业拍摄时很不方便。因此,我们采用普通数码相机进行了 DASLS 货架系统变形监测实验。数码相机是一种利用电子传感器把光学影像转换成电子数据的摄像装置。与专业量测数码相机相比,普通数码相机具有价格低、体积小、重量轻、使用轻便灵活、不受电磁现象干扰等特点,生成的视频信号可直接与计算机相连,能够成倍地提高摄影测量数据的处理效率,因此成为 DCRP 技术获取摄影测量数据的重要设备。

摄影测量的基本原理是满足共线条件,即摄影时物点、镜头中心和像点三点位于同一直线上,相机畸变的存在使得上述三点不再共线。由于数码相机为非量测相机,透镜组排列不严格并且无框标与定向设备,摄影瞬间的内外方位元素初始值不稳定或无法获取,导致其存在畸变差等光学缺陷,因此需要对其进行严格的检测与校正。

根据成像原理恢复相机的摄影中心与像片间的对应关系,获得相机的内方位元素及各畸变系数的过程称为数码相机的畸变校正。相机畸变无法从硬件上完全消除，通常采用数学拟合检校模型进行校正。这是一种建立坐标仪坐标和物点物方空间坐标之间直接线性关系，从而解求像片内外方位元素、比例尺不一以及畸变差的一种数码相机的检校方法。其基本的数学拟合检校模型为

$$
\begin{cases}
x - \dfrac{L_1 X + L_2 Y + L_3 Z + L_4}{L_9 X + L_{10} Y + L_{11} Z + 1} = 0, \\[3mm]
z - \dfrac{L_5 X + L_6 Y + L_7 Z + L_8}{L_9 X + L_{10} Y + L_{11} Z + 1} = 0.
\end{cases}
\tag{5-34}
$$

式中，x、z 为排除各项误差后的坐标仪坐标。X, Y, Z 为物方空间坐标，$L_i (i = \overline{1,11})$ 为待定未知参数。

考虑对非量测摄影机物镜畸变差的影响，在（5-34）中引入相应的物镜畸变差改正项，得

$$
\begin{cases}
x + (x - x_0) r^2 K_1 - \dfrac{L_1 X + L_2 Y + L_3 Z + L_4}{L_9 X + L_{10} Y + L_{11} Z + 1} = 0, \\[3mm]
z + (z - z_0) r^2 K_1 - \dfrac{L_5 X + L_6 Y + L_7 Z + L_8}{L_9 X + L_{10} Y + L_{11} Z + 1} = 0.
\end{cases}
\tag{5-35}
$$

反算像主点的坐标为

$$
\begin{cases}
x_0 = \dfrac{L_1 L_9 + L_2 L_{10} + L_3 L_{11}}{L_9^2 + L_{10}^2 + L_{11}^2}, \\[3mm]
z_0 = \dfrac{L_5 L_9 + L_6 L_{10} + L_7 L_{11}}{L_9^2 + L_{10}^2 + L_{11}^2}.
\end{cases}
\tag{5-36}
$$

反算像片主距为

$$
\begin{cases}
f_x^2 = -x_0^2 + \dfrac{L_1^2 + L_2^2 + L_3^2}{L_9^2 + L_{10}^2 + L_{11}^2}, \\[3mm]
f_z^2 = -z_0^2 + \dfrac{L_5^2 + L_6^2 + L_7^2}{L_9^2 + L_{10}^2 + L_{11}^2}, \\[3mm]
f = \dfrac{f_x + f_z}{2}.
\end{cases}
\tag{5-37}
$$

按迭代法进行最小二乘解算可分为两步，即正算求 L 系数，反算求物方待定点的空间坐标。由式（5-36）得

$$
\begin{cases}
(x + V_x)(L_9 X + L_{10} Y + L_{11} Z + 1) - (L_1 X + L_2 Y + L_3 Z + L_4) = 0, \\[2mm]
(z + V_z)(L_9 X + L_{10} Y + L_{11} Z + 1) - (L_5 X + L_6 Y + L_7 Z + L_8) = 0.
\end{cases}
\tag{5-38}
$$

令 $A = L_9 X + L_{10} Y + L_{11} Z + 1$，正算的误差方程式为

$$\begin{bmatrix} V_x \\ V_z \end{bmatrix} = \frac{1}{A} \begin{bmatrix} X & Y & Z & 1 & 0 & 0 & 0 & 0 & -xX & -xY & -xZ & -A(x-x_0)r^2 \\ 0 & 0 & 0 & 0 & X & Y & Z & 1 & -zX & -zY & -zZ & -A(z-z_0)r^2 \end{bmatrix} \begin{bmatrix} L_1 \\ L_2 \\ \vdots \\ L_{11} \\ K_1 \end{bmatrix} - \frac{1}{A} \begin{pmatrix} x \\ z \end{pmatrix}.$$

（5-39）

应用上式解算 11 个 L 系数及一个畸变差系数 K_1 可直接套用间接
平差的数学模型公式，并且至少需要 6 个地面参考点。将式（5-39）写
为通式并按等权处理的法方程

$$\begin{cases} V = BL - W (通式), \\ B^T BL - B^T W = 0 (法方程), \end{cases}$$

（5-40）

得到法方程解为

$$L = (L_1, L_2, \cdots, L_{11}, K_1)^T = (B^T B)^{-1} B^T W.$$

（5-41）

在解求 K_1 之后，便可求得像点改正了畸变差的坐标仪坐标为

$$\begin{cases} x + \Delta x = x + (x - x_0) r^2 K_1, \\ z + \Delta z = z + (z - z_0) r^2 K_1. \end{cases}$$

（5-42）

令 $A = L_9 X + L_{10} Y + L_{11} Z + 1$，且 X, Y, Z 为未知数，可得反算的误差
方程式为

$$\begin{bmatrix} V_x \\ V_z \end{bmatrix} = \frac{1}{A} \begin{bmatrix} L_1 - x L_9 & L_2 - x L_{10} & L_3 - x L_{11} \\ L_5 - z L_9 & L_6 - z L_{10} & L_7 - z L_{11} \end{bmatrix} \begin{bmatrix} X \\ Y \\ Z \end{bmatrix} - \frac{1}{A} \begin{bmatrix} x - L_4 \\ z - L_8 \end{bmatrix}.$$

（5-43）

为了求得 X, Y, Z 三个未知数，至少需要两张像片上的两个同名像
点进行解算。其通式及法方程为

$$\begin{cases} V = NS - Q (通式), \\ N^T NS - N^T Q = 0 (法方程), \end{cases}$$

（5-44）

得到法方程解为

$$S = (X \quad Y \quad Z)^T = (N^T N)^{-1} N^T Q.$$

（5-45）

5.3.2 平面时间基线视差模型

平面时间基线视差模型是在内外方位元素一致条件下,通过测量相片视差的变化解算运动物体二维坐标的相对变化来测定物体的平面位移变形量。变形点在像平面与物平面的几何关系如图 5-1 所示。设变形点由 A 变形至 B 时的变形量分别为 ΔX 和 ΔZ,可以得到平面时间基线视差模型为

$$\begin{cases} \Delta X = \dfrac{Y}{f}\Delta P_x = \lambda \Delta P_x, \\ \Delta Z = \dfrac{Y}{f}\Delta P_z = \lambda \Delta P_z. \end{cases} \quad (5\text{-}46)$$

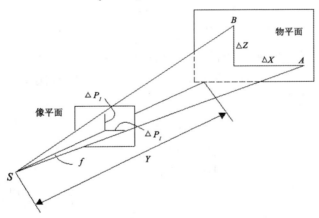

图 5-1 位移点与像平面物平面的几何关系

于是,可以由 $\Delta P_x, \Delta P_z$ 及 λ 得出变形点的平面坐标变形值。实际作业中,相机的内外方位元素会发生一定的变化。根据直线内插法,可通过计算 $n(n \geqslant 3)$ 个参考点的变形视差值进行校正,也就是对偏角 ϕ_x 和倾角 ω_z 的误差校正。

第一步,假设有 n 个参考点为 $(x_1, z_1), (x_2, z_2), \cdots, (x_n, z_n)$,则在与零像片组成的像对中测量参考点的像点坐标分别为 $(P_{x1}, P_{z1}), (P_{x1}, P_{z1}), \cdots, (P_{x1}, P_{z1})$ 。则 n 个参考点的重心坐标分别为

$$\begin{cases} (x_S, z_S) = \left(\dfrac{\sum\limits_{i=1}^{n} x_i}{n}, \dfrac{\sum\limits_{i=1}^{n} z_i}{n} \right), \\[4mm] (P_{xS}, P_{zS}) = \left(\dfrac{\sum\limits_{i=1}^{n} P_{xi}}{n}, \dfrac{\sum\limits_{i=1}^{n} P_{zi}}{n} \right). \end{cases} \tag{5-47}$$

静止测量时，参考点的坐标为 $(P_{xS},\ P_{zS}) = (0,0)$。由于误差因素的影响，通常有 $(P_{xS},\ P_{zS}) = (\varepsilon, \kappa)$，其中 ε, κ 均为很小的数。于是可以得到校正后重心坐标为

$$\begin{cases} (x_i',\ z_S') = (x_i - x_S, z_i - z_S), \\ (P_{xi}', P_{zi}') = (P_{xi} - P_{xS}, P_{zi} - P_{zS}). \end{cases} \tag{5-48}$$

第二步，需要推导计算参考点的平均像平面方程。

参考点的左右视差 P_x 在 xOz 平面内满足 $P_x = ax + bz + c$，在仅考虑偶然误差的情形下相对于平行移动的坐标 x', z', P'，有误差方程及偏角、倾角计算公式为

$$\begin{cases} V_i = ax_i' + bz_i' - P_{xi}', \\ a = \tan \phi_x, \\ b = \tan \omega_z. \end{cases} \tag{5-49}$$

从而得到法方程为

$$\begin{cases} a\sum\limits_{i=1}^{n} x_i'^2 + b\sum\limits_{i=1}^{n}(x_i' z_i') - \sum\limits_{i=1}^{n}(x_i' P_{xi}') = 0, \\[4mm] a\sum\limits_{i=1}^{n}(x_i' z') + b\sum\limits_{i=1}^{n} z_i'^2 - \sum\limits_{i=1}^{n}(z_i' P_{xi}') = 0. \end{cases} \tag{5-50}$$

易得 x 方向的视差系数为

$$\begin{cases} a_x = \dfrac{\sum\limits_{i=1}^{n} z_i'^2 \sum\limits_{i=1}^{n}(x_i' P_{xi}') - \sum\limits_{i=1}^{n}(x_i' z_i')\sum\limits_{i=1}^{n}(z_i' P_{xi}')}{\sum\limits_{i=1}^{n} x_i'^2 \sum\limits_{i=1}^{n} z_i'^2 - \left[\sum\limits_{i=1}^{n}(x_i' z_i')\right]^2}, \\[8mm] b_x = \dfrac{\sum\limits_{i=1}^{n} x_i'^2 \sum\limits_{i=1}^{n}(z_i' P_{xi}') - \sum\limits_{i=1}^{n}(x_i' z_i')\sum\limits_{i=1}^{n}(x_i' P_{xi}')}{\sum\limits_{i=1}^{n} x_i'^2 \sum\limits_{i=1}^{n} z_i'^2 - \left[\sum\limits_{i=1}^{n}(x_i' z_i')\right]^2}. \end{cases} \tag{5-51}$$

同理可求得 z 方向的视差系数为

$$
\begin{cases}
a_z = \dfrac{\displaystyle\sum_{i=1}^{n} z_i'^2 \sum_{i=1}^{n}\left(x_i' P_{zi}\right) - \sum_{i=1}^{n}\left(x_i' z_i'\right)\sum_{i=1}^{n}\left(z_i' P_{zi}\right)}{\displaystyle\sum_{i=1}^{n} x_i'^2 \sum_{i=1}^{n} z_i'^2 - \left[\sum_{i=1}^{n}\left(x_i' z_i'\right)\right]^2}, \\[4ex]
b_z = \dfrac{\displaystyle\sum_{i=1}^{n} x_i'^2 \sum_{i=1}^{n}\left(z_i' P_{zi}\right) - \sum_{i=1}^{n}\left(x_i' z_i'\right)\sum_{i=1}^{n}\left(x_i' P_{zi}\right)}{\displaystyle\sum_{i=1}^{n} x_i'^2 \sum_{i=1}^{n} z_i'^2 - \left[\sum_{i=1}^{n}\left(x_i' z_i'\right)\right]^2}.
\end{cases}
\tag{5-52}
$$

第三步,计算变形视差 ΔP 。

根据式(5-51)、式(5-52)式分别计算各变形点的平均视差值为

$$
\begin{cases}
\overline{P}_x = a_x x_i' + b_x z_i' + P_{xS}, \\
\overline{P}_z = a_z x_i' + b_z z_i' + P_{zS}.
\end{cases}
\tag{5-53}
$$

令测量视差值为 P_{mx}, P_{mz} ,校正后的变形视差值为 $\Delta P_x, \Delta P_z$,则有

$$
\begin{cases}
\Delta P_x = P_{mx} - \overline{P}_x, \\
\Delta P_z = P_{mz} - \overline{P}_z.
\end{cases}
\tag{5-54}
$$

于是可以得到变形点的实际变形位移量公式为

$$
\begin{cases}
X_S = \lambda \cdot \Delta P_x, \\
Z_S = \lambda \cdot \Delta P_z.
\end{cases}
\tag{5-55}
$$

上述平面时间基线视差模型仅能求变形点的相对变化量。实验中通常以实地两参考点之间连线距离除以两参考点影像之间的像素数作为比例系数。

5.3.3 空间时间基线视差模型

平面时间基线视差模型是一种用于二维变形测量的近景摄影测量方法。在变形观测中,当需要观测多点位且各点变形方向不一致情形时,二维变形测量模型就具有了一定的局限性。因此我们探索了一种适用于各种变形观测,以任意方式安置摄影机,直接求得物体三维变形的空间时间基线视差模型(STMP)的解算方法。

应用 STMP 模型需要满足三个基本条件:第一,各变形点相对于摄影比例尺的变形量要足够小;第二,各期摄影的外方位元素近似相等;

第三,参考点应相对固定。空间时间基线视差模型基本数学模型为

$$
\begin{cases}
x - \Delta x = \dfrac{a_1(X - X_S) + b_1(Y - Y_S) + c_1(Z - Z_S)}{a_2(X - X_s) + b_2(Y - Y_S) + c_2(Z - Z_S)}, \\
z - \Delta z = \dfrac{a_3(X - X_S) + b_3(Y - Y_S) + c_3(Z - Z_S)}{a_2(X - X_s) + b_2(Y - Y_S) + c_2(Z - Z_S)}.
\end{cases}
\tag{5-56}
$$

于是,可以得到

$$
\begin{bmatrix} \upsilon_x - \Delta x \\ \upsilon_z - \Delta z \end{bmatrix} =
\begin{bmatrix} a_{11} & a_{12} & a_{13} \\ a_{21} & a_{22} & a_{23} \end{bmatrix} \cdot
\begin{bmatrix} \delta X \\ \delta Y \\ \delta Z \end{bmatrix} +
\begin{bmatrix} -a_{11} & -a_{21} \\ -a_{12} & -a_{22} \\ -a_{13} & -a_{23} \\ a_{14} & a_{24} \\ a_{15} & a_{25} \\ a_{16} & a_{26} \end{bmatrix}^{\mathrm{T}} \cdot
\begin{bmatrix} \delta X_s \\ \delta Y_s \\ \delta Z_s \\ \delta\phi \\ \delta\omega \\ \delta\kappa \end{bmatrix} -
\begin{bmatrix} x - x_0 \\ z - z_0 \end{bmatrix}.
\tag{5-57}
$$

分别令 $\delta X' = \begin{bmatrix} \delta X \\ \delta Y \\ \delta Z \end{bmatrix}$, $\delta X_s' = \begin{bmatrix} \delta X_s \\ \delta Y_s \\ \delta Z_s \\ \delta\phi \\ \delta\omega \\ \delta\kappa \end{bmatrix}$,将第 I 期及第 II 期的内容代入

式(5-57),得到两期像点坐标的误差方程为

$$
\begin{bmatrix} \upsilon_x^{\mathrm{I}} - \Delta^{\mathrm{I}}x \\ \upsilon_z^{\mathrm{I}} - \Delta^{\mathrm{I}}z \end{bmatrix} =
\begin{bmatrix} a_{11}^{\mathrm{I}} & a_{12}^{\mathrm{I}} & a_{13}^{\mathrm{I}} \\ a_{21}^{\mathrm{I}} & a_{22}^{\mathrm{I}} & a_{23}^{\mathrm{I}} \end{bmatrix} \delta X'^{\mathrm{I}} +
\begin{bmatrix} -a_{11}^{\mathrm{I}} & -a_{21}^{\mathrm{I}} \\ -a_{12}^{\mathrm{I}} & -a_{22}^{\mathrm{I}} \\ -a_{13}^{\mathrm{I}} & -a_{23}^{\mathrm{I}} \\ a_{14}^{\mathrm{I}} & a_{24}^{\mathrm{I}} \\ a_{15}^{\mathrm{I}} & a_{25}^{\mathrm{I}} \\ a_{16}^{\mathrm{I}} & a_{26}^{\mathrm{I}} \end{bmatrix}^{\mathrm{T}} \delta X_S'^{\mathrm{I}} -
\begin{bmatrix} x^{\mathrm{I}} - x_0^{\mathrm{I}} \\ z^{\mathrm{I}} - z_0^{\mathrm{I}} \end{bmatrix},
\tag{5-58}
$$

$$
\begin{bmatrix} \upsilon_x^{\mathrm{II}} - \Delta^{\mathrm{II}}x \\ \upsilon_z^{\mathrm{II}} - \Delta^{\mathrm{II}}z \end{bmatrix} =
\begin{bmatrix} a_{11}^{\mathrm{II}} & a_{12}^{\mathrm{II}} & a_{13}^{\mathrm{II}} \\ a_{21}^{\mathrm{II}} & a_{22}^{\mathrm{II}} & a_{23}^{\mathrm{II}} \end{bmatrix} \delta X'^{\mathrm{II}} +
\begin{bmatrix} -a_{11}^{\mathrm{II}} & -a_{21}^{\mathrm{II}} \\ -a_{12}^{\mathrm{II}} & -a_{22}^{\mathrm{II}} \\ -a_{13}^{\mathrm{II}} & -a_{23}^{\mathrm{II}} \\ a_{14}^{\mathrm{II}} & a_{24}^{\mathrm{II}} \\ a_{15}^{\mathrm{II}} & a_{25}^{\mathrm{II}} \\ a_{16}^{\mathrm{II}} & a_{26}^{\mathrm{II}} \end{bmatrix}^{\mathrm{T}} \delta X_S'^{\mathrm{II}} -
\begin{bmatrix} x^{\mathrm{II}} - x_0^{\mathrm{II}} \\ z^{\mathrm{II}} - z_0^{\mathrm{II}} \end{bmatrix}.
$$

$$
\tag{5-59}
$$

于是有

$$\begin{cases} 左右视差p = (x^{\mathrm{I}} - \Delta x^{\mathrm{I}}) - (x^{\mathrm{II}} - \Delta x^{\mathrm{II}}) = (x^{\mathrm{I}} - x^{\mathrm{II}}) - (\Delta x^{\mathrm{I}} - \Delta x^{\mathrm{II}}), \\ 上下视差q = (z^{\mathrm{I}} - \Delta z^{\mathrm{I}}) - (z^{\mathrm{II}} - \Delta z^{\mathrm{II}}) = (z^{\mathrm{I}} - z^{\mathrm{II}}) - (\Delta z^{\mathrm{I}} - \Delta z^{\mathrm{II}}). \end{cases} \quad (5\text{-}60)$$

由于各变形点所受系统误差影响非常近似,所以同站拍摄像片的像差很小,像点几乎重合。因此有

$$\Delta x^{\mathrm{I}} \approx \Delta x^{\mathrm{II}}, \Delta z^{\mathrm{I}} \approx \Delta z^{\mathrm{II}}. \quad (5\text{-}61)$$

由式(5-60)、式(5-61)得到

$$\begin{cases} 左右视差p = x^{\mathrm{I}} - x^{\mathrm{II}}, \\ 上下视差q = z^{\mathrm{I}} - z^{\mathrm{II}}. \end{cases} \quad (5\text{-}62)$$

根 据 x_0, z_0, X_{SO} 的 取 值, 可 得 $a'^{\mathrm{I}}_{ij} \approx a^{\mathrm{II}}_{ij} = a_{ij}$, $x^{\mathrm{I}}_0 = x^{\mathrm{II}}_0, z^{\mathrm{I}}_0 = z^{\mathrm{II}}_0$,

$\delta X = \delta X^{\mathrm{I}} - \delta X^{\mathrm{II}}$, $\delta X_s = \delta X^{\mathrm{I}}_s - \delta X^{\mathrm{II}}_s$, 于是由式(5-59)、式(5-60)可得

$$\begin{bmatrix} v_p \\ v_q \end{bmatrix} = \begin{bmatrix} a_{11} & a_{12} & a_{13} \\ a_{21} & a_{22} & a_{23} \end{bmatrix} \delta X + \begin{bmatrix} -a_{11} & -a_{12} & -a_{13} & a_{14} & a_{15} & a_{16} \\ -a_{21} & -a_{22} & -a_{23} & a_{24} & a_{25} & a_{26} \end{bmatrix} \delta X_s - \begin{bmatrix} p \\ q \end{bmatrix}. \quad (5\text{-}63)$$

上式用矩阵形式表示为

$$V = A\Delta X + B\delta X_s - L. \quad (5\text{-}64)$$

5.4　DASLS 货架系统瞬时动态变形监测实验

5.4.1 货架系统瞬时动态监测实验设计

5.4.1.1 实验目的

第一,基于多台货架穿梭车负载作业运行的状态下,应用 DCRP 方法对 DASLS 货架系统进行瞬时动态监测,了解动态环境下货架的屈曲变形特征,以及货架变形异常部位。

第二,分别对多台货架穿梭车空载和负载运行两种状态进行变形监测实验,比对两种状态下货架系统的屈曲变形的异同,进一步把握货架

系统整体稳定性的影响因素。

第三，对货架穿梭车导轨进行瞬时动态变形监测，比较货架穿梭车加速、行走及减速运行分别对导轨造成的变形影响情况。

第四，比较边排立柱与内列立柱在动态环境下的屈曲变形之异同。

5.4.1.2 实验设备及实验设计

本次实验对象为 DASLS 货架系统的一个巷道外侧单排 9 层货架，巷道内共有 6 台货架穿梭车，实验中选用了其中的 3 台以行走模式进行实验。实验所应用的设备主要有数码相机 2 台，参考标志及变形标志共计 70 个，测量用 50 米钢尺一件。数码相机与货架穿梭车的具体指标见表 5-5 所列。

表 5-5 实验所用货架穿梭车及数码相机的指标

数码相机		货架穿梭车	
台数	2	台数	3
型号	Sony DSLR A350	型号	中型
性能	高档单反	质量	100 kg
像素	1420 万	最大速度	3 m/s
焦距	35 mm（27-375）	最大加速度	2.5 m/s^2

实验中在 LS 面和 RE 面的各节点及横梁和立柱的若干变形位置布设变形标志，对于 LS 摄站变形点编号为 0 到 11 号，对于 RE 摄站的变形点编号为 0 到 4 号。分别在 LS 面和 RE 面两个方向布设摄站进行拍摄。

5.4.2 货架系统瞬时动态监测实验过程

DCRP 技术的一般步骤如下。

（1）确定监测摄站点位，并布设数码相机并使其稳固于三脚架上。

（2）确定变形点位并粘贴变形标志，并于选取的固定位置并粘贴参考标志。

（3）量测每两个参考点间的距离及监测目标与摄站点间的垂直距离。

（4）首先拍摄第一张无任何荷载时的零相片，作为基准参考相片。

（5）根据监测目标的荷载变化情况拍摄相片。

（6）处理所拍摄相片，得到 LCP 格式相片。

（7）输入基线及荷载数据，生成荷载 - 变形曲线图。

（8）分析荷载 - 变形曲线图，并反算震动作用下监测目标的变形演变趋势。

本次实验是在多台货架穿梭车运行情况下监测货架 LS 面的整体横向及竖向变形情况，以及 RE 面立柱的侧向变形情况。因此将实验分为三个阶段：

第一阶段，让第一及三层的 2 台货架穿梭车空载状态下在货架上自由行走，分别在货架穿梭车启动加速、匀速行走、减速行走、在货架另一端停止、返程启动加速、返程匀速行走、返程减速行走及减速停止阶段进行拍照，LS 面和 RE 面各拍摄 12 张照片。

第二阶段，让第一与第三层的 2 台货架穿梭车空载、第二与第四层的 2 台货架穿梭车满载状态下在货架上自由行走，分别在货架穿梭车启动加速、匀速行走、减速行走、在货架另一端停止、返程启动加速、返程匀速行走、返程减速行走及减速停止阶段进行拍照，LS 面和 RE 面各拍摄 12 张照片。

第三阶段，作为第二阶段的对比实验，LS 面和 RE 面各拍摄 13 张照片。

最后，关闭货架穿梭车运行开关，停止实验。

5.4.3 货架系统瞬时动态监测实验数据分析

将获取的照片输入计算机以后，利用软件进行处理，其中的 LS 及 RE 面的零相片上的参考点及变形点分布情况如图 5-2 所示。

图 5-2　LS- 面 (左) 及 RE- 面 (右) 零相片参考点及变形点的分布

　　下面将 LS-1、LS-2、RE-1 及 RE-3 组变形点的荷载 - 变形曲线分析分屏显示图列出，如图 5-3～ 图 5-7 所示。

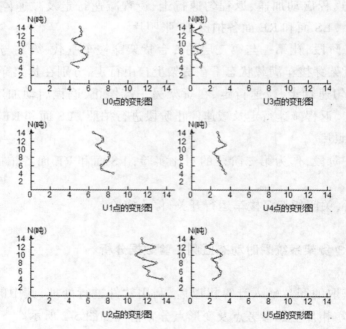

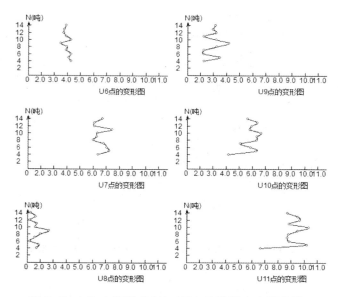

图 5-3　LS-1 变形点 U0~U11 的荷载 – 变形曲线

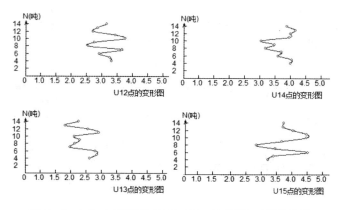

图 5-4　LS-1 变形点 U12~U15 的荷载 – 变形曲线

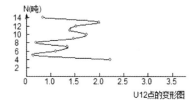

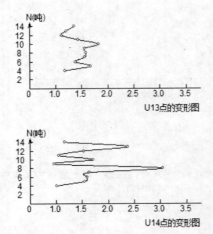

图 5-5 LS-2 变形点 U12~U14 的荷载 – 变形曲线

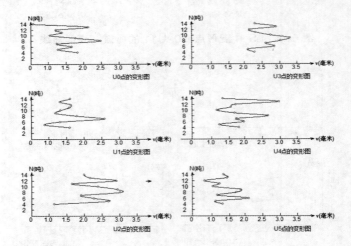

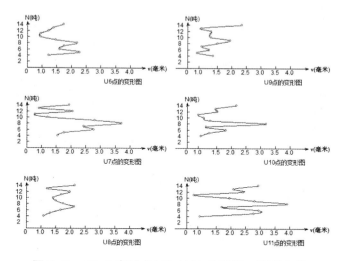

图 5-6　LS-2 变形点 U0~U11 的荷载 - 变形曲线

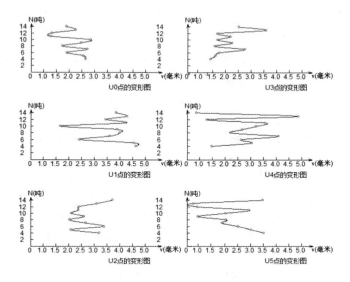

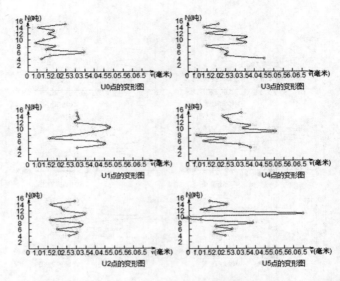

图 5-7　RE-1（左）及 RE-3（右）变形点 U0~U5 的荷载 – 变形曲线

表 5-6~ 表 5-8 为 LS-1、RE-1 中各相片参考点与变形点的像素坐标统计信息、相对位移计算信息。

表 5-6　LS-1、RE-1 各相片参考点的像素坐标统计　　单位：像素

		片号	荷载	x0	z0	x1	z1	x2	z2	x3	z3		
						LS-1 参考点像素坐标统计表							
		1\0	3	3625	2241	3620	1390	2277	2241	2269	1395		
		1\1	4	3372	2230	3367	1383	2029	2236	2022	1386		
		1\2	5	3374	2228	3369	1384	2032	2237	2024	1387		
		1\3	6	3376	2227	3370	1382	2033	2235	2025	1385		
		1\4	7	3375	2225	3370	1380	2032	2233	2024	1383		
		1\5	8	3374	2221	3368	1375	2032	2230	2024	1380		
		1\6	9	3371	2220	3365	1376	2028	2230	2020	1380		
		1\7	10	3372	2222	3365	1377	2029	2231	2022	1381		
		1\8	11	3366	2219	3360	1374	2024	2227	2016	1377		
		1\9	12	3373	2218	3367	1373	2031	2228	2022	1378		
		\10	13	3436	2216	3430	1372	2094	2226	2085	1376		
		\11	14	3433	2221	3427	1377	2092	2231	2082	1381		
1\0	3	2172	2031	2192	1565	2204	1283	1587	1972	1606	1530	1620	1267
1\1	4	2168	2034	2189	1567	2199	1284	1582	1975	1601	1531	1613	1267
1\2	5	2169	2035	2189	1568	2200	1284	1581	1975	1601	1532	1613	1266
1\3	6	2169	2035	2188	1567	2199	1285	1581	1977	1600	1533	1614	1268

续表

LS-1 参考点像素坐标统计表

片号	荷载	x0	z0	x1	z1	x2	z2	x3	z3			
1\4	7	2169	2035	2188	1568	2199	1284	1580	1976	1599	1531	1612	1268
1\5	8	2169	2033	2190	1565	2200	1284	1582	1976	1601	1530	1613	1267
1\6	9	2168	2035	2188	1568	2199	1285	1581	1976	1599	1532	1612	1269
1\7	10	2168	2035	2188	1567	2199	1284	1581	1977	1599	1532	1611	1269
1\8	11	2170	2033	2189	1566	2201	1284	1583	1976	1601	1531	1614	1267
1\9	12	2168	2034	2188	1566	2199	1284	1581	1975	1600	1531	1612	1268
\10	13	2236	2033	2256	1565	2267	1283	1649	1974	1667	1529	1680	1266
\11	14	2233	2038	2253	1572	2264	1288	1646	1980	1665	1537	1679	1272

表 5-7　LS-1、RE-1 各相片变形点的像素坐标统计　单位：像素

LS-1 变形点像素坐标统计表

片号	1\0	1\1	1\2	1\3	1\4	1\5	1\6	1\7	1\8	1\9	1\10	1\11	
荷载	3	4	5	6	7	8	9	10	11	12	13	14	
x0	4001	3740	3743	3743	3742	3741	3738	3739	3734	3740	3803	3800	
z0	1815	1806	1806	1805	1801	1798	1798	1798	1796	1794	1793	1798	
x1	3995	3735	3737	3738	3737	3736	3732	3734	3729	3735	3798	3795	
z1	1023	1023	1022	1020	1018	1014	1014	1015	1012	1011	1010	1014	
x2	3975	3718	3720	3721	3720	3718	3715	3717	3711	3716	3779	3776	
z2	272	280	280	278	275	271	271	271	269	269	267	272	
x3	3391	3140	3142	3143	3142	3142	3137	3139	3134	3141	3203	3201	
z3	1853	1845	1845	1842	1841	1836	1836	1836	1834	1834	1832	1837	
x4	3020	2774	2776	2777	2776	2775	2771	2772	2768	2774	2837	2834	
z4	1848	1841	1840	1839	1836	1832	1832	1832	1831	1831	1828	1833	
x5	2922	2675	2678	2679	2678	2677	2673	2675	2669	2674	2738	2735	
z5	1419	1412	1412	1411	1409	1405	1405	1404	1403	1403	1401	1406	
x6	2953	2707	2709	2710	2709	2708	2704	2706	2700	2706	2769	2766	
z6	969	963	963	961	960	955	955	956	953	953	952	956	
x7	2970	2727	2730	2730	2730	2727	2724	2725	2721	2725	2788	2785	
z7	87	82	82	80	78	74	75	74	72	72	70	76	
x8	2212	1965	1967	1968	1968	1966	1963	1964	1959	1966	2028	2026	

续表

LS-1 变形点像素坐标统计表													
片号	1\0	1\1	1\2	1\3	1\4	1\5	1\6	1\7	1\8	1\9	1\10	1\11	
荷载	3	4	5	6	7	8	9	10	11	12	13	14	
z8	1839	1833	1832	1831	1829	1826	1824	1827	1824	1824	1822	1827	
x9	2142	1894	1896	1898	1897	1896	1892	1894	1889	1895	1957	1954	
z9	1507	1499	1499	1498	1496	1492	1491	1493	1490	1490	1489	1494	
x10	2150	1903	1905	1907	1906	1904	1901	1902	1897	1903	1965	1962	
z10	873	862	862	860	859	854	855	855	852	853	851	857	
x11	2148	1904	1905	1906	1905	1903	1900	1902	1897	1902	1965	1961	
z11	264	250	249	248	246	242	243	242	240	240	239	245	
x12	3242	2994	2996	2997	2997	2995	2992	2994	2988	2994	3057	3054	
z12	1783	1776	1776	1774	1773	1767	1767	1769	1766	1765	1764	1770	
x13	2506	2260	2263	2264	2262	2262	2258	2259	2255	2261	2323	2321	
z13	1782	1776	1776	1773	1772	1768	1767	1768	1766	1767	1765	1770	
x14	3241	2993	2995	2995	2995	2993	2991	2991	2986	2993	3055	3053	
z14	1092	1087	1088	1086	1084	1079	1079	1080	1078	1077	1077	1080	
x15	2624	2379	2381	2383	2381	2379	2376	2378	2374	2379	2441	2438	
z15	1104	1097	1097	1094	1092	1088	1088	1088	1087	1086	1084	1089	
1\0	3	2338	1721	2346	1172	1523	1766	1549	1159	1575	710	2898	1782
1\1	4	2335	1722	2343	1170	1517	1766	1543	1159	1567	708	2898	1784
1\2	5	2335	1723	2343	1170	1518	1768	1542	1159	1568	709	2898	1785
1\3	6	2335	1723	2343	1172	1516	1768	1543	1160	1569	709	2898	1785
1\4	7	2334	1723	2343	1171	1517	1768	1542	1159	1568	709	2898	1785
1\5	8	2335	1722	2345	1170	1517	1767	1543	1159	1568	707	2898	1784
1\6	9	2335	1723	2343	1172	1517	1768	1542	1160	1567	709	2897	1786
1\7	10	2334	1722	2342	1172	1515	1769	1541	1160	1567	709	2898	1785
1\8	11	2336	1722	2345	1170	1518	1767	1544	1159	1570	708	2900	1784
1\9	12	2335	1723	2343	1171	1517	1767	1542	1159	1567	709	2897	1784
\10	13	2403	1721	2411	1169	1585	1765	1611	1157	1637	706	2965	1784
\11	14	2400	1727	2409	1176	1582	1771	1608	1163	1633	714	2962	1790

表 5-8　LS-1、RE-1 各相片变形点的相对位移计算　　单位：mm

片号	1\1	1\2	1\3	1\4	1\5	1\6	1\7	1\8	1\9	\10	\11	MAX	MIN	Δ
荷载	4	5	6	7	8	9	10	11	12	13	14			
DX0	−4.91	−4.05	−5.29	−5.78	−5.09	−5.29	−4.71	−4.32	−5.19	−5.19	−5.09			
DZ0	0.42	1.11	1.38	−0.14	1.32	1.32	0.08	0.63	0.28	0.56	0.56			
D0	4.93	4.20	5.47	5.78	5.26	5.45	4.71	4.37	5.20	5.22	5.12	5.78	4.20	1.58
DX1	−4.5	−4.05	−4.18	−5.02	−3.97	−4.94	−3.6	−3.21	−3.73	−3.73	−3.27			
DZ1	7.24	6.14	6	5.99	7.04	6.34	6.22	6	6.42	6.35	5.59			
D10	8.52	7.36	7.31	7.82	8.08	8.04	7.19	6.80	7.42	7.36	6.48	8.52	6.48	2.05
DX2	−2.6	−1.81	−1.61	−2.77	−2.17	−2.37	−1.03	−1.41	−2.35	−2.34	−1.56			
DZ2	13.29	11.95	12.14	11.38	12.75	11.39	10.84	11.39	12.55	11.39	11.39			
D2	13.54	12.09	12.25	11.71	12.93	11.63	10.89	11.48	12.77	11.63	11.50	13.54	10.89	2.65
DX3	0.82	0.74	0.41	0.11	1.04	−0.35	0.66	1.04	1.09	0.32	1			
DZ3	0.5	0.73	−0.36	0.4	−0.19	−0.16	−1.25	−0.36	0.14	−0.16	−0.16			
D3	0.96	1.04	0.55	0.41	1.06	0.38	1.41	1.10	1.10	0.36	1.01	1.41	0.36	1.06
DX4	3.47	3.29	3.06	2.86	2.73	2.3	2.35	3.49	2.88	2.88	2.7			
DZ4	0.84	0	0.53	−0.22	−0.36	−0.34	−1.32	0.54	0.62	−0.34	−0.34			
D4	3.57	3.29	3.11	2.87	2.75	2.32	2.70	3.53	2.95	2.90	2.72	3.57	2.32	1.25
DX5	2.22	2.97	2.96	2.6	2.57	2.2	2.95	2.57	1.42	2.18	2.17			
DZ5	0.74	0.01	0.76	0.75	0.73	0.37	−1.15	0.76	0.73	0.37	0.37			
D5	2.34	2.97	3.06	2.71	2.67	2.23	3.17	2.68	1.60	2.21	2.20	3.17	1.60	1.57
DX6	2.89	3.09	3.27	2.69	2.9	2.51	3.28	2.9	2.7	2.7	2.9			
DZ6	1.54	0.24	0.42	1.17	0.62	−0.14	0.05	0.42	0.43	0.62	−0.13			
D6	3.27	3.10	3.30	2.93	2.97	2.51	3.28	2.93	2.73	2.77	2.90	3.30	2.51	0.78
DX7	4.85	6.21	6.02	5.8	4.9	5.26	5.28	6.43	5.1	5.1	5.7			
DZ7	2.33	−0.12	0.45	0.45	1.06	0.28	−0.67	0.45	0.49	−0.48	0.28			
D7	5.38	6.21	6.04	5.82	5.01	5.27	5.32	6.45	5.12	5.12	5.71	6.45	5.01	1.43
DX8	0.2	−0.21	−0.2	0.59	−1	−0.2	−0.61	−0.23	0.16	−0.61	−0.25			
DZ8	0.69	−0.85	−0.08	−0.08	−0.15	−1.64	−0.12	0.68	−0.15	−0.13	−0.12			
D8	0.72	0.88	0.22	0.60	1.01	1.65	0.62	0.72	0.22	0.62	0.28	1.65	0.22	1.44
DX9	−0.92	−1.2	−0.26	−0.36	−1.09	−1.02	−0.71	−0.33	−0.53	−1.3	−1.57			

续表

片号	1\1	1\2	1\3	1\4	1\5	1\6	1\7	1\8	1\9	\10	\11	MAX	MIN	Δ
荷载	4	5	6	7	8	9	10	11	12	13	14			
DZ9	−0.9	−2.18	−1.25	−1.25	−1.98	−3.02	−2.08	−1.25	−2.15	−1.5	−1.5			
D9	1.29	2.49	1.28	1.30	2.26	3.19	2.20	1.29	2.21	1.98	2.17	3.19	1.28	1.91
DX10	−0.4	−0.39	0.83	0.43	−0.76	0.07	−0.38	0	0.08	−0.68	−0.66			
DZ10	−3.15	−5.27	−4.82	−4.06	−5.26	−5.34	−5.65	−4.82	−4.95	−5.34	−4.58			
D10	3.18	5.28	4.89	4.08	5.31	5.34	5.66	4.82	4.95	5.38	4.63	5.66	3.18	2.49
DX11	1.61	1.14	1.87	1.2	0.29	1.11	1.43	1.81	1.4	1.4	0.93			
DZ11	−5.42	−9.11	−7.62	−7.62	−7.79	−8.41	−9.21	−7.62	−8.51	−8.41	−7.65			
D11	5.65	9.18	7.85	7.71	7.80	8.48	9.32	7.83	8.62	8.53	7.71	9.32	5.65	3.67
DX12	2.61	2.52	2.26	2.73	2.05	2.26	3.19	2.81	2.17	2.17	2.07			
DZ12	1.09	1.11	0.85	1.61	0.17	0.14	0.64	0.85	0.43	0.9	1.66			
D12	2.83	2.75	2.41	3.17	2.06	2.26	3.25	2.94	2.21	2.35	2.65	3.25	2.06	1.20
DX13	1.85	2.31	2.26	1.42	1.63	1.5	1.25	2.39	1.96	1.2	1.66			
DZ13	1.02	0.42	−0.39	0.37	−0.18	−0.97	−1.02	0.37	0.63	0.55	0.55			
D13	2.11	2.35	2.29	1.47	1.64	1.79	1.61	2.42	2.06	1.32	1.75	2.42	1.32	1.10
DX14	2.31	2.53	1.82	1.98	1.61	2.58	1.99	2.37	2.8	2.04	3.02			
DZ14	2.62	2.48	2.52	2.52	2.15	1.51	1.56	2.53	2.11	3.03	1.51			
D14	3.49	3.54	3.11	3.20	2.69	2.99	2.53	3.47	3.51	3.65	3.38	3.65	2.53	1.12
DX15	2.69	2.73	3.71	2.52	1.63	2.19	2.77	3.91	2.99	2.23	2.27			
DZ15	0.41	−0.99	−1.53	−1.54	−1.68	−2.31	−2.85	−0.78	−1.89	−2.31	−2.31			
D15	2.72	2.90	4.01	2.95	2.34	3.18	3.97	3.99	3.54	3.21	3.24	4.01	2.34	1.67
										MAX		13.54	10.89	3.67
										MIN		1.41	0.22	0.78
										AVERAGE		4.93	3.25	1.69
DX0	0.59	−0.64	0.51	−1.45	−1.18	0.67	−0.92	−0.16	0.8	0.67	1.19			
DZ0	−2.06	−1.96	−1.3	−1.67	−0.32	−1.86	−2.14	−0.76	0.12	−1.61	−0.72			
D0	2.14	2.06	1.40	2.21	1.22	1.98	2.33	0.78	0.81	1.74	1.39	2.33	0.78	1.55
DX1	1.99	0.33	1.65	1.6	3.05	2.27	1.14	2.92	2.3	2.27	3.15			
DZ1	−3.62	−4.03	−0.95	−2.66	−1.68	−2.5	−0.28	−2.3	−1.85	−3.01	−1.09			
D1	4.13	4.04	1.90	3.10	3.48	3.38	1.17	3.72	2.95	3.77	3.33	4.13	1.17	2.96

表头上方居中: LS-1 相片变形点位移计算表

续表

LS-1 相片变形点位移计算表													
片号	1\1	1\2	1\3	1\4	1\5	1\6	1\7	1\8	1\9	\10	\11	MAX	MIN	Δ
荷载	4	5	6	7	8	9	10	11	12	13	14			
DX2	−0.61	1.58	−1.4	1.95	−0.43	1.38	−1.05	−0.11	0.88	1.38	0.13			
DZ2	−2.62	0.02	−2.51	−0.94	−1.47	−1.59	−1.2	−1.88	−1.68	−2.21	−3.21			
D2	2.69	1.58	2.87	2.16	1.53	2.11	1.59	1.88	1.90	2.61	3.21	3.21	1.53	1.68
DX3	0.86	−0.25	1.19	2.24	1.03	1.64	1.12	1.65	1.04	3.04	0.68			
DZ3	0.28	1.07	−0.4	−0.21	0.29	−0.6	−0.37	−0.32	−0.59	−0.52	−1.9			
D3	0.90	1.10	1.26	2.25	1.07	1.75	1.18	1.68	1.20	3.08	2.02	3.08	0.90	2.18
DX4	−0.89	0.42	2.03	3.44	0.68	1.42	2.67	2.91	0.76	4.22	−0.35			
DZ4	−0.39	2.5	−0.61	1	−1.58	−1.64	−0.48	−0.92	−0.15	−1.05	0.11			
D4	0.97	2.54	2.12	3.58	1.72	2.17	2.71	3.05	0.77	4.35	0.37	4.35	0.37	3.98
DX5	2.5	−0.06	1.96	−0.4	−0.63	−0.19	0.55	2.23	0.4	−0.19	1.72			
DZ5	−1.67	−2.51	0.41	−1.32	1.4	0.39	1.41	0.97	0.01	0.16	2.42			
D5	3.01	2.51	2.00	1.38	1.54	0.43	1.51	2.43	0.40	0.25	2.97	3.01	0.25	2.76
											MAX	4.35	1.53	3.98
											MIN	2.33	0.25	1.55
											AVERAGE	3.35	0.83	2.52

5.4.4 货架系统瞬时动态监测实验结论

根据图 5-3~5-7 各组变形点的荷载 - 挠度曲线、表 5-6~5-8 的统计信息及图 5-8~5-9 中变形点的最大位移比较图,可以得出以下结论:

(1)在第一阶段实验的 LS-1 零相片中,有第一层与第三层货架上的 2 台货架穿梭车空载运行,根据图 5-3、图 5-4 及图 5-7、图 5-8 所示 16 个变形点的变形情况看,有 U3、U4、U5、U6、U8、U9、U12、U13、U14、U15 等 10 个变形点的最大位移量均在 0.22~4.01 mm,均小于最大平均位移量 4.93 mm,说明位于货架第二层、第三层及第四层横梁中间部位的变形点位移量较小。

U0、U7、U10 等 3 个变形点的最大位移量均在 5.66~6.45 mm,U1

和 U11 等 2 个变形点的最大位移量分别为 8.52 mm、9.32 mm,这 5 个变形点的表现力均超出了最大平均位移量 4.93 mm,但是前述所列的 15 个变形点的最大变形量均未超出货架规范 GB/T28576—2012 所允许的最大位移 10 mm,弹性变形在可控、可接受的范围内,标识着货架整体此种状况下发生了弹性屈曲变形。

位于货架外侧最右端立柱上面的三个点 U0、U1、U2 位移量分别为 5.78 mm、8.52 mm 和 13.54 mm,均大于最大平均位移量 4.93 mm,并且 U2 的最大位移量是唯一超出货架规范所允许的最大位移 10 mm 的一个点,几乎是最大平均位移量的 3 倍,这一方面有系统误差的因素,另一方面说明货架最外侧边排立柱的偏上端部位,单侧受到货架穿梭车的反作用力以后反应剧烈,是货架整体最为薄弱的部位,需要在相应的部位附近增加背拉斜撑或者提高整根立柱的刚度。

从 RE-1 变形点的变形情况来看,所有 6 个变形点的变形量均在 0.25~4.35 mm,说明货架在垂直巷道的横向方向发生的位移偏移较小,货架在运行过程中是非常稳定的,但是,位于货架第五与第六层中间最外侧边排立柱上的变形点 U4 具有最大位移量 4.35 mm,仍旧证明了货架最外侧边排立柱上端部位是最为薄弱的部位。

(2)在第二阶段的 LS-2 实验中,第一层、第三层货架上的 2 台货架穿梭车空载运行,同时,第二层、第四层货架上的 2 台货架穿梭车满载运行;根据图 5-6、图 5-7 所示的变形点的变形情况看,变形点的水平位移幅度大都在 0.1~4 mm,均未超出货架规范所允许的最大位移 10 mm。从变形点位布置和各点的变形情况来看,各变形点均发生了弹性变形,货架整体稳定性能良好,具有较强的抗侧刚度,符合货架设计规范的要求。

在第二阶段的 RE-2 实验中,由于数据发生异常,导致无法分析 U0、U2 及 U3 的变形情况,因此,不作为评价货架稳定性的依据。

(3)在第三阶段的 LS-3 实验数据基本与 LS-2 的实验数据相近,因此以 LS-2 的分析结论为准。

在第三阶段的 RE-3 中的大部分变形点的变形幅度均在 1~6.5mm,证明了在 4 台货架穿梭车同时运行的情况下,货架在垂直巷道方向的稳定性较好。

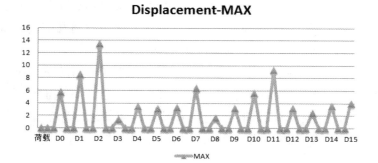

图 5-8　LS-1 各变形点的最大位移比较

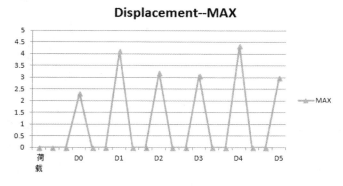

图 5-9　RE-1 各变形点的最大位移比较

　　总体来说,基于多台货架穿梭车运行情况下的 DASLS 货架系统整体稳定良好。但是,应当尽量避免多台货架穿梭车同时同向运行的机会,以及尽量避免货架穿梭车的运行频率接近货架的固有频率,防止引起货架局部构件(如立柱、横梁或轨道等)的钢结构疲劳以及共振现象的发生。

5.5　小结

　　本章首先介绍了系统变形、变形分析及变形监测的相关理论及知识。之后,分别对三种常用的变形分析预测模型:多元回归分析模型、灰色系统模型及卡尔曼滤波模型进行了研究及应用；研究了动态变形监测技术及普通数码相机的校正方法，推导了平面时间基线视差模型与空间时间基线视差模型的解算过程及基本公式。

最后，应用 DCRP 技术对正常作业状态下的 DASLS 货架系统进行瞬时动态变形监测，实时摄影并运用计算机软件绘出货架的荷载 - 变形曲线图。通过监测货架的整体变形情况及量测变形量对货架系统的稳定性进行校验，并预警货架的异常变形区域及部位。

第 6 章

总结与展望

本书从分析 DASLS 货架系统的结构特点及受力特性入手,对该系统的稳定性展开相关研究,并通过对货架进行瞬时动态变形监测实验,预警货架及其构件的变形异常部位并验证其稳定性。本书主要创新点如下。

(1)通过建立 DASLS 货架系统结构模型,对其构件及系统整体结构的稳定性进行了理论分析和模型研究;推导验算了货架的弯曲屈曲、扭转屈曲、弯扭屈曲及畸变屈曲的模型及屈曲荷载计算方法,并通过货架立柱弹性变形监测实验和货架系统的震动变形破坏性试验,验证了货架系统的屈曲变形特征。

(2)通过编制基于 Matlab 的单排货架有限元程序,分析了货架立柱及横梁的剪力、弯矩及轴力的分布特征,探索了货架系统构件的刚度及强度薄弱部位;通过建立基于 ANSYS 的货架三维立体有限元分析模型,在多种荷载工况下对系统变形情况进行仿真分析,探索了货架结构及其构件的屈曲稳定特征;最后将 Matlab 运行结果与 ANSYS 的仿真分析结果进行对比,从中发现货架系统的薄弱区域及部位,并提出了优化货架稳定性的建议。

(3)应用基于空间时间基线视差模型的 DCRP 技术,分别进行了人工震动作用下货架系统的弹性变形、荷载冲击破坏变形及正常负载作业状态下的瞬时动态变形监测实验,探索了货架的钢结构特性及形变规律,量测了货架变形点的瞬时动态变形量并绘制了相应的荷载 - 变形曲线图,为货架系统的稳定性校验及安全预警提供了参考依据。

虽然取得了一些研究成果,但由于货架穿梭车正常作业状态下货架系统及其构件屈曲变形的复杂性,影响货架稳定性的因素较多,而且涉及面广,尚有一些重要问题值得进行深入的研究。

附　录

附录1　货架立柱弹性变形点的荷载 - 挠度曲线

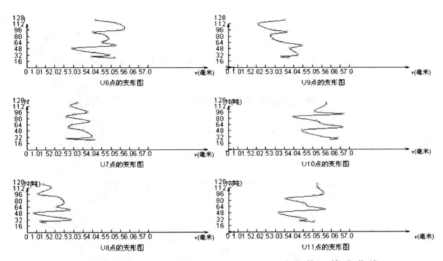

图 F1–1　第一次实验变形点 U6~U11 的荷载 – 挠度曲线

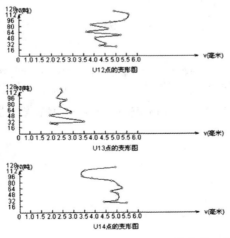

图 F1–2　第一次实验变形点 U12~U14 的荷载 – 挠度曲线

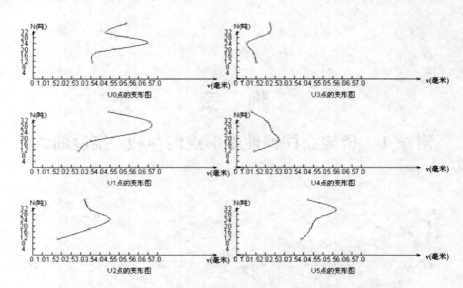

图 F1–3　第二次实验变形点 U0~U5 的荷载 – 挠度曲线

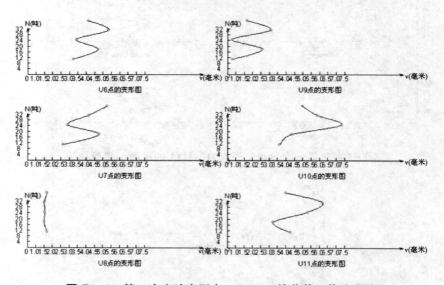

图 F1–4　第二次实验变形点 U6~U11 的荷载 – 挠度曲线

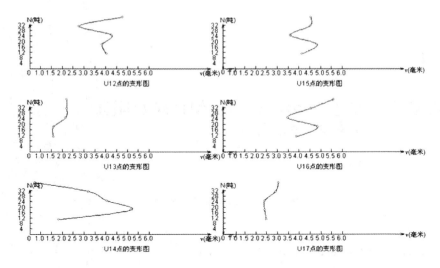

图 F1–5　第二次实验变形点 U12~U17 的荷载 – 挠度曲线

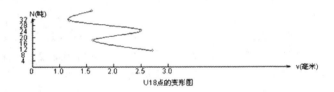

图 F1–6　第二次实验变形点 U18 的荷载 – 挠度曲线

附录 2　基于 Matlab 的货架系统有限元分析程序的子程序

F2-1　ElementNodeForce.m

```
function enf = ElementNodeForce( E,A,I,L,c,s,u)
% 计算单位的节点力
%    enf ----- 单元局部坐标系下的节点力
k = [  E*A/L          0            0         -E*A/L         0           0
        0        12*E*I/L^3    6*E*I/L^2       0       -12*E*I/L^3   6*E*I/L^2
        0         6*E*I/L^2     4*E*I/L        0        -6*E*I/L^2    2E*A/L
      -E*A/L         0            0          E*A/L         0           0
        0       -12*E*I/L^3   -6*E*I/L^2       0        12*E*I/L^3   -6*E*I/L^2
        0         6*E*I/L^2     2E*A/L         0        -6*E*I/L^2    4*E*I/L];
   T =[   c    s   0   0   0   0
         -s    c   0   0   0   0
          0    0   1   0   0   0
          0    0   0   c   s   0
          0    0   0  -s   c   0
          0    0   0   0   0   1];
   enf = k * T * u ;
return
```

F2-2　TransformMatrix.m

funnction T = TransformMaxtrix(ie, gElement, gNode)

```
% 计算单元的坐标转换矩阵( 局部坐标 -> 整体坐标 )
% 输入参数
%   ie ----- 节点号
% 返回值
%    T ------- 从局部坐标局部坐标到的坐标坐标转换
  xi = gNode( gElement( ie, 1 ), 1 ) ;
  yi = gNode( gElement( ie, 1 ), 2 ) ;
  xj = gNode( gElement( ie, 2 ), 1 ) ;
  yj = gNode( gElement( ie, 2 ), 2 ) ;
  L = sqrt( (xj-xi)^2 + (yj-yi)^2 ) ;
  c = (xj-xi)/L ;
  s = (yj-yi)/L ;
  T=[c -s 0  0  0  0
     s  c 0  0  0  0
     0  0 1  0  0  0
     0  0 0  c -s  0
     0  0 0  s  c  0
     0  0 0  0  0  1];
return
```

F2-3　StiffnessMatrix.m

```
function k = StiffnessMatrix( ie, icoord, gMaterial, gElement, gNode )
% 计算单元刚度矩阵
% 输入参数:
%   ie ------- 单元号
%   icoord -- 坐标标系参数，可以是面两两个之
%            1 ---- 整体坐标体
%            2 ---- 局部坐标部
% 返回值:
%   k ---- 根据icoord的值，相应坐标系下刚度矩阵
  k = zeros( 6, 6 ) ;
  E = gMaterial( gElement(ie, 3), 1 ) ;
  I = gMaterial( gElement(ie, 3), 2 ) ;
  A = gMaterial( gElement(ie, 3), 3 ) ;
  xi = gNode( gElement( ie, 1 ), 1 ) ;
  yi = gNode( gElement( ie, 1 ), 2 ) ;
  xj = gNode( gElement( ie, 2 ), 1 ) ;
  yj = gNode( gElement( ie, 2 ), 2 ) ;
  L = ( (xj-xi)^2 + (yj-yi)^2 )^(1/2) ;
```

```
k = [  E*A/L          0            0          -E*A/L          0            0
        0        12*E*I/L^3   6*E*I/L^2        0        -12*E*I/L^3   6*E*I/L^2
        0         6*E*I/L^2    4*E*I/L         0         -6*E*I/L^2   2E*A/L
     -E*A/L          0            0          E*A/L          0            0
        0       -12*E*I/L^3  -6*E*I/L^2        0         12*E*I/L^3  -6*E*I/L^2
        0         6*E*I/L^2    2E*A/L          0         -6*E*I/L^2   4*E*I/L];
        if icoord == 1
            T = TransformMatrix( ie, gElement, gNode ) ;
            k = T*k*transpose(T) ;
        end
    return
```

F2-4 AssembleStiffnessMatrix.m

```
function gK = AssembleStiffnessMatrix( ie, k, gK, gMaterial, gElement, gNode )
% 把单元刚度矩阵集成整体刚体刚度
% 输入参数:
%   ie --- 单元号
%   k  --- 单元刚度矩阵
% 返回值:
%   无
    for i=1:1:2
     for j=1:1:2
       for p=1:1:3
         for q =1:1:3
            m = (i-1)*3+p ;
            n = (j-1)*3+q ;
            M = (gElement(ie,i)-1)*3+p ;
            N = (gElement(ie,j)-1)*3+q ;
            gK(M,N) = gK(M,N) + k(m,n) ;
         end
       end
     end
   end
return
```

F2-5　VerticalAxialDiagram.m

```matlab
% 绘制竖直杆轴力图
clear
clc
% 节点坐标
load gNode
% 单元定义
load gElement
% 材料性质
load gMaterial
% 节点位移向量
load gDelta;
ieq = 568;      % 竖直杆起始单元号，第1列:568；第2列:577；第3列:586；
        %             第4列:595；第5列:604；第6列:613；
        %             第7列:622；第8列:631；第9列:640；
        %             第10列:649；
for ie=ieq：1：ieq+8
E = gMaterial（ gElement（ ie，3），1 ）;

 I = gMaterial( gElement(ie, 3), 2 ) ;
    A = gMaterial( gElement(ie, 3), 3 ) ;
    i = gElement(ie, 1);   %单元第一节点
    j = gElement(ie, 2);   %单元第二节点
    xi = gNode( gElement( ie, 1 ), 1 ) ;
    yi = gNode( gElement( ie, 1 ), 2 ) ;
    xj = gNode( gElement( ie, 2 ), 1 ) ;
    yj = gNode( gElement( ie, 2 ), 2 ) ;
    L = sqrt( (xj-xi)^2 + (yj-yi)^2 ) ;   % 单元长度
    c = (xj-xi)/L ;
    s = (yj-yi)/L ;
    u = zeros(6,1);
```

```
u(1:3) = gDelta((i-1)*3+1:(i-1)*3+3);
u(4:6) = gDelta((j-1)*3+1:(j-1)*3+3);
enf = ElementNodeForce( E,A,I,L,c,s,u);
y = [yi;yj];
z = [-enf(1);enf(4)];
hold on
title('Axial Force Diagram');
plot(z,y,'k');
    y1 = [yi;yi];
    x1 = [0;-enf(1)];
    plot(x1,y1,'k');
    y1 = [yj;yj];
    x1 = [0;enf(4)];
    plot(x1,y1,'k');
y2 = [yi-0.5;yj+0.5];
x2=[0;0];
plot(x2,y2,'k')
if enf(4)>0
    text(enf(4)+2200,yi+0.75,num2str(enf(4),3))
else
    text(enf(4)-2200,yi+0.75,num2str(enf(4),3))
end
end
```

F2-6　VerticallMomentDiagram.m

```
% 绘制竖直杆弯矩图
clear
clc
% 节点坐标
load gNode
% 单元定义
load gElement
% 材料性质
load gMaterial
% 节点位移向量
load gDelta;
ieq = 649;  % 竖直杆起始单号号，   第1列:568；  第2列:577；  第3列:586；
         %                      第4列:595；  第5列:604；  第6列:613；
         %                      第7列:622；  第8列:631；  第9列:640；
         %                      第10列:649；
    for ie=ieq:1:ieq+8
      E = gMaterial( gElement(ie, 3), 1 ) ;
      I = gMaterial( gElement(ie, 3), 2 ) ;
      A = gMaterial( gElement(ie, 3), 3 ) ;
      i = gElement(ie, 1);  %单元第一节点
      j = gElement(ie, 2);  %单元第二节点
      xi = gNode( gElement( ie, 1 ), 1 ) ;
      yi = gNode( gElement( ie, 1 ), 2 ) ;
      xj = gNode( gElement( ie, 2 ), 1 ) ;
      yj = gNode( gElement( ie, 2 ), 2 ) ;
      L = sqrt( (xj-xi)^2 + (yj-yi)^2 ) ;   % 单元长度
      c = (xj-xi)/L ;
      s = (yj-yi)/L ;
      u = zeros(6,1);
      u(1:3) = gDelta((i-1)*3+1:(i-1)*3+3);
      u(4:6) = gDelta((j-1)*3+1:(j-1)*3+3);
      enf = ElementNodeForce( E,A,I,L,c,s,u);
      y = [yi;yj];
      z = [-enf(3);enf(6)];
      hold on
      title('Bending Moment Diagram');
      plot(z,y,'k');
      plot(z,y,'k*');
```

```
    y1 = [yj;yj];
    x1 = [0;enf(6)];
    plot(x1,y1,'k');
    if enf(3)>0
        text(-enf(3)-250,yi,num2str(-enf(3),3))
    else
        text(-enf(3)+10,yi,num2str(-enf(3),3))
    end
    if enf(6)<0
        text(enf(6)-250,yj,num2str(enf(6),3))
    else
        text(enf(6)+100,yj,num2str(enf(6),3))
    end
    y2 = [yi-0.5;yj+0.5];
    x2=[0;0];
    plot(x2,y2,'k')
end
```

F2-7   VerticalShearDiagram.m

```
% 绘制水平梁剪力图
clear
clc
% 节点坐标
load gNode
% 单元定义
load gElement
% 材料性质
load gMaterial
% 节点位移向量
load gDelta;
ieq = 505;    % 横梁起始单梁起始单1层：1；第2层：64；第3层:127；
         %          第4层:190；第5层:253；第5层:316；
         %          第7层:379；第8层:442；第9层:505；
```

```
for n = 1:1:9
   for ie=ieq+(n-1)*7:1:ieq+n*7-1
      E = gMaterial( gElement(ie, 3), 1 ) ;
      I = gMaterial( gElement(ie, 3), 2 ) ;
      A = gMaterial( gElement(ie, 3), 3 ) ;
i = gElement(ie, 1);   %单元第一节点
      j = gElement(ie, 2);   %单元第二节点
      xi = gNode( gElement( ie, 1 ), 1 ) ;
      yi = gNode( gElement( ie, 1 ), 2 ) ;

      xj = gNode( gElement( ie, 2 ), 1 ) ;
      yj = gNode( gElement( ie, 2 ), 2 ) ;
      L = sqrt( (xj-xi)^2 + (yj-yi)^2 ) ;   % 单元长度
      c = (xj-xi)/L ;
      s = (yj-yi)/L ;
      u = zeros(6,1);
      u(1:3) = gDelta((i-1)*3+1:(i-1)*3+3);
      u(4:6) = gDelta((j-1)*3+1:(j-1)*3+3);
      enf = ElementNodeForce( E,A,I,L,c,s,u);
      x = [xi;xj];
      z = [enf(2);-enf(5)];
      if enf(2)>0
         text(xi,enf(2)+90,num2str(enf(2),3))
      else
         text(xi,enf(2)-90,num2str(enf(2),3))
      end
      hold on
      title('Shear Force Diagram');
      plot(x,z,'k');
      x1 = [xi;xi];
      y1 = [0;enf(2)];
      plot(x1,y1,'k');
      x1 = [xj;xj];
      y1 = [0;-enf(5)];
      plot(x1,y1,'k');
      x2 = [xi-0.5;xj+0.5];
      y2=[0;0];
      plot(x2,y2,'k')
   end
end
```

F2-8　　HorizontalAxialDiagram.m

```
% 绘制水平梁轴力图
clear
clc
% 节点坐标
load gNode
% 单元定义
load gElement
% 材料性质
load gMaterial
% 节点位移向量
load gDelta;
ieq = 1;      % 横梁起始单梁起始单1层：第2层：64；第3层：127；
          %                第4层：190；第5层：253；第5层：316；
          %                第7层：379；第8层：442；第9层：505；
for n = 1:1:9
    for ie=ieq+(n-1)*7:1:ieq+n*7-1
        E = gMaterial( gElement(ie, 3), 1 ) ;
        I = gMaterial( gElement(ie, 3), 2 ) ;
        A = gMaterial( gElement(ie, 3), 3 ) ;
        i = gElement(ie, 1);   %单元第一节点
        j = gElement(ie, 2);   %单元第二节点
        xi = gNode( gElement( ie, 1 ), 1 ) ;
        yi = gNode( gElement( ie, 1 ), 2 ) ;
        xj = gNode( gElement( ie, 2 ), 1 ) ;
        yj = gNode( gElement( ie, 2 ), 2 ) ;
        L = sqrt( (xj-xi)^2 + (yj-yi)^2 ) ;   % 单元长度
        c = (xj-xi)/L ;
        s = (yj-yi)/L ;
        u = zeros(6,1);
        u(1:3) = gDelta((i-1)*3+1:(i-1)*3+3);
        u(4:6) = gDelta((j-1)*3+1:(j-1)*3+3);
        enf = ElementNodeForce( E,A,I,L,c,s,u);
        x = [xi;xj];
        z = [-enf(1);enf(4)];
```

```matlab
    hold on
    title('Axial Force Diagram');
    plot(x,z,'k');
    if mod((ie-ieq), 7)==0
        x1 = [xi;xi];
        y1 = [0;-enf(1)];
        plot(x1,y1,'k');
    end
    if mod((ie-6-ieq), 7)==0
        x1 = [xj;xj];
        y1 = [0;enf(4)];
        plot(x1,y1,'k');
    end
    x2 = [xi-0.5;xj+0.5];
    y2=[0;0];
    plot(x2,y2,'k')
end

if enf(4)>0
    text(xi-1.4,enf(4)+5,num2str(enf(4),3))
else
    text(xi-1.4,enf(4)-5,num2str(enf(4),3))
end
end
```

F2-9　HorizontalMomentDiagram.m

```matlab
% 绘制水平梁弯矩图
clear
clc
% 节点坐标
load gNode
% 单元定义
load gElement
% 材料性质
load gMaterial
% 节点位移向量
load gDelta;
ieq = 379;      % 横梁起始单梁起始单1层：1；第2层:64；第3层:127；
                %              第4层:190；第5层:253；第5层:316；
                %              第7层:379；第8层:442；第9层:505；
for n = 1:1:9
    for ie=ieq+(n-1)*7:1:ieq+n*7-1
        E = gMaterial( gElement(ie, 3), 1 ) ;
        I = gMaterial( gElement(ie, 3), 2 ) ;
        A = gMaterial( gElement(ie, 3), 3 ) ;
        i = gElement(ie, 1);   %单元第一节点
        j = gElement(ie, 2);   %单元第二节点
        xi = gNode( gElement( ie, 1 ), 1 ) ;
        yi = gNode( gElement( ie, 1 ), 2 ) ;
        xj = gNode( gElement( ie, 2 ), 1 ) ;
        yj = gNode( gElement( ie, 2 ), 2 ) ;
        L = sqrt( (xj-xi)^2 + (yj-yi)^2 ) ;   % 单元长度
        c = (xj-xi)/L ;
        s = (yj-yi)/L ;
        u = zeros(6,1);
        u(1:3) = gDelta((i-1)*3+1:(i-1)*3+3);
        u(4:6) = gDelta((j-1)*3+1:(j-1)*3+3);
        enf = ElementNodeForce( E,A,I,L,c,s,u);
        x = [xi;xj];
        z = [enf(3);-enf(6)];
```

```
if enf(3)>0
    text(xi+0.2,enf(3)+90,num2str(-enf(3),3))
else
    text(xi+0.2,enf(3)-90,num2str(-enf(3),3))
end
hold on
title('Bending Moment Diagram');
plot(x,z,'k');
plot(x,z,'k*');
if mod((ie-ieq), 7)==0
    x1 = [xi;xi];
    y1 = [0;enf(3)];
    plot(x1,y1,'k');
end
if mod((ie-6-ieq), 7)==0
    x1 = [xj;xj];
    y1 = [0;-enf(6)];
    plot(x1,y1,'k');
end
    x2 = [xi-0.5;xj+0.5];
    y2=[0;0];
    plot(x2,y2,'k')
end
if enf(6)<0
    text(xi+0.2,-enf(6)+90,num2str(enf(6),3))
else
    text(xi+0.2,-enf(6)-90,num2str(enf(6),3))
end
end
```

F2-10　HorizontalShearDiagram.m

```
% 绘制水平梁剪力图
clear
clc
% 节点坐标
load gNode
% 单元定义
load gElement
% 材料性质
load gMaterial
% 节点位移向量
load gDelta;

ieq = 505;     % 横梁起始单梁起始单1层:1;  第2层:64;  第3层:127;
               %              第4层:190;  第5层:253;  第5层:316;
               %              第7层:379;  第8层:442;  第9层:505;
for n = 1:1:9
    for ie=ieq+(n-1)*7:1:ieq+n*7-1
        E = gMaterial( gElement(ie, 3), 1 ) ;
        I = gMaterial( gElement(ie, 3), 2 ) ;
        A = gMaterial( gElement(ie, 3), 3 ) ;
        i = gElement(ie, 1);   %单元第一节点
        j = gElement(ie, 2);   %单元第二节点
        xi = gNode( gElement( ie, 1 ), 1 ) ;
        yi = gNode( gElement( ie, 1 ), 2 ) ;
        xj = gNode( gElement( ie, 2 ), 1 ) ;
        yj = gNode( gElement( ie, 2 ), 2 ) ;
        L = sqrt( (xj-xi)^2 + (yj-yi)^2 ) ;   % 单元长度
        c = (xj-xi)/L ;
        s = (yj-yi)/L ;
        u = zeros(6,1);
        u(1:3) = gDelta((i-1)*3+1:(i-1)*3+3);
        u(4:6) = gDelta((j-1)*3+1:(j-1)*3+3);
        enf = ElementNodeForce( E,A,I,L,c,s,u);
```

```
        x = [xi;xj];
        z = [enf(2);-enf(5)];
        if enf(2)>0
            text(xi,enf(2)+90,num2str(enf(2),3))
        else
            text(xi,enf(2)-90,num2str(enf(2),3))
        end
        hold on
        title('Shear Force Diagram');
        plot(x,z,'k');
        x1 = [xi;xi];
        y1 = [0;enf(2)];
        plot(x1,y1,'k');
        x1 = [xj;xj];
        y1 = [0;-enf(5)];
        plot(x1,y1,'k');
        x2 = [xi-0.5;xj+0.5];
        y2=[0;0];
        plot(x2,y2,'k')
    end
end
```

附录 3　基于 Matlab 的货架系统有限元分析模型轴力、弯矩及剪力对比图

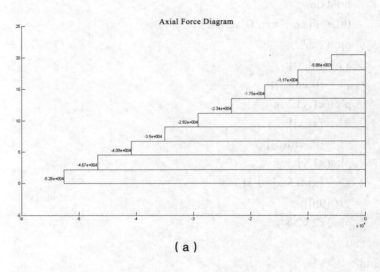

（a）

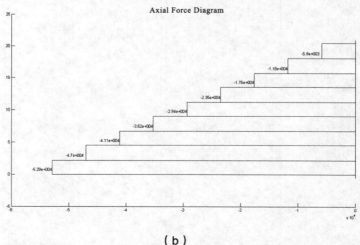

（b）

图 F3-1　基于 Matlab 的货架立柱有限元分析模型单元轴力对比图

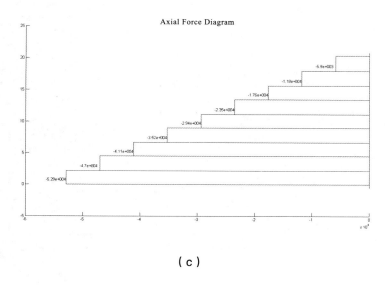

（c）

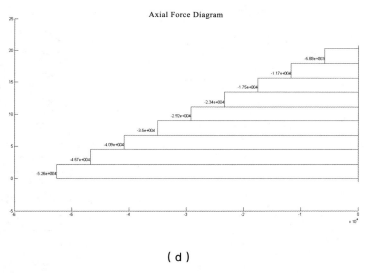

（d）

图 F3-1　基于 Matlab 的货架立柱有限元分析模型单元轴力对比图（续）

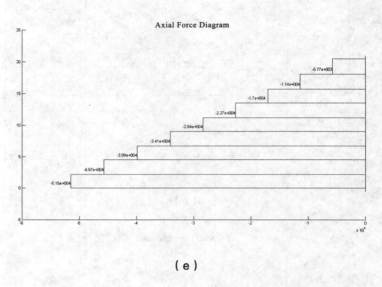

（ e ）

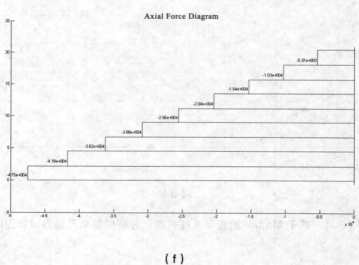

（ f ）

图 F3-1　基于 Matlab 的货架立柱有限元分析模型单元轴力对比图(续)

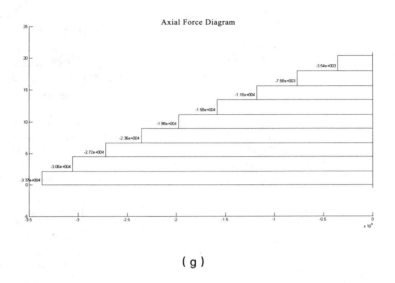

（g）

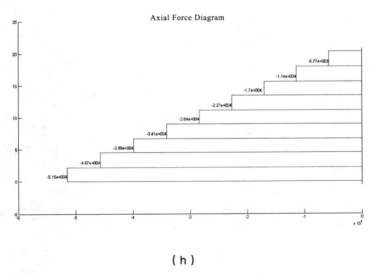

（h）

图 F3-1　基于 Matlab 的货架立柱有限元分析模型单元轴力对比图（续）

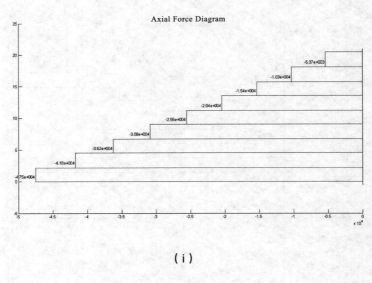

（ i ）

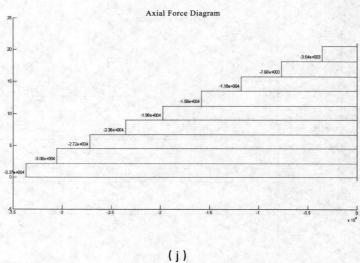

（ j ）

图 F3-1　基于 Matlab 的货架立柱有限元分析模型单元轴力对比图(续)

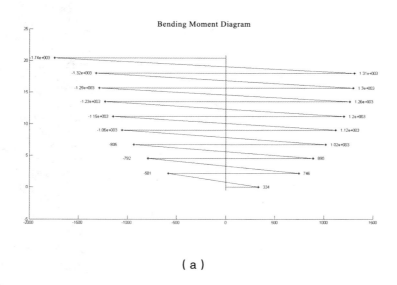

（a）

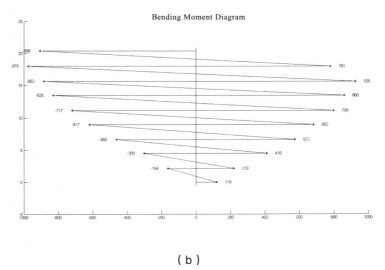

（b）

图 F3-2　基于 Matlab 的货架立柱有限元分析模型单元弯矩对比图

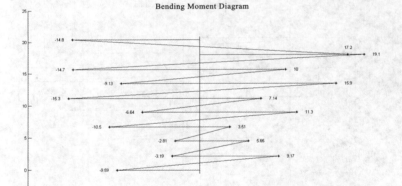

（c）

（d）

图 F3-2　基于 Matlab 的货架立柱有限元分析模型单元弯矩对比图(续)

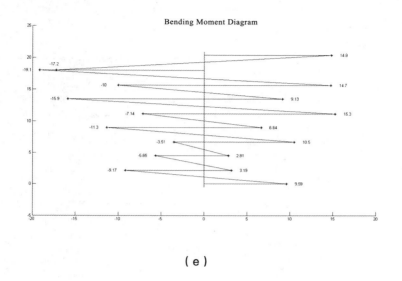

（e）

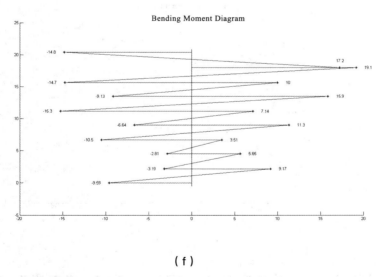

（f）

图 F3-2　基于 Matlab 的货架立柱有限元分析模型单元弯矩对比图（续）

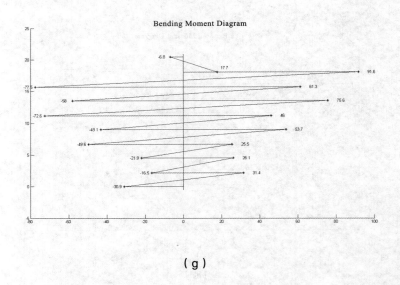

（g）

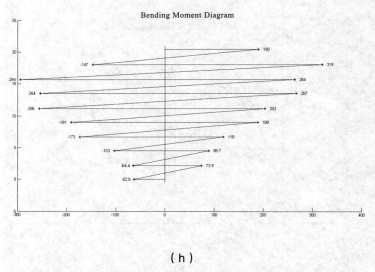

（h）

图 F3-2　基于 Matlab 的货架立柱有限元分析模型单元弯矩对比图(续)

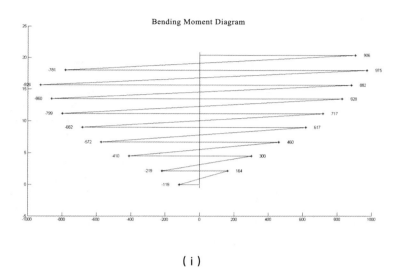

（ i ）

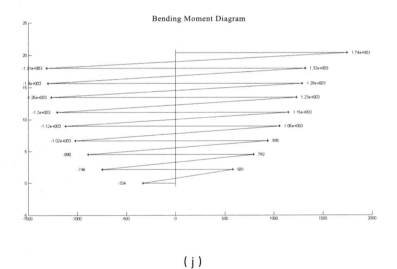

（ j ）

图 F3-2　基于 Matlab 的货架立柱有限元分析模型单元弯矩对比图（续）

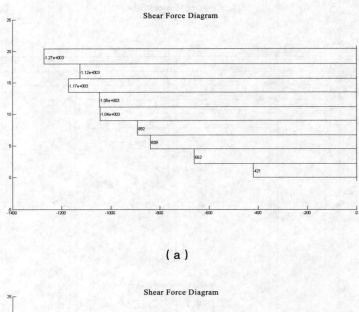

（a）

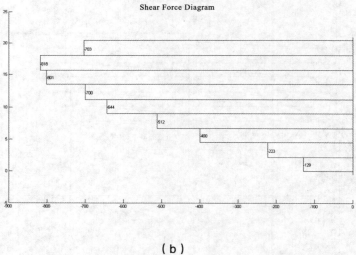

（b）

图 F3-3　基于 Matlab 的货架立柱有限元分析模型单元剪力对比图

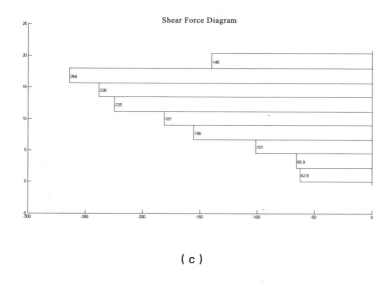

（c）

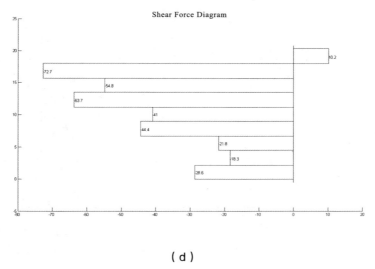

（d）

图 F3-3　基于 Matlab 的货架立柱有限元分析模型单元剪力对比图（续）

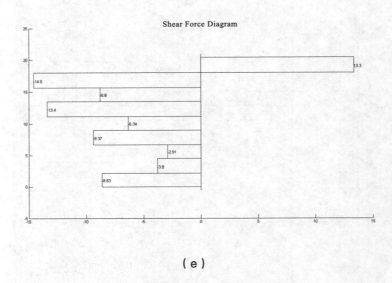

（e）

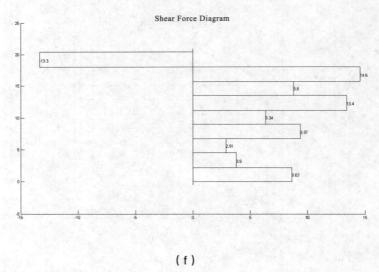

（f）

图 F3-3　基于 Matlab 的货架立柱有限元分析模型单元剪力对比图（续）

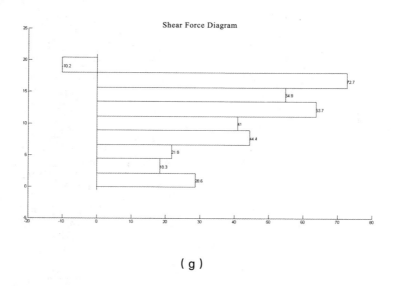

（g）

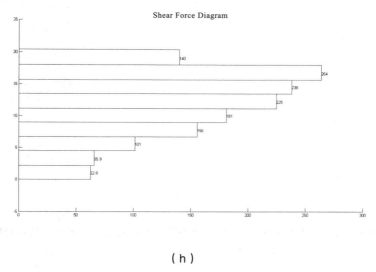

（h）

图 F3-3　基于 Matlab 的货架立柱有限元分析模型单元剪力对比图（续）

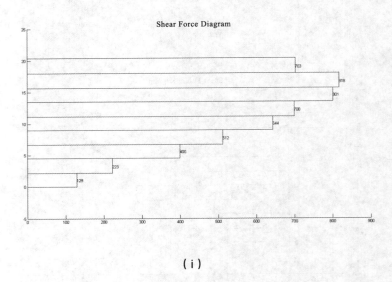

（ i ）

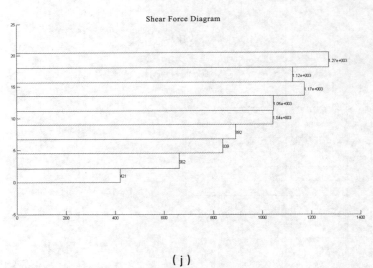

（ j ）

图 F3-3　基于 Matlab 的货架立柱有限元分析模型单元剪力对比图（续）

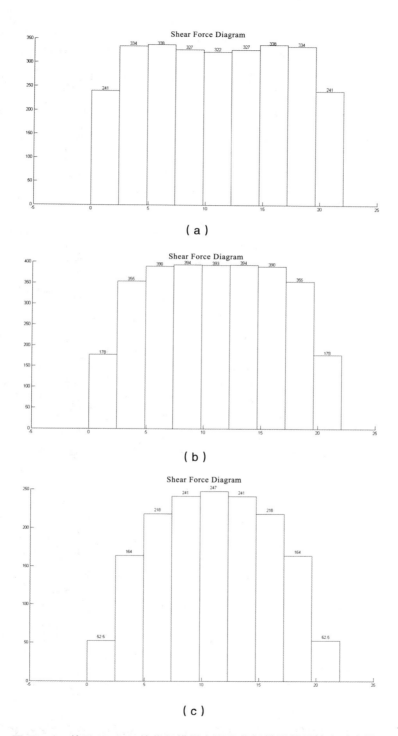

（a）

（b）

（c）

图 F3-4　基于 Matlab 的货架横梁有限元分析模型单元轴力对比图

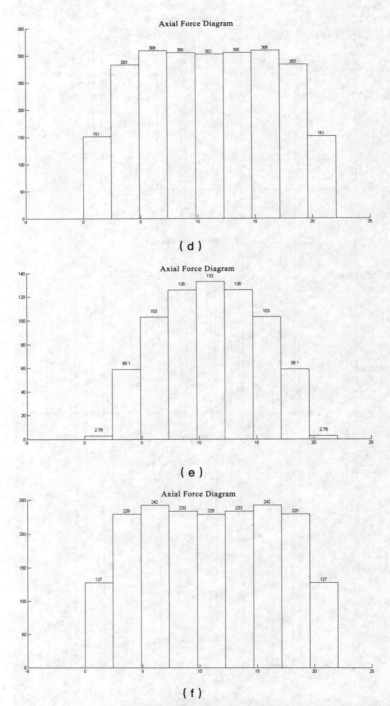

（d）

（e）

（f）

图 F3-4　基于 Matlab 的货架横梁有限元分析模型单元轴力对比图（续）

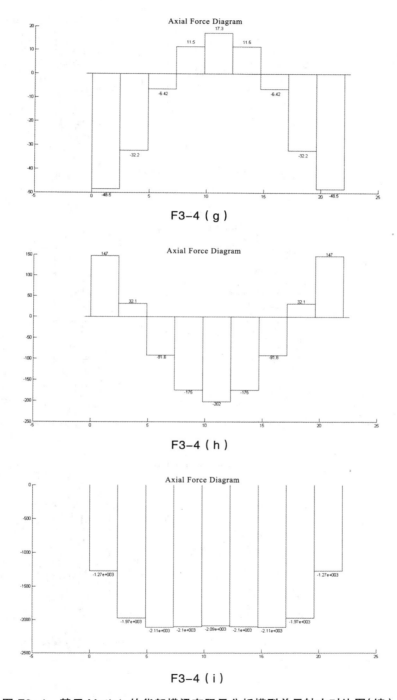

F3-4（g）

F3-4（h）

F3-4（i）

图 F3-4　基于 Matlab 的货架横梁有限元分析模型单元轴力对比图（续）

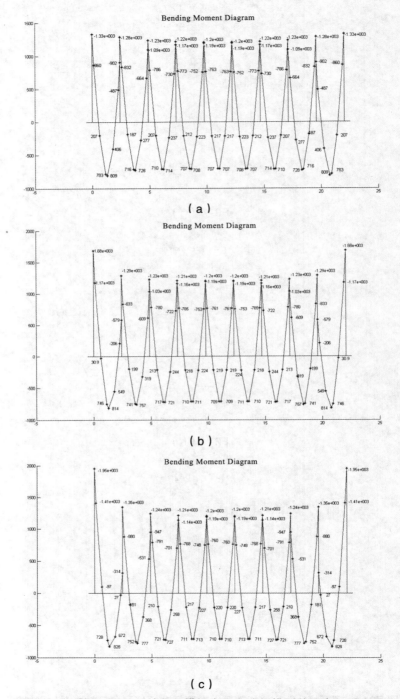

图 F3-5　基于 Matlab 的货架横梁有限元分析模型单元弯矩对比图

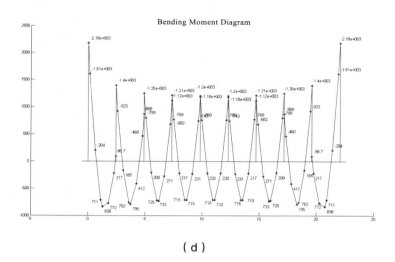

（d）

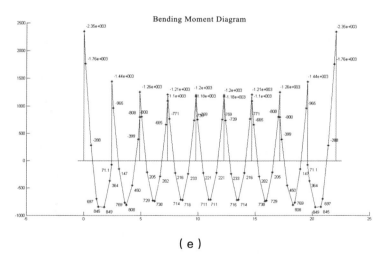

（e）

图 F3-5　基于 Matlab 的货架横梁有限元分析模型单元弯矩对比图（续）

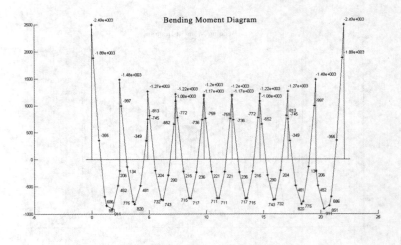

（f）

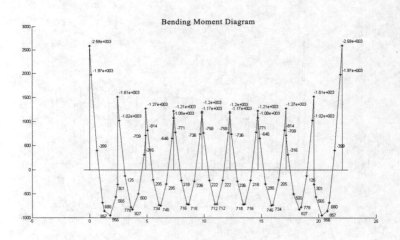

（g）

图 F3-5　基于 Matlab 的货架横梁有限元分析模型单元弯矩对比图（续）

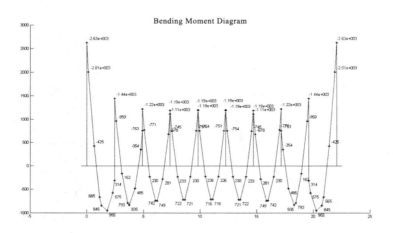

（h）

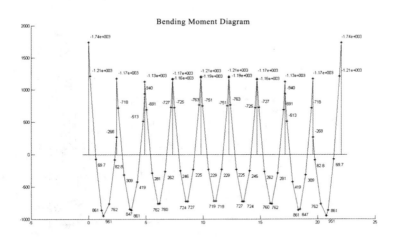

（i）

图 F3-5 基于 Matlab 的货架横梁有限元分析模型单元弯矩对比图（续）

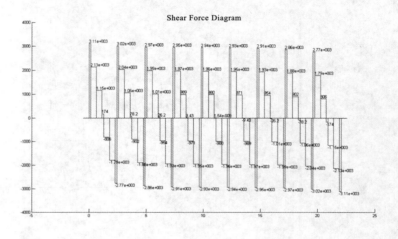

（a）

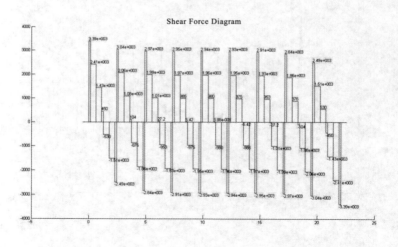

（b）

图 F3-6　基于 Matlab 的货架横梁有限元分析模型单元剪力对比图

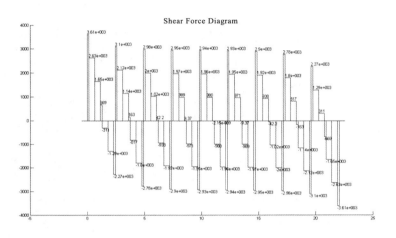

（c）

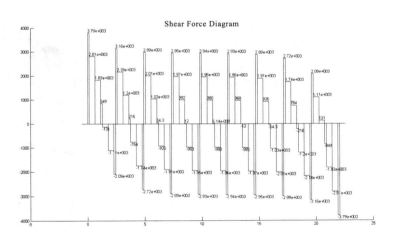

（d）

图 F3-6　基于 Matlab 的货架横梁有限元分析模型单元剪力对比图（续）

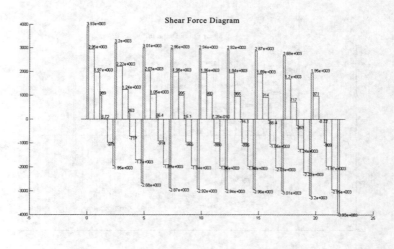

（e）

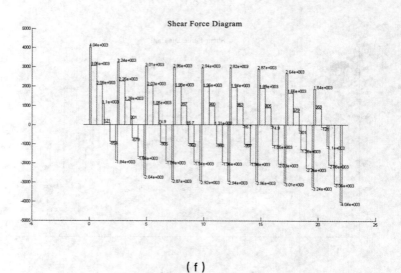

（f）

图 F3-6　基于 Matlab 的货架横梁有限元分析模型单元剪力对比图（续）

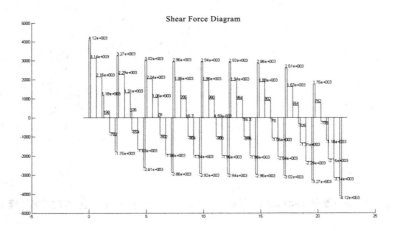

(g)

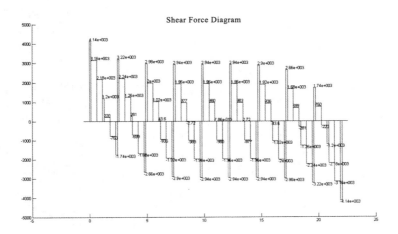

(h)

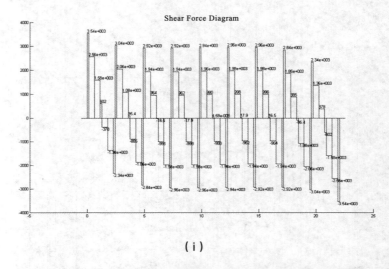

（i）

图 F3-6　基于 Matlab 的货架横梁有限元分析模型单元剪力对比图（续）

参考文献

[1] Sunil Chopra, Peter Meindl. Supply Chain Management：Strategy, Planning and Operations, 3rd edition [M].USA：Person, 2007.

[2] Cormier G, Gunn E A. Simple models and insights for warehouse sizing [J]. Journal of the Operational Research Society, 1996, 47：690-696.

[3] 沈长鹏. 订单结构与拣选系统的适配问题研究 [D]. 济南：山东大学, 2011.

[4] GB/T18354-2006, 中华人民共和国国家标准：物流术语 [S]. 北京：中华人民共和国国家质量监督检验检疫总局, 中国国家标准化管理委员会, 2007.

[5] 张丹羽, 廖莉. 物流系统教程 [M]. 济南：山东大学出版社, 2006.

[6] 陈御钗, 王建洲. 组合式货架立柱的设计 [J]. 物流技术与应用, 2008（3）：96-97.

[7] 梅宝兴, 王转, 程国全. 组装式货架有限元分析荷载模型的研究 [J]. 物流技术, 2005（9）：57-59.

[8] 赵辉, 丁晔, 王心园, 等. 新型钢货架短柱非线性有限元分析 [J]. 泰州职业技术学院学报, 2012（6）：57-59.

[9] 郑玉峰. 钢结构稳定性设计探析 [J]. 科技资讯, 2011（8）：34.

[10] 叶学林. 半刚性连接钢框架的稳定计算 [D]. 福州：福州大学, 2003.

[11] 于会超. 某铁路桥预应力筋张拉时箱梁计算和满堂支架验算分析 [D]. 天津：天津大学, 2010.

[12] 曾涛. H 型截面钢拱平面外的稳定研究 [D]. 昆明：昆明理工大学, 2008.

[13] 贾锦珠. 货架——物流发展的晴雨表 [J]. 中国储运, 2008（2）：85-87.

[14] 期刊编辑部. 货架安全与行业标准和规范 [J]. 物流技术与应用, 2010（1）：23-26.

[15] ERF Info 02. Storage Equipment Information Bulletin [J]. No.2, 2010（7）：1-15.

[16] 中华人民共和国物资管理行业标准：货架分类及代号（WB/T1043—2012）[S]. 北京：中华人民共和国发展和改革委员会, 2012.

[17] Interim specification for design, testing and utilization of industrial steel storage racks [S]. RMI. 1972.

[18] ANSI. Specification for the Design, Testing and Utilization of Industrial Steel Storage Racks[S]. RMI, Material Handling Industry. MH 16.1：1974.

[19] ANSI. Specification for the Design, Testing and Utilization of Industrial Steel Storage Racks[S]. RMI, NC28217-3992. MH 16.1：2008.

[20] Beattie G J, Deam B L. Design Recommendations-Seismic Design of High Level Storage Racking Systems with Public Access[S]. BRANZ, 2007.

[21] EN 15512：Steel Static Storage Systems—Adjustable pallet racking systems—Principles for structural design[S]. 2009（3）.

[22] EN 15620：Steel Static Storage Systems—Adjustable pallet racking systems—Tolerances, deformations and clearances[S]. 2008（10）.

[23] EN 15629：Steel Static Storage Systems—Adjustable pallet racking systems—Specification of storage equipment[S]. 2008（11）.

[24] EN 15635：Steel Static Storage Systems—Adjustable pallet racking systems—Application and maintenance of storage equipment[S]. 2008（11）.

[25] pr EN 15878：Steel Static Storage Systems—Adjustable

pallet racking systems—Terms and definitions[S]. 2008（12）.

[26] Standards Association of Australia. Australian Standard，AS4084：Steel storage racking [S]. 1993.

[27] 王凤林编译．货架的抗震性 [J]. 起重运输机械,1985（4）：54-61.

[28] 全国薄壁型钢结构标准技术委员会．钢货架结构设计规范（CECS 23：90）[S]. 北京：中国工程建设标准化协会,1990.

[29] 郑小棋．高密度仓储藏书库简介与案例分析 [J]. 国立成功大学图书馆馆刊,2010（19）：35-48.

[30] 陈海军,丁兴,朱玲．烟草物流立库模式下储分一体技术的应用分析 [J]. 物流技术与应用,2014（11）：118-121.

[31] 李明,沈长鹏．主动式密集仓储技术的创新应用 [J]. 物流技术与应用,2013（9）：116-118.

[32] 李敬彬．卷烟储分一体化系统研究与设计 [D]. 济南：山东大学,2012.

[33] 童华荣．后推式 PUSH BACK 德马呈现的又一个新的密集存储方案 [J]. 物流技术：装备版,2012（9）：74.

[34] 世仓物流设备有限公司．密集仓储中的实现方式与货架技术 [J]. 物流技术,2013（2）：74-75.

[35] 丛兰强,沈敏德,张贻弓．密集式自动化仓储技术的新进展 [J]. 物流技术,2014（10）：390-392.

[36] 孙婕．密集仓储技术在电子商务物流中的应用研究 [J]. 物流技术,2013（7）：404-407,410.

[37] 沈长鹏,陈晨,吴耀华．基于订单网格化聚类方法的轮胎储分一体库运行优化 [[J]. 物流技术,2011（30）：58-60.

[38] 杨国敏．面向电子商务的物流配送中心储分一体化系统设计与优化 [D]. 云南：云南财经大学,2014.

[39] 王文蕊．电子商务配送中心的设计与优化策略研究 [D]. 济南：山东大学,2014.

[40] 欧强．基于穿梭车技术的信息化冷库建设的研究 [J]. 物流技术,2014（9）：114-116.

[41] 聂峰．自动化立体库穿梭车系统的控制方法及优化调度研究

[D]. 山西：太原理工大学，2009.

[42] 王俊 . 穿梭车控制系统研究 [D]. 衡阳：南华大学，2012.

[43] 王康康 . 密集仓储系统中往复式穿梭车设计 [D]. 北京：北京物资学院，2014.

[44] 陈骥 . 钢结构稳定理论与设计 [M].3 版 . 北京：科学出版社，2006.

[45] 滕国明 . 五边形空翼缘梁的静力性能研究 [D]. 哈尔滨：哈尔滨工业大学，2006 .

[46] 何东，孙志宏 . 一种新型的控制柜框架十二折型材 [J]. 电气制造，2011（1）：40-41.

[47] 王超 . 大跨度钢拱桥的稳定性及极限承载力研究 [D]. 北京：北京工业大学，2004.

[48] 夏志斌，潘有昌 . 结构稳定理论 [M]. 上海：高等教育出版社，1989.

[49] 吕烈武，沈世钊，沈祖炎等 . 钢结构稳定性 [M]. 武汉：武汉大学出版社，2014.

[50] Ashwini Kumar. Stability Theory of Structures [M]. New Delhi：Tara McGraw Hill Publishing Company Limited，1985.

[51] Timoshenko S P. History of Strength of Materials [M]. New York，Dove Publications，1983.

[52] 陈绍蕃 . 钢结构稳定设计指南 [M].3 版 . 北京：中国建筑工业出版社，2013.

[53] Timoshenko S P, Gere J M. Theory of Elastic Stability（2nd Edition）[M]. New York：McGraw-Hill，1961.

[54] Rogers C A, Yang D, Hancock G J. Stability and Ductility of Thin High Strength G550 Steel Members and Connections [J]. Thin-Walled Structures. 2003，41（2）：149-166.

[55] Atman S S, Rosenfeld G. Global behavior of buckled states of nonlinearly elastic rods [J]. SIAM Review，1980，27（2）：513-566.

[56] Maddocks J H. Stability of nonlinearly elastic rods [J]. Archive for Rational Mechanics and Analysis，1984，85（2）：311-354.

[57] Atanackovik T M. Stability Theory of Elastic Rods [M].

Singapore: World Scientific, 1997.

[58] Atanackovik T M, Glavardanov V B. Buckling of a twisted and compressed rod [J]. International Journal of Solids and Structures, 2002, 39（11）: 2987-2999.

[59] Liu Y Z, Zu J W. Stability and bifurcation of helical equilibrium of a thin elastic rod [J]. Acts Mechanics, 2004, 167（1-2）: 29-39.

[60] Ruta P. Dynamic stability problem of a non-prismatic rod [J]. Journal of Sound and Vibration, 2002, 250（3）: 445-464.

[61] Zhang Y T, Xiong Chengan, Xie Yuxin. Singularity Theory On Buckling of Compressible Slender Rods with Deformation of Cross Section [J].Transaction of Tianjin University, 2006（2）: 79-83.

[62] Davies J M. Recent research advances in cold-formed steel structures [J].Journal of Constructional Steel Research, 2000, 55(1-3): 267-288.

[63] Yu W W. Cold-Formed Steel Design（3rd edition）[M]. New York: John Wiley &Sons, Inc., 2000.

[64] Schafer B W. Local, distortional, and Euler buckling of thin walled columns [J]. Journal of Structural Engineering, 2002, 128（3）: 289-299.

[65] Eduardo de Miranda Batista. Effective section method: A general direct method for the design of steel cold-formed members under local-global buckling interaction [J]. Thin-Walled Structures, 2010, 48（4-5）: 345-356.

[66] 王拓, 赵宪中, 陈以一. 组装式钢货架结构研究现状 [J]. 建筑钢结构进展, 2010, 12（6）: 1-10.

[67] Hancock G J. Local Distortional and Lateral Buckling of I-beams [J]. Journal of Structural Division, ASCE, 1978, 104（11）: 1787-1798.

[68] Sharp M L. Longitudinal stiffeners for compression members [J]. Journal of Structural Division, 1966, 92（ST5）: 187-211.

[69] Schafer B W, Sarawit A, Pekoz T. Complex edge stiffeners

for thin-walled members [J]. Journal of Structural Engineering, 2006, 132（2）: 212-226.

[70] Lau S C W, Hancock G J. Distortional buckling formulas for channel columns [J]. Structural Engineering, 1987, 113（5）: 1063-1078.

[71] Kesti J, Davies J M. Local and distortional buckling of thin walled short columns [J].Thin-Walled Structures, 1999, 34（1）: 113-134.

[72] Teng J G, Yao J, Zhao Y. Distortional buckling of channel beam-columns [J].Thin-walled Structures, 2003, 41（7）: 593-617.

[73] Australia/ New Zealand Standard. AS/NZS 4600: Cold-Formed Steel Structures [S].Sydney, Australia, 2005.

[74] Cheung Y K, Neal B G. Finite strip method in structural analysis [M]. Elsevier Science & Technology Books, 1976.

[75] Papangelis J P, Hancock G J. Thin-wall cross-section analysis and finite strip analysis of thin-walled structures, thin-wall V2.1 [EB]. Centre for Advanced Structural Engineering University of Sydney, Sydney, 2005.

[76] Schafer B W, Adany S. Buckling analysis of cold-formed steel members using CUFSM: conventional and constrained finite strip methods [C]//18th International Specialty Conference on Cold-Formed Steel Structures, Orlando, Florida, 2006.

[77] Adany S, Schafer B W. A full modal decomposition of thin-walled, single-branched open cross-section members via the constrained finite strip method [J]. Journal of Constructional Steel Research, 2008, 64（1）: 12-29.

[78] Schardt R. Generalized beam theory-an adequate method for coupled stability problems [J]. Thin-walled Structures, 1994, 19（2-4）: 161-180.

[79] Davies J M, Jung C. Design of thin-wall columns for distortional buckling [C]. Proceeding of the Second International Conference on Coupled Instability in Metal Structures, Liege

（Belgium），1996：165-172.

[80] 姚行友，李元齐，沈祖炎．冷弯薄壁型钢构件畸变屈曲研究现状 [J]. 结构工程师，2010（5）：148-156.

[81] Kwon Y B，Hancock G J. Tests of cold-formed channels with local and distortional buckling [J]. Journal of Structural Engineering，1992,118（7）：1786-1803.

[82] Schafer B W，Pekoz T. Laterally braced cold-formed steel flexural members with edge stiffened flanges [J]. Journal of Structural Engineering,1999,125（2）：118-127.

[83] Hancock G J, et al. Cold-formed steel structures to the AISI specification [M]. New York：Marcel Dekker,2001.

[84] Yang Demao，Hancock G J. Compression tests of high strength cold-formed Steel channel columns with interaction between local and distortional buckling [J]. Journal of Structural Engineering，2004,130（12）：1954-1963.

[85] Kwon Y B，Kim B S，Hancock G J. Compression tests of high strength cold-formed steel channels with buckling interaction [J]. Journal of Constructional Steel Research,2009,65（2）：278-289.

[86] 中华人民共和国国家标准．冷弯薄壁型钢结构技术规范（GB50018—2002）[S]. 北京：中国计划出版社,2002.

[87] 王海明．冷弯薄壁型钢受弯构件稳定性能研究 [D]. 哈尔滨：哈尔滨工业大学,2009.

[88] 苏明周，陈绍蕃．卷边槽钢梁受压翼缘畸变屈曲时的屈曲系数 [J]. 西安建筑科技大学学报．1997,29（2）：119-124.

[89] 陈绍蕃．卷边槽钢的局部相关屈曲和畸变屈曲 [J]. 建筑结构学报,2002,23（1）：27-31.

[90] 叶谦．冷弯薄壁卷边槽钢压弯构件畸变屈曲有限元模拟 [D]. 杭州：浙江大学,2006.

[91] 王春刚，张耀春，张壮南．冷弯薄壁斜卷边槽钢受压构件的承载力试验研究 [J]. 建筑结构学报,2006,27（3）：1-9

[92] 王春刚．单轴对称冷弯薄壁型钢受压构件稳定性能分析与试验研究 [D]. 哈尔滨：哈尔滨工业大学,2007.

[93] Jones S W, Kirby P A, Nethercort D A. The analysis of frames with semi-rigid connections-a state-of -the-art report [J]. Journal of Constructional Steel Research, 1983, 3（2）: 2-13.

[94] Toma A, Sedlacek G, Weynand K. Connections in cold-formed steel [J]. Thin-Walled Structures, 1993, 16（1-4）: 219-237.

[95] Markazi F D, Beale R G, Godley M H R. Numerical modeling of semi-rigid boltless connectors [J]. Computers & Structures, 2001, 79（26-28）: 2391-2402.

[96] 武振宇, 成博. 组装式钢货架柱脚节点的受力性能研究 [J]. 深圳大学学报理工版, 2014, 31（5）: 513-520.

[97] Baldassino N, Zandonini R. Performance of base-plate connections of steel storage pellet racks [C]//Proceedings of the 5th International Colloquium on Coupled Instabilities in Metal Structures. Sydney: The University of Sydney, 2008: 119-130.

[98] Diaz J J C, Nieto P J G, Biempica C B, et al. Non-linear analysis of unbolted base plates by the FEM and experimental validation [J]. Thin Walled Structures, 2006, 44（5）: 529-541.

[99] Gilbert B P, Rasmussen K J R. Determination of the base plate stiffness and strength of steel storage racks [J]. Journal of Constructional of Steel Research, 2011, 67（6）: 1031-1041.

[100] 刘贤豪, Beale R G, Godley M H R. 柱脚连接对柔性框架结构稳定性的影响 [J]. 建筑钢结构进展, 2007, 9（3）: 33 -40.

[101] Gilbert B P, Rasmussen K J R. Finite element modeling of steel drive-in rack structures[R]. Sydney: School of Civil Engineering, University of Sydney, 2006.

[102] Chen C K, Scholl R E, Blume J A. Earthquake Simulation Tests of Steel Storage Racks [J]. Proceedings Seventh World Conference on Earthquake Engineering, Istanbul, Turkey, 1980b: 379-386.

[103] Carlos Aguirre. Seismic behavior of rack structures [J]. Journal of Constructional Steel Research, 2005, 61: 607-624.

[104] Abdel-Jaber M, Beale R G, Godley M H R. A theoretical

and experimental investigation of pallet rack structures under sway [J]. Journal of Constructional Steel Research, 2006, 62: 68-81.

[105] Freitas A M S, Freitas M S R, Souza F T. Analysis of steel storage rack columns [J]. Journal of Constructional Steel Research, 2005, 61: 1135-1146.

[106] 李守林. 我国货架和货架仓库的历史与现状 [J]. 工业和技术, 2005. (5): 77-81.

[107] 王转. 组合式工业货架. 物流技术与应用, 1996 (1): 36-39.

[108] 胡虹. 横梁式焊接货架结构 [J]. 起重运输机械, 1993 (2): 24-26.

[109] 智少玲. 横梁式货架的立柱稳定性计算 [J]. 起重运输机械, 1994 (6): 4-11.

[110] 王占军, 周美英. 仓储货架的静力及屈曲有限元分析 [J]. 河海大学常州分校学报, 2002, 16 (2): 33-36.

[111] 谭颖, 王转. AS/RS 双伸货架立柱稳定性校核 [J]. 起重运输机械, 2011 (5): 30-33.

[112] 梅宝兴, 王转, 翁迅. 组合式货架横梁承载的计算 [J]. 起重运输机械, 2004 (12): 31-33.

[113] 余华, 汪浩. 立体仓储设备货架片的整体稳定性设计 [J]. 机械制造与研究, 2004, 33 (6): 33-36.

[114] 贾争现, 孙军艳. 驶入式货架的有限元分析 [J]. 陕西科技人学学报, 2004 (8): 87-89.

[115] 郭云霞. 立体仓库货架钢结构的有限元分析和优化设计 [D]. 沈阳: 沈阳理工大学, 2005.

[116] 郝永江. 多层货架的强度和稳定性分析 [D]. 天津: 天津大学, 2006.

[117] 邹宝霞. 立体库货架钢结构的有限元分析 [D]. 沈阳: 沈阳理土大学, 2010.

[118] 谢云舫, 李颖. 基于 ANSYS 的立体货架的有限元分析 [J]. 机械, 2011 (5): 36-39.

[119] 李志鹏, 夏志远, 冯飞, 等. 强震区新型高层钢货架抗震计算方法及结构方案分析 [J]. 世界地震工程, 2014 (3): 170-177.

[120] 武振宇,成博.驶入式钢货架动力特性试验研究 [J].振动与冲击,2014（15）: 65-70.

[121] 李辉,董军,彭洋.驶入式货架结构稳定及机理及关键参数影响分析 [J].物流技术,2015,34（2）: 291-295.

[122] 于承新,徐芳,黄桂兰,刘友光.近景摄影测量在钢结构变形监测中的应用 [J].山东建筑工程学院学报,2000（4）: 1-7.

[123] 于承新,宋传增,滕永彪,等.数字摄影与计算机技术在实时监测结构变形中的应用 [J].济南大学学报(自然科学版),2001（3）: 232-234.

[124] 于承新,李妍,宋传增,等.时间基线视差法在形变测量中的应用探索 [J].山东建筑工程学院学报,2001,（3）: 19-24.

[125] 于承新,张向东,牟玉枝,等.直接线性变换法在变形测量中的应用研究 [J].山东建筑工程学院学报,2002（3）: 23-28.

[126] 于承新,巩建国,陈明志,等.三维时间基线视差法在变形监测中的应用研究 [J].山东建筑工程学院学报,2003（3）: 26-29.

[127] 于承新,巩建国,于芳,等.空间时间基线视差法在变形监测中的应用探索 [J].济南大学学报(自然科学版),2002（4）: 375-377.

[128] 徐芳,于承新,黄桂兰,等.利用数字摄影测量进行钢结构挠度的变形监测 [J].武汉大学学报(信息科学版),2001（3）: 256-260.

[129] 于承新,丁宁,全锦,等.数字摄影观测钢结构中心轴线变形的应用探索 [J].山东建材学院学报,2000（2）: 138-140.

[130] 于承新,蓝悦明,张桂玉,等.灰色系统理论用于形变分析的探索 [J].山东建筑工程学院学报,1999（2）: 42-45.

[131] 赵永谦.变形分析的数学拟合应用研究 [J].山东科学,2008, 2（1）: 21-24.

[132] 赵永谦.变形分析的灰色预测应用研究 [J].山东科学,2008, 4（2）: 42-45.

[133] C. X. Yu, Z. W. Yu, Y. Q. Zhao, et al. Application of Grey System Theory in the Dynamic Monitoring of Bridge [J]. Applied Mechanics and Materials,2014,501-504（1）: 829-833.

[134] C. X. Yu, J. D. Zhang, W. M. Xu, et al. Research on Monitoring the Bridge Deformation by Using GPS Technology [J].

Applied Mechanics and Materials, 2013, 482（12）：233-237.

[135] 李妍. 基于数字摄影的钢结构变形监测系统研究 [D]. 武汉：武汉大学, 2001.

[136] 李妍, 于承新. 基于数字摄影的钢结构变形监测系统研究 [J]. 测绘信息与工程, 2002,（2）：14-15.

[137] 刘苏. 数字近景摄影测量技术在砌体结构地震动变形监测中的应用研究 [D]. 山东建筑大学, 2010.

[138] 丁新华, 刘苏, 王怀林. 三维时间基线视差法在物流货架震动变形监测中的应用 [J]. 山东科学, 2011（4）：52-57.

[139] 赵永谦, 陈绪慧, 岳冲, 等. 近景摄影测量在钢结构货架抗震稳定性方面的研究 [J]. 测绘与空间地理信息, 2014（11）：213-215.

[140] Mingzhi Chen, Chengxin Yu, Na Xu, et al. Application study of digital analytical method on deformation monitor of high-rise goods shelf [J]. Proceedings of the IEEE International Conference on Automation and Logistics, ICAL 2008：2084-2088.

[141] Chengxin Yu, Mingzhi Chen, Na Xu, et al. Research in deformation monitor of goods shelf based on digital analytical method [J]. Proceedings of the World Congress on Intelligent Control and Automation, WCICA 2010：3051-3054.

[142] Chengxin Yu, Mingzhi Chen, Na Xu, et al. Application study of automatic recognition method to monitor dynamic deformation of steel goods shelves [J]. IEEE International Conference on Automation and Logistics, ICAL 2010：2013-2017,

[143] C. X. Yu, X. H. Ding, M. Z. Chen, et al. The Application of Digital Cameras in Monitoring Dynamic Deformation of Steel Shelf [J]. Applied Mechanics and Materials, 2013, 405-408（9）：873-877.

[144] 王晓华, 胡友健, 柏柳. 变形监测研究现状综述 [J]. 测绘科学, 2006（3）：130-133.

[145] Mike Hazas, James Scott, John Krumm. Location-aware computing comes of age [J]. IEEE Computer Magazine, 2004, 37（2）：95-97.

[146] 金跃跃. 密集仓储为货架行业带来更大发展空间 [J]. 物流技

术与应用,2013（2）:71-73.

[147] 朱宝昌.烟草商业企业卷烟密集式仓储技术的应用探讨[J].物流技术与应用,2014（10）:166-169.

[148] 宋志兰,冉文学.密集型自动化立体仓储系统[J].物流技术与应用,2010（9）:90-94.

[149] 上海精星仓储设备工程有限公司.密集化仓储系统建设中的货架应用与创新[J].物流技术与应用,2013（2）:65-70.

[150] 丁立言,张择.仓储自动化[M].北京:清华大学出版社,2003.

[151] Diana Marculescu, Radu Marculescu, Sungmee Park, et al. Ready to Ware [J]. IEEE Spectrum,2003,40（10）:28-32.

[152] 物流沙龙.让你秒懂货到人技术//http://mp.weixin.qq.com/s?__biz=MjM5NjAz MjM4MA==&mid=209887705&idx=6&sn=7915abd9a53b24a607ea63e4ed7dab22&scene=5#rd.

[153] 仓库社区.那些在仓库里偷偷抢人饭碗的机器人们//http://mp.weixin.qq.com/s?__biz=MjM 5MTc0NzU4Mw==&mid=207402350&idx=1&sn=cc679a5d67c17ec26d99ef94481d9050&scene=5&srcid=0905WKSS3565eBNybsV0oNiQ#rd.

[154] 刘景义,马笑.堆垛机速度值的选择[J].物流技术与应用,2012（8）:105-107.

[155] 王志伟.面向电子商务的高效"货到人"拣选系统[D].云南:云南财经大学,2014.

[156] 王承业,杨竞,陈兵,等.钢结构货架计算分析系统CAD/CAE集成研究[J].计算机工程与应用,2012,48（4）:232-235.

[157] 王转,梅宝兴,程国全.基于全参数化建模的工业货架设计分析系统[J].中国机械工程,2006,17（15）:1583-1585,1640.

[158] 刘鸿文.材料力学（上册）[M].3版.北京:高等教育出版社,1992.

[159] 刘鸿文.材料力学（下册）[M].3版.北京:高等教育出版社,1992.

[160] 经东风等.钢结构设计计算条文与算例[M].北京:中国建筑工业出版社,2014.

[161] 郭在田. 薄壁杆件的弯曲与扭转 [M]. 北京：中国建筑工业出版社，1989.

[162] 陈骥. 单轴对称截面轴心受压构件的弯扭屈曲设计问题 [J]. 钢结构，1999（4）：49-52.

[163] 何子奇. 冷弯薄壁型钢轴压构件畸变及与局部相关的失稳机理和设计理论 [D]. 甘肃：兰州大学，2014.

[164] 陈绍蕃. 钢结构设计原理 [M].2 版. 北京：科学出版社，2001.

[165] Von Kármán T, Sechler E E, Donnell L H. The Strength of Thin Plates in Compression [J]. Transactions，ASME，APM 54-5，1932（54）：53-56.

[166] 危晓丽. 组装式钢货架多孔立柱承载性能研究 [D]. 上海：同济大学，2009.

[167] AISI 2007. North American Specification for the Design of Cold-Formed Steel Structural Members [S]. ANSI/AISI Standard S100 Washington DC. December，2007.

[168] CSA-S136-94，Cold Formed Steel Structural Members [S]. Canadian Standards Association，Etobicoke，Ontario，Dec. 1994.

[169] Rondal J. Cold Formed Steel Members and Structures General Report [J]. Journal of Constructional Steel Research，2000，55（1-3）：155-158.

[170] 陈绍蕃. 钢结构稳定设计的新进展 [J]. 建筑钢结构进展，2004，6（2）：1-13.

[171] 刘中华，李天. 楔形柱平面内稳定极限荷载计算分析 [J]. 郑州大学学报（工学版），2002，29（3）：107-109.

[172] 陈骥. 偏心压杆在弯矩平面内有限度利用塑性时稳定计算的相关公式 [J]. 钢结构研究论文选集（第一册），1982：39-45.

[173] 中华人民共和国国家标准. 工业货架设计计算（GB/T28576—2012）[S]. 北京：中国计划出版社，2012.

[174] 中华人民共和国国家标准. 驶入式货架（WB1045—2012）[S]. 北京：中国计划出版社，2012.

[175] Chen W F，Lui E M. Structural Stability—Theory and

Implementation [M]. Elsevier, New York, 1987.

[176] 中华人民共和国国家标准. 钢结构技术规范（GB50018—2002）[S]. 北京: 中国计划出版社, 2002.

[177] 李斌. 仓储物流系统中穿梭车的控制技术研究 [D]. 北京: 机械工业自动化研究所, 2008.

[178] 李俊韬, 郭红丽, 高红. 穿梭车在自动化立体仓库中的应用 [J]. 物流技术（装备版）, 2011, 12（24）: 39-40.

[179] 吴继春, 周会成, 唐小琦, 等. 基于连续捷度的进给速度规划算法研究 [J]. 中国机械工程, 2011（7）: 1584-1587.

[180] 鲁春强. 基于堆垛机 S 型曲线运动模型的 matlab 仿真分析 [J]. 物流技术, 2015, 34（1）: 285-289.

[181] 任银. 大体积 0# 块分次浇筑托架受力计算模型及监控技术研究 [D]. 重庆: 重庆交通大学, 2011.

[182] 郭焕珍. 钢梁钢骨混凝土柱梁柱节点的非线性有限元分析 [D]. 成都: 西南交通大学, 2003.

[183] 刘成文. 金属切削加工过程的有限元分析 [D]. 杭州: 浙江大学, 2002.

[184] 丁北斗. 基于环境激励网架结构的模态分析与损伤识别研究 [D]. 北京: 中国矿业大学, 2010.

[185] 中华人民共和国国家标准. 建筑结构荷载规范（GB50009—2012）[S]. 北京: 中国建筑工业出版社, 2012.

[186] 中华人民共和国机械行业标准. 自动化立体仓库设计规范（JB/T9018—2011）[S]. 北京: 机械工业出版社, 2012.

[187] 尹晖. 变形分析与预报方法综述 [J]. 东北测绘, 2000, 23(1): 10-12, 16.

[188] 邓跃进. 变形分析的系统论方法 [D]. 武汉: 武汉测绘科技大学, 1999.

[189] 张正禄. 工程的变形分析与预报方法研究进展 [J]. 测绘信息与工程, 2002, 27（5）: 37-39.

[190] 文鸿雁. 基于小波理论的变形分析模型研究 [D]. 武汉: 武汉大学, 2004.

[191] 赵望生, 龚文慈. 变形监测现状综述与展望 [J]. 大坝观测与

土工测试,1996,20（3）:15-18.

[192] 杜琨.变形监测数据处理的方法研究 [D].长沙:中南大学,2013.

[193] 黄声享,尹晖,蒋征.变形监测数据处理 [M].武汉:武汉大学出版社,2003.

[194] 白迪谋.工程建筑物变形监测及变形分析 [M].成都:西南交通大学出版社,2002.

[195] 徐建华.现代地学中的数学方法 [M].北京:高等教育出版社,2002.

[196] 魏宗舒等.概率论与数理统计教程 [M].北京:高等教育出版社,1983.

[197] 沈恒范.概率论与数理统计教程 [M].北京:高等教育出版社,2003.

[198] 王利,张双成,李亚红.动态灰色预测模型在大坝变形监测及预报中的应用研究 [J].西安科技大学学报,2005（9）:328-332.

[199] 邓聚龙.灰色理论教程 [M].武汉:华中理工大学出版社,1985.

[200] 邓聚龙.灰色理论基本方法 [M].武汉:华中理工大学出版社,1987.

[201] 刘思峰等.灰色理论及应用 [M].北京:科学出版社,1999.

[202] 赵永谦,梅林锋.一类奇异超线性椭圆方程解增长速度估计 [J].山东大学学报(理学版),2011,46（7）:124-126.

[203] GIDAS B,SPRUCK J. A priori bounds for positive solutions of nonlinear elliptic equations[J].Comm Pure Appl Math,1981,34:525-598.

[204] 程晓晖,侯凯,罗涛.实时动态灰色模型及其变形监测应用 [J].城市勘测,2010（6）:127-129.

[205] 郭剑.基于混合高斯隐马尔科夫模型的运动对象轨迹识别 [D].汕头:汕头大学,2010.

[206] 陆付民,王尚庆.基于指数趋势模型的卡尔曼滤波法在危岩体变形分析中的应用 [J].岩土力学,2008（6）:1716-1718.

[207] 陆付民,王尚庆,李劲,等.顾及地下水位因子的卡尔曼滤波

模型在滑坡变形预测中的应用 [J]. 武汉大学学报(信息科学版),2010
（10）: 1184-1187.

[208] 冯其强 . 数字工业摄影测量技术研究与实践 [D]. 河南: 解放军信息工程大学,2010.

[209] 郑波,陆压,王卫安 . 非量测数码相机内方位元素及畸变差检校研究 [J]. 山西建筑,2010,36（14）: 362-363.

[210] 程效军,胡敏捷 . 数字相机畸变差的检测 [J]. 测绘学报,2002,31（5）: 113-117.

[211] 冯文灏,商浩亮 . 成像系统通用数字畸变模型的建立原理与应用 [C]. 数字近景摄影测量会议论文集,武汉: 武汉大学,2004.

[212] 崔红霞,孙杰,林宗坚,储美华 . 非量测数码相机的畸变差检测研究 [J]. 测绘科学,2005,30（1）: 105-107.

[213] Yongqian Zhao, Yaohua Wu, Chengxin Yu. Research on Instantaneous Dynamical Deformation Monitoring the Masonry Structure Based on Artificial Earthquake Motion [J]. International Journal of Hybrid Information Technology,2015,8（10）: 241-252.

[214] Yongqian Zhao, Yaohua Wu, Chengxin Yu. Instantaneous Deformation Monitoring Research on the Dense Channels Accessing-Sorting System [J]. International Journal of u- and e- Service, Science and Technology,2016,9（3）: 221-232.